KB060808

동해안지역 청동기시대 취락과 사회

• 박영구 朴榮九

1970년 강원도 원주 출생
1996년 강릉대학교 사학과 졸업
2000년 단국대학교 대학원 사학과 고고미술사전공(석사)
2015년 영남대학교 대학원 문화인류학과 고고학전공(박사)
현재 강릉원주대학교 박물관 학예연구사

• 논저

2004, 「嶺東地域 靑銅器時代 住居址 硏究」『江原考古學報』3輯, 江原考古學會.
2007, 「嶺東地域 靑銅器時代 聚落構造의 變遷」『古文化』第69輯, 韓國大學博物館協會.
2009, 「南部東海岸地域 無文土器文化 展開樣相 -浦項地域을 中心으로-」『嶺南考古學』51, 嶺南考古學會.
2010, 「嶺東地域 圓形粘土帶土器文化의 展開樣相」『韓國靑銅器學報』第七號, 韓國靑銅器學會.
2011, 「南漢江流域 孔列土器文化 小考」『인류학고고학논총』, 영남대학교 문화인류학과 개설40주년 기념논총, 학연문화사.
2012, 「中部地域 突帶文土器文化의 展開樣相 -江原嶺西地域을 中心으로-」『韓國上古史學報』第75號, 韓國上古史學會.
2013, 「南部東海岸地域 靑銅器時代 聚落」『韓日聚落硏究』, 韓日聚落硏究會, 서경문화사.
2013, 「영동지역의 조기~전기 편년」『한국 청동기시대 편년(Ⅰ)』, 한국청동기학회 학술총서 2, 서경문화사.
2013, 「慶州地域 靑銅器時代 聚落의 編年과 變遷樣相」『嶺南考古學』66호, 嶺南考古學會.
2014, 「東川江流域 靑銅器時代 聚落의 變遷」『江原考古硏究』, 고려출판사.
2014, 「취락의 지역상 -동해안지역 취락-」『청동기시대의 고고학 3 -취락-』, 한국고고환경연구소 학술총서 12, 서경문화사.
2015, 「東海岸地域 靑銅器時代 後期 聚落의 構造와 展開」『牛行 李相吉 敎授 追慕論文集』, 진인진.

東海岸地域 靑銅器時代 聚落과 社會

동해안지역
청동기시대
취락과
사회

초판인쇄일   2015년 12월 05일
초판발행일   2015년 12월 10일
지 은 이   박영구
발 행 인   김선경
책 임 편 집   김소라
발 행 처   서경문화사
          주소 : 서울시 종로구 이화장길 70-14 105호
          전화 : 743-8203, 8205 / 팩스 : 743-8210
          메일 : sk8203@chol.com
등 록 번 호   제300-1994-41호
ISBN   978-89-6062-179-4   93000
ⓒ 박영구, 2015

* 파본은 구입처에서 교환하여 드립니다.

정가 20,000

동해안지역 청동기시대 취락과 사회

박영구 지음

서경문화사

고고학이 뭔지도 모르고 학부 1학연 때인 89년도 여름 처음 참가한 발굴에서 도굴된 고분을 그저 신기한 마음으로 열심히 흙을 걷어 내고, 비록 파손된 상태로 출토되었지만 유물에 신기해하던 그때가 고고학에 첫 입문한 순간이다.

이후 학교 휴학을 하고 나서 군대 영장이 늦어져 1년 동안 강릉 안인리 발굴 현장의 콘테이너 숙소에서 혼자 생활하면서 비로서 고고학 발굴현장에 대한 경험을 체계적으로 하고, 이론적인 공부를 할 수 있게 되었다.

군대를 다녀와서는 학교 수업 보다는 발굴 현장을 돌아다니며, 열심히 발굴 기술을 익히게 되었고, 특히 졸업 선물로 받았던 트라울을 자랑스럽게 들고 현장을 누비던 기억이 생생하다.

필자가 청동기시대 유적에 대해 관심을 가진 것은 1998년 교동 유적을 조사함과 동시에 보고서를 준비하는 과정에서였다. 우연하게도 학교에서 발굴한 강릉 교동, 속초 조양동, 강릉 방내리, 양양 포월리, 양양 지리유적이 영동지역 청동기시대 편년에 근간이 되는 유적인 관계로 필자가 자연스럽게 유물을 접하면서 청동기시대 취락을 공부할 수 있게 되었다.

그 후 단국대학교 대학원에서 영동지역 청동기시대 주거지를 중심으로 석사학위를 제출하고, 2005년 강원고고학회 학술대회 발표를 계기로 본격적으로 청동기시대 취락에 대해 공부를 시작하게 되었다.

이 책의 중심내용인 동해안지역 청동기시대 취락은 필자의 석사학위 연구대상지역인 영동지역을 중심으로, 이후 동해안 7번국도 라인인 울진-포항-경주-울산지역에 대한 연구 논문을 작성하면서 그 결과물로 이 책을 간행하게 되었다.

이 책은 필자의 박사학위논문을 기본으로 하여 부분적으로 도면과 내용을 수정 및 보완하여 재편집하였다.

필자가 이 책을 발간하기 까지 많은 분들의 도움을 받았다. 먼저 학부 박물관 생활부터 현재의 학예사가 되기까지 따끔한 지적과 격려의 말씀을 해주신 학문적, 정신적 스승님이신 강원고고문화연구원 지현병 원장님께 감사의 말씀을 올린다. 필자의 오늘이 있게 해주신 고마운 분이다.

박사과정의 지도교수이신 이청규 선생님은 필자가 석사 이후 공부를 중단하고 있을 때 제자로 받아 주시고, 많은 학문적 교시와 애정 어린 말씀으로 필자를 격려해 주셨다. 또한 부족한 필자의 논문의 전체적인 체제를 다듬어주시고 세밀한 부분까지 조언을 해 주신 덕분에 필자가 논문을 완성 할 수 있었다. 필자의 부족한 논문을 심사하시면서 많은 조언과 학문적 격려를 해주신 김권구, 정인성, 홍형우, 이창언선생님께 깊은 감사의 인사를 드리고 싶다.

강릉대학교 사학과 은사님들에게 감사의 인사를 전한다. 특히 이성주 선생님은 10년 동안 학교에 계시면서 한결 같은 학자의 모습을 보여주시고, 열심히 논문 쓰라고 격려 해주신 덕분에, 필자가 그나마 작은 논문이라도 쓸 수 있게 해주셨다. 항상 학문적 열정에 마음속으로나마 존경의 박수를 올린다.

아울러 청동기학회 이영문, 안재호, 이홍종 회장님과, 박양진 선생님, 故 이상길 선생님께서는 항상 학문적 조언과 좋은 격려의 말씀들을 해주셔서 필자에게 많은 힘을 불어 넣어 주셨다. 감사의 말씀을 드리고 싶다. 또한 청동기학회의 많은 연구자들에게도 필자의 고마움을 전한다.

글에서 언급하지 못한 도움을 주시고 격려를 해주신 많은 선생님들께도 지면을 통해 감사의 인사를 전한다.

끝으로 하늘에 계신 어머님께 이 책을 받치고 싶다. 홀로 아들 하나 보고 인생을 힘들게 살아오신 어머님께 자식으로써 효도도 못하고 송구스러운 마음뿐이다. 나의 동반자이며 항상 든든한 후원자인 사랑하는 아내 전희정과 장모님께 지면으로나마 감사한 마음을 전한다.

부족한 필자의 글을 흔쾌히 출간해 주신 서경문화사의 김선경 사장님을 비롯한 편집자분들께도 감사의 인사를 드린다.

2015년 10월
박 영 구

I. 머리말

취락은 협의적 의미로서 한 유적을 점거하는 과정에서 인간이 세운 건조물이며, 인류공동생활의 단위인 가옥의 모임을 총칭하며(홍경희 1985), 고고학에서는 주거지라는 살림유구의 집합체를 의미한다. 광의적 개념으로서는 가옥뿐만 아니라 이에 수반하는 토기, 수로, 공지, 기타 거주에 수반하는 제요소를 포함하며, 고고학에서는 주거지 및 이와 수반하는 모든 유구들, 즉 주거지 주변의 경작지 · 도로망 · 행위공간 · 패총과 같은 쓰레기터 · 분묘 · 요지 · 사회공공건물지 · 제사유적과 같은 의례장소 등이 모두 포함되는 개념이다(추연식 1997).

취락고고학은 생활유구를 중심으로 한 사회와 문화의 복원과 이해라는 입장에서의 연구라는 점에서 무덤을 중심으로 한 과거사회의 복원과 이해라는 입장에서의 연구와 구분되며 서로 보완적 관계를 갖게 된다. 취락고고학은 개별주거지의 특성연구, 개별주거지의 기능, 취락의 규모와 입지 그리고 취락내의 공간구성내용과 기능의 연구, 중심취락과 하위취락과 같은 취락과 취락과의 관계연구와 같은 분석대상의 수준이 다를 수 있다. 그러나 이러한 취락의 특성은 서로 연관되어 있으며 사회최소구성단위부터 취락의 위계까지 과거사회의 구조복원에 모두 중요한 요소라고 할 수 있다(김권구 2014).

1980년대 중반 이후 국토개발 사례의 급증으로 많은 발굴조사 유적에서 청동기시대 주거지 발굴자료가 증가했다. 주거지에 대한 연구는 내부시설 뿐만 아니라, 인구 · 생활과 사회상 등을 복원하는데 중요한 단서를 제공해 준다. 그러나 주거지에 대한 조사는 지역적이거나 소규모적이며, 실제적인 연구에 있어서도 출토 유물의 형식 분류와 편년을 기초로 한 주거지의 형태 와 구조의 시간적인 변천과정을 밝히는 단계에 머물러 왔다. 따라서 취락의 구조 및 집단의 문제 등 청동기시대의 문화상과 사회상을 복원하는 단계에 까지는 이르지 못하였다.

1990년대 중반 이후 울산 검단리, 하남 미사리유적, 진주 남강댐 수몰지 구 유적 등 대규모 전면조사 발굴이 증가하면서 청동기시대 취락관련 자료 수집은 양적 · 질적인 측면에서 크게 향상되었으며, 취락 연구의 관점과 문 제에 접근하는 방법도 매우 다양화 되었고 이해의 수준도 훨씬 향상 되었다.

본고의 연구대상지역인 동해안지역 청동기시대 취락[1]에서는 조기에는 주거지, 전기에는 주거지 · 분묘, 중기에는 주거지 · 굴립주건물지 · 수혈유 구 · 환호 · 구상유구 · 분묘, 후기에는 주거지 · 수혈유구 · 환호 · 구상유 구 · 토기요지 · 분묘 등이 확인된다.

청동기시대 취락에 대한 연구는 인간들이 살았던 구릉이나 충적지 공간 에 주거, 주거들의 배치상태, 공동체 생활과 관련된 건축물, 분묘, 경작유구 등의 축조양상을 파악하는 작업이며, 당시의 인간 집단, 즉 사회조직을 비롯 한 사회, 정치, 경제 행위 등을 종합적으로 밝히는 작업이다.

---

1) 취락을 구성하는 요소 중 발굴조사에서 확인되는 유구는 주거지, 무덤, 수혈유구, 야 외노지, 논 등이 있는데 주거지, 무덤 등은 개인 및 세대단위의 시설로 야외노지, 구 (溝), 함정 등은 공공 내지 집단시설로 구분된다. 또 다른 측면에서는 주거와 비주 거, 부속유구(보조행위) 등으로 구분하기도 한다.

1. 연구목적과 방법

최근 영동지역에서 청동기시대 조기~전기 및 중기로 편년 가능한 취락이 조사되었고, 후기에 해당하는 원형점토대토기 단계 취락의 자료가 증가하고 있다. 남부동해안지역에서도 조기에 해당하는 돌대문토기 단계 취락과 후기의 원형점토대토기 단계 취락이 조사되면서, 조기부터 후기까지의 취락양상에 대해 검토할 수 있는 자료가 증가되었다.

남한지역 무문토기문화 전개과정에서 동해안지역은 문화의 전파 및 이동 경로상 중요한 위치를 차지하고 있다. 동해안지역 무문토기 요소는 동북·서북 양 지역의 문화요소가 공반되는 양상을 보이며, 원산만 일대에서 두 문화요소가 조합되어, 문화요소가 내륙지역(추가령지구대→한강)으로 이동하거나, 동해안을 따라 이동하여 남한지역 청동기시대 문화의 전개양상을 이룬다. 동해안지역 청동기시대 유적은 하천과 바다가 합수되는 지역과 호안의 구릉지대에 위치하고 있어 해안선을 따라서 확산·정착되었음을 알 수 있다.

최근에는 지역단위의 청동기시대 편년과 취락연구에 대한 종합적인 연구가 활발하게 이루어지고 있다. 필자도 이러한 관점아래 영동지역과 최근 발굴자료가 증가하고 있는 남부동해안지역 포항지역의 초곡천 주변과 형산강 하류, 구룡포 해안, 경주지역의 감포 해안, 울산지역의 산하지구 해안지역을 중심으로 하였다. 또한 해안과 연결된 동천, 태화강, 회야강 유역을 포함하였다.

본 연구는 영동지역과 남부동해안지역으로 구분되어 진행되던 연구에서 한걸음 나아가 양 지역을 포함하여 동해안지역 청동기시대 편년작업을 수행하고 이를 바탕으로 단위 취락의 다양한 공간구성과 구조 등의 요소들을 분석하고, 취락의 분포정형과 교류 등의 취락 간 연계망에 대한 검토를 통하여 동해안지역 청동기시대 사회상을 검토해 보는데 목적이 있다.

본고의 연구대상 자료는 동해안지역의 청동기시대 취락에서 조사된 주거지와 분묘 이며, 주로 주거지 자료와 출토유물 중 토기가 중점 분석대상이다.

Ⅱ장에서는 남한지역 청동기시대 편년의 연구성과를 살펴보고, 이에 상응하는 동해안지역 주거지 편년작업을 시행할 것이다. 편년작업은 주거지의 평면형태와 내부구조(노지)의 변화 및 토기편년을 중심으로 조기·전기·중기·후기의 4분기안을 기준으로 실시하고자 한다.

Ⅲ장에서는 동해안지역 청동기시대 취락의 입지 및 분포양상과 취락 공간구성에 대해 살펴보고자 한다.

동해안이라는 공간점유방식은 결국 인간집단의 거주양식의 문제와 직결되는 것으로, 주어진 지역 내에서의 집단과 집단사이의 경쟁·협력관계, 자원이용방식의 효율성, 자연자원의 분포와 생산성, 개개 집단의 사회적 복합도 등등의 제반요소에 의해 결정된다.

취락의 공간구성은 인간의 모든 일생이 이루어지는 장소로 다양한 성격의 공간들이 상호 보완적으로 공존하는데, 본고에서는 생활공간인 주거공간, 매장(분묘)공간을 중심으로 검토를 실시할 것이다.

Ⅳ장에서는 취락의 개별구조물에 대한 분석을 통해 각 시기별 단위취락의 여러 가지 기능 공간의 조합을 분류하고 변천 양상을 제시한다. 개별주거와 주거군에 대한 분석을 통하여 단위취락에 대한 분석을 실시하고자 한다.

또한 단위 취락의 분기별 취락 공간구성에 대한 검토를 통해, 조기~후기에 이르는 취락의 변천양상에 대해 살펴보고자 한다.

Ⅴ장에서는 동해안지역 청동기시대 취락의 분포정형을 검토하기 위해서 상위개념인 '지역'을 상위지역, 중위지역, 하위지역으로 구분하고, 본고의 중점 연구대상지역인 영동지역과 남부동해안지역을 중심으로, 양 지역의 하천유역을 중심으로 '지구'로 분류하여, 단위취락의 분포양상을 살펴보고자 한다.

남부동해안지역 하천유역을 중심으로 조성된 청동기시대 취락의 분포정형은 산간지대에 교통로와 연결되는 하천변을 따라 대형취락과 소형취락들이 일정한 간격을 두고 떨어져 유기적인 관계망을 형성하면서 배치하는 형태이다. 이러한 취락의 분포정형에 대한 분석은 취락 상호연계망의 형성이라는 관점에서 실시할 것이다.

Ⅵ장에서는 교류 부분은 단위취락간 토기와 석기 등의 유물을 중심으로 검토할 것이다. 상위취락간의 교류 양상은 동해안지역과 주변지역과의 지역 간 교류양상인 문화유형의 유입과 확산에 대한 검토를 통해 실시하고자 한다.

Ⅶ장에서는 Ⅲ~Ⅵ장까지의 분석내용을 바탕으로 하여 동해안지역 청동기시대 생계, 사회상에 대한 검토를 실시하고자 한다.

동해안지역 청동기시대 생계와 관련된 자료는 소수이다. 생계 중 농경의 존재를 직접적으로 증거 할 수 있는 자료는 논·밭 등의 경작유구, 토기바닥에 남아 있는 재배식물의 흔적이나 탄화된 곡물 등의 식물유체에 대한 사례 검토를 통해 농경과 어망추 검토를 통한 어로 양상, 수렵구 및 함정유구를 통해 본 수렵에 대한 생활방식을 살펴보고, 취락에서 확인 되는 석기조성비에 대한 검토를 통해, 동해안지역의 생계 양상에 대해 살펴볼 것이다.

청동기시대 사회의 특성과 그 변동과정을 이해하려면 생업, 주거유형과 규모, 마을 사위의 위계관계, 부장품의 양과 종류 그리고 무덤 크기와 입지의 차별성과 같은 사회적 에너지의 소비행위, 장거리 교역과 사회적 네트워크, 대규모 마을의 출현과 마을 간의 위계화에 대해 검토해야 한다.

동해안지역 청동기시대 사회상에 대해서는 중기를 중심으로 분묘의 축조양상과 부장품을 중심으로 검토를 실시할 것이다. 또한 같은 동해안지역인 영동지역과 남부동해안지역의 비교와 주변지역인 송국리문화권과의 비교검토를 통해 사회상을 조명할 것이다.

Ⅷ장에서는 동해안지역 청동기시대 취락의 전개양상에서 확인되는 영동지역과 남부동해안지역의 차이점을 정리하는 작업으로 마무리 하고자 한다.

2. 동해안지역의 지리 및 자연환경

동해[2]안은 서태평양의 연해로서 우리나라와 러시아, 일본열도 및 사할린 섬으로 둘러싸여 있다. 북동은 소야 · 타타르해협으로 오호츠크해와 이어지고, 동으로는 쓰가루해협에 의해 태평양과, 그리고 남으로는 대한해협에 의하여 남해와 연결되고 있다.

동해안은 지반이 융기한 방향과 나란하기 때문에 비교적 단조로우며, 좋은 항구가 발달하기 어렵고 대륙붕도 해안을 따라 좁게 발달해 있다. 서남 해안과는 달리 해안에서부터 갑자기 깊어진다. 동해북부에 있는 해수는 그 해역의 기후 특히 겨울철의 저온 및 융빙에 의하여 수온이 저하되어 '리만' 해류란 한류를 형성한다. 이 해류는 연해주 근해에서는 '연해주 해류', 북한 근해에서는 '북한 한류'를 연속적으로 형성하며, 특히 그 가운데서 한국연안에 영향을 주는 것은 북한 한류로서 함경북도부터 연안을 따라 보통 동해 남부 연안까지 흐른다.

동해안의 경계는 두만강 입구에서 부산부두까지 1,723km의 해안선을 말하며, 직선거리는 809km이다. 지절률(肢節率) 2.13으로 남해안의 8.81에 비하면 매우 단조로우며, 도서 해안 역시 220km로 매우 짧다. 동해안지역 산간지대는 백두대간 능선의 동쪽에 남북으로 길게 분포한다.

동해안지역의 지형은 백두대간의 태백산맥과 함경산맥은 동해안을 따라 해안선과 평행하게 뻗어 내려 있다. 주맥에서 동쪽으로 뻗어 내린 능선들은 급사면을 이루고 있고, 해안산맥이 곳곳에 뻗어 있어서 암석해안이 많으며, 그 사이에 사빈해안이 아름답게 펼쳐져 있다. 해안선은 융기해안 특유의 단

---

2) 동해는 아시아의 동북부에 위치한 태평양의 연해이다. 동쪽으로 일본의 도호쿠 지방, 홋카이도와 러시아의 사할린 섬, 서쪽으로 한반도의 함경북도, 함경남도, 강원도, 경상북도, 경상남도, 전라남도, 제주특별자치도, 남쪽으로 일본의 혼슈, 북쪽으로는 러시아의 프리모르스키 지방에 둘러싸여 있다.

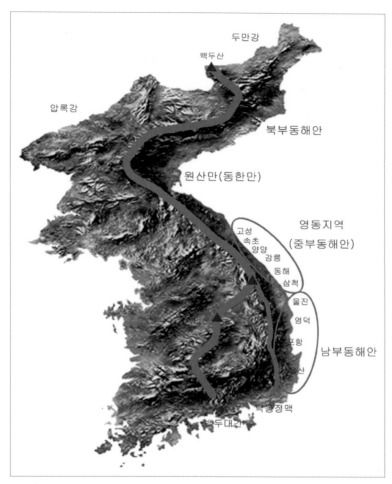

그림 1 | 동해안지역 지역 구분

조로운 선을 유지하고, 도서는 별로 없다.

　동해안이 단조로운 해안선을 보이고 서해안과 남해안의 해안선이 복잡한 이유는 동해안은 융기로 형성되었고 서해안과 남해안은 침강으로 생겼기 때문이다. 또한 태백산맥과 함경산맥이 동해안을 따라 해안선과 평행하게 뻗어있는 것과 태백산맥과 낭림산맥에서 갈려져 나온 산맥 사이의 하곡은 서해와 남해 쪽을 향해 뻗어있는 것과 관련이 있다.

본 논문에 중심대상지역인 동해안지역은 원산만 이남의 남한지역에 한정되며, 행정구역상으로 중부동해안지역에 해당하는 영동지역은 강원도 고성~삼척, 남부동해안지역은 경북 울진~울산지역이 해당된다.

남부동해안지역은 백두대간에서 동해안에 접해 뻗어 내린 낙동정맥의 동쪽에 위치한 지역이다. 본고에서는 남부동해안지역에 경주의 형산강유역과 울산의 동천강 유역까지 포함한다. 이 지역은 기존의 연구에서는 영남 동해안지역, 동남해안 지역으로 분류되어, 포항, 경주, 울산지역을 대상으로 연구가 진행되었다.

영동지역은 동해안의 중부지역에 해당하며 행정구역상으로는 북쪽으로 함경남도의 안변, 덕원군, 남쪽으로는 경상북도의 울진군과 접하고 있다. 서쪽으로는 태백산맥을 넘어 한강유역과 접하고 있다. 강원도 선사문화권은 자연적 교통의 편리에 따라 영서권은 한강을 중심으로 하는 중부지역권에 포괄되고, 영동권은 동해안의 동북부지방이나 동남부지방과의 관계가 보다 긴밀하였을 것이다.

영동지역의 지형은 태백산맥의 주맥이 동해 쪽으로 급사면을 이루고 있고, 해안산맥이 곳곳에 뻗어 있어서 암석해안이 많으며, 그사이에 사빈해안이 아름답게 펼쳐져 있다. 해안선은 융기해안 특유의 단조로운 선을 유지하고, 도서는 별로 없다.

영동지역의 암석해안은 대개 해안단구 또는 해식애로 되고 사빈해안은 화강석·편마암지대에서 운반·퇴적된 모래펄이다. 동해사면의 하천은 길이가 대체로 짧고 유수량은 적으며 계절변동이 심하다(강원도 1975).

태백산맥의 계곡에서 발원하는 이들 하천유역에는 구릉이 많고, 그 사이에는 약간의 평야지대도 전개되고 있으며, 해안선 부근에는 호수들이 발달되어 특수한 경관을 이루고 있는데, 강원 영동지역의 선사유적은 주로 이들 하천이나 호수주변의 낮은 구릉지대에 분포한다(백홍기 1991).

영동지역의 기후는 청량산맥인 태백산맥이 겨울철의 북서 몬순(monson)을 차단할 뿐만 아니라, 동한해류의 영향을 받아 우리나라 남단의 다도해 다음으로 따뜻한 지역으로 연평균 12~13℃이고, 서해사면보다 2~3℃ 높다. 강우량은 다도해 보다 많아 연 1,300mm 내외로 다우지대에 속한다. 이러한 기후조건은 이 지역의 지형조건과 함께 선사인의 정착과 생산 활동에 호적한 조건이었을 것이다. 특히 영동지역에는 융기해안에 흔히 보이는 석호(潟湖, Lagoon)가 형성되어 있는데, 이러한 호수 주변의 낮은 사구지대에는 대부분 신석기시대유적과 철기시대유적이 분포한다.

속초 영랑호와 주문진의 화분분석 자료를 보면, 강원 동해안지역의 신석기시대는 고온다습한 기후에서 건조한 기후로 변화했고, 청동기시대는 저온다습한 기후로 변화했다가, 철기시대로 접어들면서 다시 고온건조한 기후로 환원되었다고 한다(曺華龍 1979). 이러한 후빙기 이후의 기후변동은 선사시대의 주민들이 가옥을 축조하는 위치를 선정하고 농사와 고기잡이, 수렵, 채취 등 생업을 영위해 나가는데 있어서도 적지 않은 영향과 제약을 주었을 것이다.

태백산맥의 계곡에서 발원하는 하천유역에는 구릉이 많고, 그 사이에는 약간의 평야지대도 전개되고 있으며, 해안선 부근에는 호수들이 발달되어 특수한 경관을 이루고 있다.

경주시는 북동쪽으로 포항시, 서쪽으로 영천시·청도군, 남쪽으로 울산광역시 울주군, 동쪽으로 동해에 면하고 있다. 크게 보면 분지지형이라고 할 수 있는데 시가지를 중심으로 동쪽에 명활산, 북쪽에 소금강산, 서쪽에 옥녀봉, 남쪽은 남산에 둘러싸여 있다. 경주 시가지는 분지의 중앙부에서 다소 서쪽에 위치하고 있다. 고도 100m 이하가 전체의 32.0%이며 동부 해안지대는 대체로 경사가 급하고 산지가 이어진 동대산계(東大山系)를 이루고,

서부는 단석산(斷石山 : 829m)을 중심으로 단석산계를 형성해 낙동강 유역과 형산강 유역의 분수계를 이룬다. 양 산계의 중간을 형산강과 그 지류가 흐르면서 안강·건천·내남 등 3대 평야를 형성하여 비옥한 농업지대를

이룬다.

경주의 지형은 태백산맥의 경사면을 따라 포항을 거쳐 영일만으로 흐르는 형산강과 울산을 거쳐 울산만으로 흐르는 동천이 만드는 저지대로 형성되어 있다. 전체적으로 동-서는 산지로 둘러싸여 있고, 남-북은 형산강이 관류하면서 안강·건천·내남평야를 이룬다. 대체로 200m 내외의 비교적 완만한 구릉성 산지를 이루고 있어 유적이 입지하기에 유리한 지형이다. 형산강 주변지역은 충적지가 발달해 낮은 저지대에서도 황성동, 충효동, 금장리유적 등 많은 유적이 분포한다.

한편 감포 해안과 인접한 지역인 경주 어일리에서는 동해안에서 가장 대규모의 취락이 조사되었고, 해안단구에 입지한 봉길리에서도 청동기시대 취락이 조사되었다.

울산지역은 지리적으로 한반도의 동남단, 태백산맥의 남단에 위치한다. 산지성 융기해안형에 속하는 해안선은 비교적 단순하며 동해에 접하고 있다. 지형은 전체적으로 북·서·남의 삼면이 태백산맥의 산지로 둘러싸여 있고, 동남쪽으로 동해를 향해 트여 있다. 산지의 지세는 영남 동부 태백산지의 단층지괴와 관련되며, 대체로 남북방향으로 발달해 있다.

울산만 부근과 북구 신명동에서 시작하여 울주군 서생면 신암리를 연결하는 동남해안선 연안부는 평균고도 100m 내외의 해안 저구릉 지대를 형성한다. 서쪽은 태백산맥의 남쪽 끝자락이 남북으로 종주하며 경주-언양-양산선에 7개 이상의 1,000m급 산군이 자리잡고 있다. 이 태백산맥이 서쪽의 송국리문화 분포권과 경계를 이룬다.

남부동해안지역은 동쪽에 태백산맥의 여맥이 강원도에서 뻗어 내려 해안선과 평행하게 달리고, 그 중앙을 낙동강이 여러 지류를 합류해서 한 대유역분지를 형성하고 있다. 남부동해안지역은 평야의 발달이 미약하나 산지에서 표고 200m 부근을 경계로 경사가 급격히 완만하게 변하여 이 완만한 구릉지가 해안까지 펼쳐져 있다. 태백산맥 동사면은 동해로 흘러들어가는 다수의 하천에 의해 별개의 유역을 형성하고 이 중에 영일만으로 흘러 들어가는 형산강이 가장 크며, 울산만으로 흘러 들어가는 태화강의 지류 동천이 만드는 저지와 연결되어 소위 형산강 지구대를 형성하고 있다. 해안단구는 지면이 평탄하여 농경지로 이용된다. 장기곶에서 구룡포에 이르는 해안에 해안단구가 전형적으로 발달되어 있다.

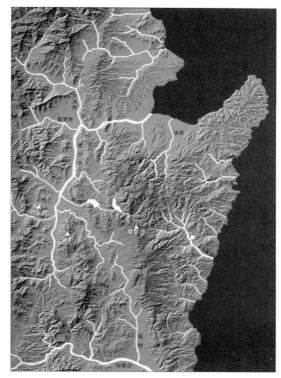

그림 2 | 남부동해안지역 수치 지형

  포항지역은 태백산맥의 남단에 해당하는 북서쪽이 높고 남동쪽이 낮은 지형으로 동쪽은 바다에 접해 있다. 하천은 울산에서 경주를 거쳐 영일만으로 흘러드는 형산강이 가장 크다. 형산강 유역에는 일부 충적지가 형성되어 있다. 그 외 곡강천, 월포천, 청하천, 덕장천 등이 동해로 흘러드는데 모두 길이가 짧고 강폭이 좁다. 대련리·이인리·초곡리 등을 거쳐 곡강천으로 합류되는 하천인 초곡천 주변에는 대규모의 청동기시대 취락이 입지한다. 한편 동쪽의 바다에 접한 구룡포 일대 지역은 해안선을 따라 해안단구가 발달되어 있는데, 이곳에도 많은 유적이 분포한다.

중앙부를 동서로 관류하는 태화강은 서부 고산지의 급경사면을 내려오다가 상류에 언양분지를 형성하고, 주위의 소지류와 합치면서 동쪽으로 흐르다가 하구 부근에서 북쪽의 경주 방면에서 형산강구조곡을 따라 남류하는 동천강과 합류해 울산만을 통해 동해로 유입한다.

청동기시대는 해수면이 지금보다 더 높은 것으로 알려져 있고 태화강변 충적지는 간석지 혹은 습지가 형성되어 취락의 입지는 물론이고 농경에 적합한 토양은 아니었다. 따라서 청동기시대 취락은 태화강과 동천 주변의 구릉 전역에 입지한다(李秀鴻 2010).

울산광역시에서 태화강·동천강 하류가 합류하는 지역 부근에 넓게 선사유적이 존재할 가능성이 높은 지역이다. 태화강은 울산시 상북면 가지산(1,240m)에서 발원하여 주변 소지류를 합치면서 동류하다 울산시 동쪽에서 불국사 단층선곡을 남류하는 동천강과 합류하여 울산만으로 유입되는 주류 길이 46km의 하천이다. 태화강 중류부 언양 부근에서는 선상지 및 비교적 넓은 평야가 전개되고, 중생대 퇴적암인 대구층을 지나는 동안 협곡을 형성하여 하천의 양안에 단구를 만들었으나, 울산시 부근에서 충적평야의 폭이 넓어져 최대 3~4km에 이른다. 태화강 중·하류부 양안의 비교적 넓은 하안단구 위에 청동기시대 집락들이 밀도 높게 분포하고 있다.

유적의 분포는 강의 곡류와 구릉의 분절 등에 의해 군을 이루며, 일부 유적들은 강을 경계로 마주보고 형성되어 있다. 또한 대부분의 유적들이 태백산맥 서쪽 구릉에 집중분포하고 있는데, 겨울의 한랭한 북서계절풍을 정면으로 받는 혹독한 겨울을 피하고, 여름의 집중호우로 인한 하천범람을 방지하기 위한 입지선정으로 생각된다. 하천과의 근접성이 좋아 식수이용에 용이하며, 경사도·고도가 낮은 지역이다. 태화강과 동천강 상류로부터 퇴적된 충적층이 넓게 형성되어 농경생활에 적합한 지역으로 판단된다(이한동·김교원 2012).

3. 청동기시대 취락 연구 현황

청동기시대를 포함한 선사시대 취락 연구를 진행함에 있어 많은 문제점과 한계점이 지적되고 있다(김권구 2001).

취락, 혹은 취락유형은 형태적으로 주거를 기본 단위로 하여 일정 경관안에 그것이 배치된 양상을 의미하지만, 인간행위의 차원에서는 일정한 경관 내에 사람이 기거함으로써 결과된 물질적 양상이다. 취락유형 연구의 궁극적인 목표는 촌락의 형식분류와 제 형식의 촌락과 특수기능 유적의 위계와 분포를 분석하여 사회집단의 통합과 내부 조직을 복원하는데 중점을 두고 있다.

청동기시대 취락연구를 학사적으로 정리한 김장석은 취락 및 취락유형의 연구가 취락 내의 가구간 차별화, 취락간의 위계화, 취락 및 그 공간분포유형을 문헌기록에의 대입이라는 세 가지 문제에 집중하고 있다고 지적한 바 있다(金壯錫 2007).

청동기시대 취락에 대한 연구는 안재호에 의해 이루어졌다. 취락 내 주거지의 분포와 결집을 분석하여 생산과 소비의 주체로서의 단위공동체들을 정의하고 공동체의 관계를 통해 마을의 내부조직을 인식하고, 일정 지역 안에서의 마을 사이의 관계를 파악하여 그것을 지역집단으로 재구성하려 시도하였다. 또한 취락의 형식분류, 혹은 유형화를 통하여 일정 경관 안에 형성된 취락간의 기능적 네트워크를 재구성하고 청동기시대 전기에서 중기로 넘어가면서 양상이 어떻게 변하는가를 설명하는데 주력하였다(安在晧 2001 · 2006).

전기 전반 취락의 성격은 주거 점유의 장기 지속성이 관찰되지 않고, 소규모의 주거 단위와 일부 매장 또는 저장과 같은 별개의 공간이 구획되지 않는다. 또한 생계경제 면에서도 화전농경이나, 어로와 같은 관련이 있는 것으로 추정되어, 정주성 취락으로 보기 어렵다고 보고, 본격적인 정주취락은 전기 중반에 등장한다고 보았다(宋滿榮 2010).

청동기시대 후기의 주거면적의 소형화, 혹은 표준화에 대해서는 본격적인 농경사회의 사회조직 및 노동의 전문화와 함께 건축상의 효율성을 주요 동인으로 보는 견해가 있다(金承玉 2006). 주거의 대형에서 소형으로의 변화 과정은 조기 또는 전기의 세대공동체(대가족제) 주거에서 후기의 개별 세대(가족) 주거로의 변화는 대형에서 소형으로 주거 면적이 작아지면서, 세대구성의 분화현상, 사적 공간의 확보를 수반하는 것으로 이해된다.

청동기시대 취락 구성요소는 대부분 주거 공간으로만 이루어진 취락으로, 이 외에 분묘와 기타 유구들이 적은 상황이며, 대부분 취락 내에서 같은 단계에 해당하는 유구들이 조성된다. 동해안지역도 다른 지역과 마찬가지로 전기유적은 소규모로 확인되며, 전기후반부터 점차 대규모로 취락이 조성된다. 취락의 연구에서 세밀한 편년을 통한 동시기성이 해결되지 않으면 유적의 범위, 주거지와 인구의 과다산출과 같은 문제가 발생한다(金壯錫 2007).

청동기시대 취락 연구에 있어 최근에는 주거, 촌락, 공간적 분포 유형이 인간집단 및 그들 사이 관계의 반영물일 것이라는 전제에 부정적인 의견이 지배적이며 인간행위의 과정에서 나온 잔존물로서 보는 경향이다. 취락유형의 연구가 주거나 마을 형식과 분포유형에 대한 연구가 아니라 인간행위의 공간적 유형화를 지향해야 할 필요가 있다는 지적이 있다(李盛周 2012).

최근에는 각 지역별로 청동기시대 취락구조를 살펴본 박사학위논문(裵德煥 2008, 李亨源 2009, 宋滿榮 2010, 오규진 2011, 李秀鴻 2012, 羅建柱 2013, 金奎正 2013, 공민규 2013, 許義行 2013, 李宗哲 2015, 朴榮九 2015)이 발표되어 청동기시대 취락연구가 활성화되고 있다.

한편 현재까지 이루어진 동해안지역 청동기시대 취락에 대한 연구는 강원 영동지역의 청동기시대 무문토기 편년작업 및 취락구조에 대한 연구와 영남지역 무문토기 변천과정에서 보이는 포항, 경주, 울산 중심의 태화강, 형산강유역을 포함하는 영남 동해안지역의 무문토기 변천과정, 검단리유형에 대한 종합적인 고찰, 영남 동해안지역 무문토기 편년 연구로 구분된다.

영동지역 청동기시대 유적은 1990년대 이후 국토개발 등 일련의 개발사업으로 인한 발굴조사를 통하여 청동기시대 문화연구에 큰 진전을 보게 되었다.

백홍기는 강원영동지방의 무문토기문화의 특성과 주변지역과의 관계 및 편년적 위치문제를 살펴보았고(白弘基 1992), 최희규는 영동지역에서 출토된 무문토기의 집성과 분석을 통하여 지역적 특색을 밝히고자 하였다(崔熙珪 1992). 고동순은 영동지방의 지석묘에 대한 종합적인 고찰을 시도하였다(高東淳 1995). 아울러 무문토기문화에 대한 연구도 진행되었는데, 최종모는 강원지역 공열토기문화를 조명하였고(崔種模 1998), 이숙임은 강원지역 점토대토기문화를 조명하였다(李姍任 2007).

이러한 일련의 고고학적인 조사로 인하여 한반도 동북지역과 동·남해안지역을 연결할 수 있는 강원 영동지역 선사문화의 존재가 부각되고 있으며, 태백산맥에 의해 가로막혀 있는 한강유역의 선사문화와도 상호 접촉 교류되었음이 분명한 것으로 나타나고 있다.

영동지역 청동기시대 취락에 대한 연구는 무문토기 편년과 취락구조에 대한 검토(朴榮九 2007·2008·2010, 박영구 2013·2014)를 통해 전기는 서북지방의 이중구연토기 요소와 동북지방 특히 두만강유역의 공렬토기 요소를 보유하고 있다. 그리고 중기에도 전기의 주거형태 및 공렬토기 전통이 지속되다가, 후기에 해당하는 원형점토대토기 단계에서는 주거지, 수혈유구, 환호, 소성유구, 분묘 등이 축조되는데, 앞선 시기와는 다른 취락구성요소 및 토기문화를 형성한다. 취락의 입지는 대부분 하천이나 호수 주변 구릉에서 확인된다. 전기부터 중기에는 장방형 주거지가 중심이 되고, 후기에 해당하는 원형점토대토기 단계의 취락들은 전기와는 다른 고지성의 입지양상을 보이며, 주거 형태도 말각방(장방)형이 축조된다고 보았다.

남부동해안지역 청동기시대 취락에 대한 연구는 대부분 울산지역을 중심으로 이루어졌다. 울산지역은 기존 울산식 주거와 검단리식토기를 표지로 하는 검단리문화권에 속한다.

울산지역 청동기시대 편년과 취락구조에 대한 연구는 영남지방 청동기문화양상에 대한 검토과정에서 동남해안권의 지역적인 범주 속에서 다루어져 왔으며, 최근 검단리유형에 대한 종합적인 연구가 진행되었다.

한편 경주지역을 포함한 형산강유역은 그동안 발굴조사의 미진으로 중서부계통의 문화와 남한강을 거쳐서 유입된 한강유역의 복합적인 취락문화를 연구하는 보조자료로 활용되거나 동해안을 따라 포항-경주-울산으로 이어지는 청동기시대 문화의 경유지로 인식해왔다. 이로 인해 취락유형에 따른 시기적인 변화과정을 파악하기 보다는 현재의 경주시를 지역단위로 설정하고, 주거지내의 유물자료를 바탕으로 하여 생업형태와 경제를 규명하는 연구에 치중하게 되었다.

동남해안지역 무문토기문화연구는 동진숙과 황현진에 의해 이루어졌는데, 동남해안지역, 대구지역, 서부경남지역의 유적과 유물을 통해 각 지역의 편년과 특징에 대해 논하였는데, 영남지역 전체를 대상으로 검토하였기 때문에 동남해안지역의 문화와 특징은 간략하게 다루어졌다. 청동기시대 전기 말~중기 초로 편년되던 제 유적들의 하한을 중기후반으로 편년하였다(董眞淑 2003, 黃炫眞 2004).

이수홍은 검단리유형은 검단리식토기, 석창, 동북형석도, 단면 타원형 또는 방형제 토제 어망추, 주형석도, 울산식 주거지, 방형의 소형석관묘, 검단리식토기 = 압날단사선, 횡선문토기(이수홍) + 파수부토기, 소형옹으로 파악하였다. 또한 송국리문화 비분포권에서 나타나는 문화양상에 대해 지역명칭을 사용한 한강유역의 당동리유형, 강원영서지역의 천전리유형, 강원영동의 포월리유형, 동남해안지역의 검단리유형 등 네 유형으로 분류하였다(李秀鴻 2012).

안재호는 포항-경주-울산지역의 동남해안권은 천상리형주거지(울산식주거지)·검단리식토기·직립장경식 적색마연토기호 등의 분포권으로서 비송국리문화권으로 파악하였다. 역사적으로는 한반도 동북지역이나 대구권과도 밀접한 관련이 있고, 연암동형 주거지, 원형 혹은 말각방형의 주구로서 연암동형구, 주거지 폐기의 적석행위 등도 동남해안권의 특징이며, 구형 혹은 원통형의 어망추, 동북형석도, 석창, 함정유구 등의 수렵과 어로와 관련된 유구와 유물이 생계방식을 짐작할 수 있는 자료로서 주목하였다(安在晧 2011).

손호성 · 전상욱은 경주지역 청동기시대 주거지를 구릉형과 평지형으로 구분하여 검토하면서 경주권역(반월성을 중심으로 한 반경 15km 이내) 주거지는 전기 후반에 중서부지역의 취락문화가 유입되고 재지세력과 융화되어 청동기문화 형성되었다고 보았다. 전기전반의 취락이 부재하고, 중기에는 울산지역의 검단리유형이 유입되었다고 보았다(손호성 · 전상욱 2010).

김현식은 울산식 주거지에 대한 종합적인 연구 및 복원 작업을 실시하였다. 울산식 주거지는 전기의 주거지에서 변화하여 동남부지역화한 것으로 단수의 노지가 가장 큰 특징이며, 복원작업은 골조는 삼량식 맞배지붕, 벽은 마감벽체용 흙벽, 배수시설이 설치된 주거로 복원하였다. 한편 주거지 내의 적석현상에 대해서는 의례의 가능성을 제기하였다(金賢植 2006 · 2008).

김도헌은 울산지역 청동기시대 취락의 입지를 분석, 입지 유형에 따라 생업형태를 파악하였다. 구릉능선형 취락은 전작 중심의 농경이며, 구릉사면형 취락은 수도작과 전작이 결합된 농경이 이루어졌다고 보았다(金度憲 2004).

최근 동해안지역도 고성지역을 중심으로 한 영동지역과 경주와 울산지역에서 점토대토기단계의 취락구조와 문화양상을 밝혀 낼 수 있는 자료가 증가하면서, 원형점토대토기 취락과 토기문화에 대한 연구가 진행되고 있다

박영구는 영동지역에서 발굴조사된 점토대토기 출토 유적의 입지와 분포, 주거지 구조, 출토유물의 양상을 분석하여 취락의 구조를 살펴보고, 이를 통해 영동지역 원형점토대토기문화의 전개과정을 고찰하였다(朴榮九 2010).

이수홍은 청동기시대에서 삼한시대로의 변화양상을 검단리유형의 쇠퇴라는 관점으로 파악하였다. 울산지역을 비롯한 동남해안지역은 타 지역에

서 원형점토대토기가 출토되는 삼한시대(본고의 청동기시대 후기) 전반에 청동기시대 후기(본고의 청동기시대 중기)에서 출토되는 유물이 이어지며 주거지는 후기(중기) 중기의 전통이 이어지는 울산식 주거지의 변화형이 이용되었다고 보았다(李秀鴻 2012).

김나영은 영남지역 점토대토기 출토 주거지에 대한 연구를 진행하였고, 최근에는 울산지역의 점토대토기단계 취락에 대한 전개양상을 고찰하였다(김나영 2013).

이정은은 영남 동남부해안지역의 점토대토기문화의 변천을 살펴보았다. 점토띠의 형식 변천을 통해 3단계로 구분하여 유적을 편년하였다. 점토대토기문화는 중부지역에서 영남내륙과 동해안을 통해 동남해안 지역으로 유입된 것으로 보았다(이정은 2011).

박진일은 울산지역의 점토대토기문화의 발생과 전개양상에 대한 발표를 통해, 울산지역의 점토대토기 문화는 영남해안 지방에서 전파되었다고 상정하였다(박진일 2013).

동해안지역 청동기시대 취락에 대한 대부분의 연구 성과는 주거지를 중심으로 주거지의 입지 및 내부구조와 출토유물의 특수성을 부각시키면서 편년을 통해 지역성을 검토하거나 지역별 문화의 변천과정에 대한 연구에 국한되고 있다. 취락에 대한 종합적인 연구는 개별주거지의 특성, 기능, 취락의 규모와 입지 그리고 취락내의 공간구성과 기능, 중심취락과 하위취락과 같은 취락과 취락과의 관계에 대한 검토를 통하여 사회의 최소 구성단위부터 취락의 위계까지 청동기시대의 사회상을 복원하는 작업이 이루어져야 한다.

본 연구는 동해안지역 청동기시대 편년작업을 수행하고 이를 바탕으로 단위취락의 다양한 요소들을 분석하고, 거시적인 관점에서 취락의 분포정형과 교류 등의 취락 간 연계망에 대한 검토를 통해 동해안지역 청동기시대 사회상을 고찰하고자 한다.

II. 동해안지역 청동기시대 편년

1. 남한지역 청동기시대 편년

한국고고학에서 시대구분 문제에 대해서는 1979년 김정배에 의해 삼시기법이 아닌 사회 경제적인 시대구분의 필요성을 제기한 바 있지만 본격적으로는 논의된 바 없이 청동기시대라 사용하고 있다(이영문 2013).

청동기시대의 시기구분은 1980년대 중반까지는 전기·후기의 2분기로 구분되었다. 전기는 비파형동검을 중심으로 하는 청동기문화와 각형토기, 공렬문토기, 적색마연토기를 표지로 하며, 후기는 세형동검문화와 점토대토기, 흑도장경호 등으로 대표된다(林炳泰 1969, 李白圭 1986). 이후 1980년대 중반~1990년대에는 송국리유적의 발굴성과로 전기는 이중구연단사선토기와 공렬문토기를 표지로 하는 가락동유형과 역삼동유형, 중기는 송국리식주거지와 외반구연토기, 삼각형석도, 유구석부를 주 내용으로 하는 송국리유형, 후기는 점토대토기로 구분하는 3분기설이 주장되었다(河認秀 1989, 宋滿榮 1995).

2000년에는 안재호에 의해서 말기즐문토기의 요소가 잔재하고, 각목돌대문토기를 표지로 하는 조기를 추가하면서 4분기설(조기-미사리식 돌대문토기 / 전기-가락동식·역삼동식·흔암리식토기 / 중기-송국리식토기 / 후기-수석리식 원형점토대토기)이 등장한다(安在晧 2000). 한편 안재호는 박사학위논문을 통해 후기의 점토대토기문화를 청동기시대에서 제외하면서 중기의 송국리문화를 후기로 재배치함으로써 조기(미사리식·돌대문토기)-전기(가락동식·역삼동식·흔암리식토기)-후기(송국리식·검단리식토기)의 시기설정을 하였다(安在晧 2006).

이형원은 2009년 박사학위논문에서는 신3분기설을 주장하다가, 2010년 다시 4분기설로 입장을 바꾸었다. 송국리유형을 다시 중기로, 철기가 공반하지 않는 원형점토대토기 단계를 후기로 재배열한 것이다(李亨源 2010).

송만영은 원형점토대토기와 철기의 출현 시점이 상이하기 때문에 점토대토기 단계부터 초기철기시대로 파악하는 분기론에 반대하는 입장이다. 즉, 송국리유형 후기설은 재검토되어야 하며, 한국 청동기시대는 전기-중기-후기의 3분기설이 타당하다고 보고 있다(宋滿榮 2010).

1) 조기 설정

남한지역에서 돌대문토기[3]를 공반한 청동기시대 주거지는 조기~전기로 편년된다. 돌대문토기 유적의 형성 계기는 요동반도 또는 압록강유역에서 농경생산을 기반으로 한 주민들이 남하하여 재지계의 즐문토기문화와 외래계의 돌대문토기문화의 농경문화가 융합한 것이 조기의 문화라고 보았다. 돌대문토기가 출토되는 주거지는 신석기시대와 비교해서 커지고 방형과 장방형으로 정형화 및 군집을 이루며, 수확용의 반월형석도와 쌀·보리·밀·조 등의 재배식물과 적색마연토기 등이 공반되는 점은 신석기시대와는

---

3) 이하 본고의 돌대문토기는 돌대가 일주하는 각목돌대문토기를 총칭하며, 절상각목돌대문과 무각목돌대문, 류상돌대문은 각각 구분하여 사용하였다.

전혀 다른 특징으로 무문토기 조기로 설정하고 있다(安在晧 2000).

돌대문토기는 한반도 남부지역 강가 충적대지에서 돌대문토기 유적 조사 사례가 증가하고 있다. 지리적 경계에 근거하여 한강유역의 중부지역권(미사리, 화성 정문리,[4] 연하리, 대성리, 거례리, 원천리, 하중도, 신매리, 금산리, 현암리, 하화계리, 철정리, 외삼포리, 아우라지, 종부리, 천동리, 주천리), 호서지역권(연기 대평리, 영등동, 수당리, 원촌), 남강유역권(대평리, 소남리, 상촌리, 본촌리, 평거동, 가호동), 영남지역권(송죽리, 충효동, 금장리)으로 구분된다(千羨幸 2005).

한반도 남부지역의 신석기시대에서 청동기시대로의 이행기에는 주거지의 구조와 형태, 토기의 제작기법, 문양, 기종구성 등에서 이전 시기와는 구별되는 변화들이 난타난다. 이러한 과도기적 양상에 대해 즐문토기적 요소를 가진 돌대문토기를 바탕으로 청동기시대 조기가 설정(安在晧 2000)된 이래, 편년 및 계통 등과 관련하여 다양한 연구가 이루어지고 있다. 최근에는 돌대문토기와 공반되는 이중구연토기, 거치문토기, 공렬토기에 대한 계통 및 조기설정에 관한 논의도 활발하게 이루어지고 있다(高旻廷 2009, 金炳燮 2009).

조기설정에 대한 검토에서 박순발은 미사리유적으로 대표되는 단순 돌대문토기의 단계와 절상돌대문토기 + 가락동유형 요소가 공반되는 단계가 서로 시기적 선후관계가 있음을 밝히고, 이를 요동 및 압록강유역 청동기문화의 남한지역 1차 파급이 미사리유형을 형성하였으며, 다시 압록강유역에서의 2차 파급이 가락동 유형의 등장 배경이 되었다고 보았다(朴淳發 2003).

이형원은 미사리유형을 가락동유형, 역삼동 · 흔암리유형과 함께 전기로 분류하다가(李亨源 2002), 안재호의 조기론을 받아들여 미사리유형 I 기를

---

4) 화성 정문리는 일반적으로 돌대문토기가 하안의 충적대지에 입지하는 것과 달리 구릉에 입지하며, 평면 방형의 중형급 주거지에 수혈식노지를 갖추었으며, 돌대문토기와 무각목의 절상돌대문토기가 출토되었다.

조기로 소급시키고 미사리유형Ⅱ기를 전기로 하는 변화된 시기구분을 제안하였다(李亨源 2009).

각목돌대문토기	절상돌대각목문토기
정선 아우라지 1호	홍천 외삼포리 3호
파수부토기	무각목돌대문토기
홍천 철정리Ⅱ A-21	홍천 하화계리 1호

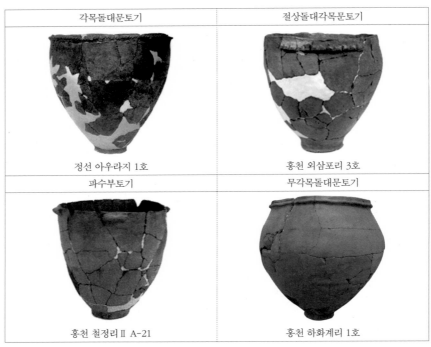

사진 1 | 돌대문토기

　송만영은 청동기시대 조기 개념을 신석기시대에서 청동기시대로의 과도기로 파악하고, 직립 구연의 환저토기와 돌대문토기가 출토된 하남 미사리유적의 유물, 유구복합체만을 조기로 파악하고 돌대문토기와 이중구연토기가 출토되는 유적들을 청동기시대 초기로 이해하고 있다(宋滿榮 2013).

　고민정은 남강유역 각목돌대문토기 단계의 주거지를 4개의 유형(A~D군)으로 분류하고, 1단계는 무문토기 조기의 이른 시기에, 2단계는 무문토기 조기의 늦은 시기로 편년하였다. 3, 4단계에 이르러 각목돌대문토기와 이중구연, 거치문, 공렬문계 요소가 다수 공반하며, 절대연대자료가 전기무문토기의 출현 시점인 2900BP를 전후한 시기에 집중되므로, 무문토기시대 전기 전반에 편년하였다(高旻廷 2009).

김병섭은 조기의 토기양상에 대해 절상돌대를 포함한 돌대문토기, 가락 동식 이중구연토기, 상촌리식 이중구연토기,[5] 거치문이중구연토기, 공렬토 기[6](돌류문·(반)관통공렬)로 정리하였다. 반면에 남강유역에서는 이중구 연토기와 이중구연거치문, 공렬문토기의 대부분이 늦은 형식의 돌대문토기 와 공반되는 양상을 보인다고 하였다(金炳燮 2009).

안재호의 조기설정 이후 조기라는 용어를 적극 사용하는 연구자들은 조 기의 문화상을 미사리식의 돌대문토기 중심으로 보는 입장과 돌대문토기와 더불어 가락동식의 이중구연단사선 혹은 이중구연거치문토기, 그리고 역삼 동식의 공렬문토기를 조기에 포함하는 견해로, 전자는 미사리유형 조기론, 후자는 미사리·가락동·역삼동·흔암리유형 병존 조기론으로 구분된다 (李亨源 2010).

조기가 설정된 이후로 각 연구들이 이 시론에 대한 논증과 비판적 검토 없이 돌대문토기를 표지로 하는 조기가 존재함을 이미 검증된 명제로 단정 하고 논의를 진행한 것은 문제가 되며, 조기를 설정할 만큼의 자료가 축적 되지 않았고, 탄소연대 등을 통해 신빙성 있게 뒷받침되지 않은 가설적 명 제라고 하면서 조기설정론에 대한 비판적 견해도 있다(金壯錫 2008).

---

5) 상촌리식 주거지는 방형으로, 석상위석식노지가 설치되었으며, 이중구연토기와 호 형토기가 출토되었다 호형토기 1점의 기면에는 동체 외면을 끈 등으로 엮은 흔적 (가평 연하리 1호, 연천 삼거리 9호, 사천 본촌리)이 남아 있다. 이중구연토기는 이 중구연의 폭이 길면서 하단부가 뚜렷하게 단이 진 형태이다.

6) 교동1호의 거치문+반관통공렬문토기, 살내유적의 구순각목+이중구연+관통공렬문 토기, 구순각목+이중구연+거치문+관통공렬문토기, 옥방5지구 C-3호의 이중구연+ 단사선+관통공렬문토기 및 절상돌대문토기와 관통 공렬문토기 공반, 상촌리 D지구 10호의 돌대문토기와 관통공렬문토기 및 돌류문토기 공반, 상촌리 시굴주거지에서 이중구연토기와 돌류문토기의 공반 등이며, 돌대문과 이중구연 요소가 조기의 주류 인 문양이며, 수적 열세인 공렬문은 조기의 비주류 문양으로 파악하고 있다.

조기를 부정하는 측면은 조기의 문화내용과 전기의 문화내용(토기, 주거형태 등)에 있어서 큰 차이를 보이지 않는다는 견해인데, 돌대문토기요소뿐만 아니라 이중구연(단사선문)이나 공렬문 요소도 공존하는 것으로 이해되면서 전기의 역삼동·가락동·흔암리유형 등의 요소와 구분이 어렵다는 것이다. 긍정적으로 보는 것은 새로운 물질문화가 등장하는 시기로 보는 견해이다. 즉, 조기 문화 내용에 있어 지역마다의 다양성을 인정해야 하며, 그 지역에 최초로 등장하는 새로운 물질문화를 조기로 봐야 한다는 것이다.

이기성은 신석기시대에서 무문토기시대로의 과도기의 양상이 확인되지 않고, 조기와 전기를 구분할 문화사적인 적극적인 의미가 간취되지 않는다면, 돌대문토기문화로 대표되는 지금의 조기는 전기로 포괄하여, 다양한 계통의 문화요소들이 시간적인 차이를 두고 출현하면서 융합, 정착되는 과정으로서 남한 무문토기문화 성립기를 이해하는데 보다 효율적으로 보고, 문화사적인 시기구분이라는 차원에서 의미가 없어 전기로 구분하고 있다(이기성 2012).

황재훈은 중서부지역 무문토기시대 전기 사회의 상호작용과 시간의 추이에 따른 문화변동 양상을 고찰하였다. 조기의 문화 내용으로 알려진 고고학 자료와 전기 이른 시기의 자료와 뚜렷한 시간차를 두기 어려우며, 현재의 조기 연구의 대부분이 전환기로서의 문화사적 의미의 출현기 보다는 물질문화의 상이성만을 부각하는 식의 논의가 주를 이루고 있다는 비판적인 견해를 제시하고, 전기전반전기중반-전기후반으로 편년하였다(황재훈 2014).

표 1 | 돌대문토기 편년

	중부지역	남강유역	주거구조	C14 연대(BP)
조기 전반	미사리KC 11.15.18, A-1 중도(예맥) 20 외삼포리 3, 5 철정 C-1, 5	옥방5지구 D-2 어은1 94·107 어은1 69·85 옥방5지구 D-9	소(중)형 방형 토광식 노-중도(예맥)20 석상위석식 노-원형, 방형 (중부), 타원형·장방형(남강) 초석, 저장공(중부)	옥방5지구D-2 3180±60 철정 C-1호 3110±80 외삼포리 5 3120±80

	중부지역	남강유역	주거구조	C14 연대(BP)
조기 후반	외삼포리 3 하중도 19, 24 거례리(3구간) 34,41,43,45,61 (5구간)16,29 철정리 A-1 · 2 · 3 · 11 · 12 · 21 연하리 1,13 거례리 A-1 원천리 2,3,7,14,23,26,30 하화계리 1 현암리1,2,3,4 아우라지 1,6,8,11,12,13 종부리 Ⅱ-2	옥방5지구 D-1 상촌리D B-2 상촌리D지구 B-10 어은1지구 118 평거3지구(Ⅰ)10G 2 평거3지구(Ⅱ)2	중(대)형 장방형주거지 석상위석식 노-방형(현암리1, 중도(예맥)20) 타원형 · 장방형, 위석식노- 원형, 방형(현암리) (장방형), 토광식 노(중부) 초석, 주공, 저장공, 출입구, 벽구(중부), 단시설(남강)	상촌리D B-2 3030±50 외삼포리 3 3080±60 철정Ⅱ A-21 3070±50 연하리 1 3070±50 현암리 1 3020±40 아우라지 1 3010±60
전기 전엽	종부리Ⅱ-5 천동리 2 주천리 17 거례리(4구간) 28,109 현암리 2 금산리 A-4, B-6 원천리 Ⅰ-1,13 신매리 3, 8 대성리 25 천전리 7, 10 화성 정문리	평거3지구(Ⅰ) 19G 1 22G 42호, 23G 20 옥방5지구 C-3 어은1지구 77 · 95	소(중)형 방형주거지(중부) 중(대)형 장방형주거지 석상위석식 노-원형(중부), 방(장방)형(남강) 위석식 노-원형(중부), 방형(남강) 수혈식(중부) 단시설(남강) 주공, 저장공	평거3 19G 1 3010±25 평거3 22G 42 2950±25 대성리 25 2950±20 천전리 10 2910±50 천동리2 2930±40
전기 중엽		평거3지구(Ⅰ) 23G 34 평거3지구(Ⅰ) 22G 25 평거3지구(Ⅱ구역) 1 본촌리나-3 무촌리 1	중형 장방형주거지 위석식 노, 토광식식 노 초석 주공, 단시설	평거3 22G 25 2945±25 어은1지구 2850±60

7) * OxCal 4,2 교정(보정)곡선 Intcal13 이용
이하 동해안지역 청동기시대 절대연대 보정작업은 충청문화재연구원 소상영 선생
님께서 작업을 해주셨다. 지면을 빌어 감사의 인사를 전한다.

표 2 | 돌대문토기 취락 절대연대[7](상 : 한강유역, 하 : 남강유역)

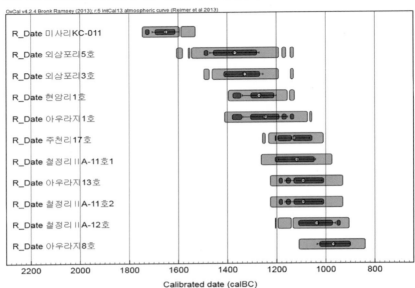

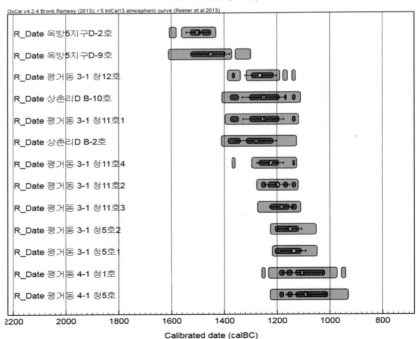

이수정은 돌대문토기를 표지로 하는 물질문화는 기존의 가락동식, 역삼동식, 흔암리식 토기와 같이 미사리식 토기로 명명하여 전기의 다양한 문양을 가진 토기중 하나로 파악하고, 전기의 가장 이른 시기에 등장해 전기 중반 내지 후반까지 존속한 것으로 파악하였다(이수정 2013).

조기의 절대연대측정치는 조기로 편년되는 옥방5지구 D-2호는 3230±30BP, 3180±60BP이다. 전기로 편년되는 상촌리 D지구 B-2호는 3030±50BP, 상촌리 D지구 B-10호 3010±50BP로 대체로 돌대문토기 단독기 보다는 약간 늦게 나타나는 것으로 보고, 상한은 3200BP를 전후한 시기로, 하한은 전기무문토기가 출현하는 2900BP를 전후한 시기로 연대폭을 설정하고 있다. 진주 평거3지구(I구역) 유적의 탄소연대가 3015±30BP, 3010±30BP, 2945±25BP, 2930±25BP 등으로 산출됨으로써 돌대문토기 하한과 무문토기 전기 사이의 연대가 어느 정도 보완되었다.

2) 전기 편년

전기 편년의 핵심은 가락동유형, 역삼동·흔암리유형에 대한 정의 및 논의를 통해 정리된다.

청동기시대 유형의 개념은 '동질적 문화전통을 가지고 있으면서, 고고학적 동시간대로 포괄될 수 있는 제작·사용집단에 의해 제작·사용된 일련의 유구 및 유물군'이라는 정의(朴淳發 1999)를 토대로, 특정한 시간과 공간범위에 존재했던 집단을 지칭하는 개념이다. 이와 같은 유형의 설정은 청동기시대의 취락유적들을 범주화하여 일정한 시·공간적 범위로 포괄할 수 있는 장점이 있다.

가락동유형은 장방형 또는 세장방형주거지에 위석식노지를 비롯하여 초석, 저장공이 설치되며, 토기상으로는 이중구연과 단사선문으로 대표되는 가락동식토기와 석기상으로는 이단병식 또는 유혈구 마제석검을 비롯한 삼각만입석촉, 이단경식석촉, 양인석부, 반월형석도 등을 주요 구성요소로 한다(李亨源 2009).

흔암리유형의 핵심요소인 적색마연토기, 공렬문과 이중구연의 결합현상을 살펴본 결과, 원산만일대의 동해안 북부지역에서 압록강유역의 신암리 제2문화의 이중구연요소와 두만강유역의 반관통공렬 및 적색마연토기 요소가 복합되는 과정에서 형성된 것으로 보았다. 즉, 흔암리유형의 개념은 사용집단의 존재를 바탕으로 하며, 원산만에서 동해안을 따라 남하하여 한반도 남부지방 일대로 확산된 것이라는 견해를 제시하였다(朴淳發 1999).

2000년대 이전까지 전기 무문토기에 대해서는 빠른 형식인 가락동식토기와 역삼동식토기를 이른 단계로 보고, 가락동식토기와 역삼동식토기의 요소가 결합된 흔암리식토기를 늦은 단계로 보아왔다. 이에 대해 김장석은 가락동식토기와 흔암리식토기 사이에 절대연대 측정치에 차이가 없고, 각 형식의 지역적 차이가 존재한다는 점에서 동일시기의 지역차이로 보았다(金壯錫 2001). 이러한 김장석의 비판 이후 가락동식토기, 역삼동식토기, 흔암리식토기가 공존하였다는 논의(李亨源 2002)가 대세를 이루어왔다.

전기 무문토기의 특징은 돌대문토기가 소멸되고, 이중구연이 퇴화한 형태로 변화된 유사이중구연이 가락동식토기와 흔암리식토기에 채용된다. 유사이중구연의 요소가 보이지 않는 지역에는 공렬문이 주요소로 자리매김하며(高旻廷 2003), 전기 무문토기는 특정문양의 형식에서는 시기를 결정할 수 없고, 지역에 따라 형식과 시간이 다르다고 할 수 있다고 보았다(安在晧·千羨幸 2004).

기존 역삼동·흔암리유형은 세(장)방형 주거지에 토광형(무시설식)노지, 저장공, 양주공 중심이며, 토기로는 역삼동식토기와 흔암리식토기(공렬, 구순각목, 이중구연, 단사선의 조합, 적색마연토기)의 요소로 규정된다. 흔암리식 토기가 출토되는 지역은 경기도, 강원영동지역, 충청서해안지역에서 출토되고 있어 지역적으로 광범위하게 분포하고 있으나, 출토 유적 수나 공간적 배치에 있어 집중도는 확인되지 않는다. 유적에 따라 역삼동식토기와 흔암리식토기[8]의 비율에 있어서도 큰 차이를 보이고 있고, 흔암리식토기로 총칭되어 왔던 토기들은 어느 하나의 형태로 집중적으로 나타나는 문양이 있다기 보다는 공열 · 이중구연 · 단사선문 · 구순각목 등 개개의 문양요소가 어떻게 조합되었는지에 따라 매우 다양한 양상을 보이고 있다.

한강유역을 포함한 중부지역의 청동기시대 토기문화는 요소인 역삼동 · 흔암리 유형으로 규정되었지만, 남(북)한강유역의 청동기시대 무문토기의 전개양상은 동일한 충적대지에 형성된 돌대문토기문화와의 접촉 내지 융합하는 과정에서 위석식노지를 포함한 주거구조[9]가 지속되며, 토기요소 또한 전기전엽까지 돌대문토기와 함께 다양한 형태로 공반 출토되고 있다. 정선 아우라지 1호 각목돌대문토기[10]와 15호 공렬문토기의 기형이 같은 점에서, 토기형태(제작)의 전통도 이어진 것으로 판단된다.

경기 남부와 아산만지역 전기의 흔암리식 토기 유물복합체와 중기(구순 각목)의 공렬문토기 유물복합체를 아우르는 명칭으로 백석동유형, 영서지역 청동기시대 전기의 유물 · 유구 복합체를 조동리유형[11]으로 설정하였다.

---

8) 흔암리식토기에서 가장 많이 나타나는 문양은 구순각목단사선공렬 · 이중구연구순 각목단사선공렬문의 형태가 가장 많은 비율을 차지하고 있다.

9) 가락동유형과 미사리유형의 특징을 대형주거지, 위석식노지, 초석식 기둥으로 요약 되는 둔산식주거로 규정하고 있지만 남한강유역 주거지의 입지 구조적인 차이, 출토유물에서의 차이점을 보이고 있어, 둔산식 주거지로 분류하는 의견은 재고가 필요하다.

10) 1호 돌대문토기와 강릉 교동 1호 이중구연토기, 연천 삼거리 9호 이중구연토기는 유사한 기형을 보이고 있으며, 교동 1호에서 출토된 공렬문토기도 밖에서 안으로 반 관통된 돌류의 형태이다.

11) 조동리유형은 주로 영서지역의 충적대지에 분포한다. 주거지는 장방형 계통으로 단 축 폭이 5m, 큰 주거지는 7~8m에 이른다. 주거지 내부 중앙 축선상에는 1~2개의 위석식노지가 설치된다. 주거지의 특징은 미사리식 주거지에서 주거지의 단축 폭 이 줄어들면서 상대적으로 세장화되는 경향이다. 미사리유형 단계의 절상돌대문토 기와 이중구연토기가 공반되어 과도기적인 양상도 보이며, 흔암리식토기와 공렬문 토기, 대부소호, 적색마연토기, 장경호등의 토기류와 유혈구이단병식석검, 삼각만입 촉, 이단경촉, 동북형석도등의 석기류가 특징이다.

조동리유형은 유적의 분포와 입지, 주거 형식, 유물상에서 전 단계인 미사리유형의 양상을 계승했다고 판단하였다(宋滿榮 2013). 반면에 남한강유역의 물질문화가 주거구조는 가락동유형의 둔산식 주거지가 중심인 반면에, 토기는 역삼동식토기와 흔암리식토기가 중심을 이룬다고 보는 견해도 있다(이형원 2014).

한편 조동리유형은 남한지역의 시기나 단계를 구분할 수 있는 시간적 실체로 인식하기보다는 전기전엽 이래 강원 영서지역에서 공존한 여러 문화요소 중 일부가 전기중엽 이후 특정지역에서 뚜렷한 지역색을 보이는 일종의 지역 문화유형으로 이해되어야 한다고 보고, 돌대문토기와 공렬문, 구순각목토기의 시간적 차이를 인정하지 않는다(황재훈 2014).

필자는 돌대문토기와 공렬문토기가 시간성이 있다고 판단하며, 조동리유형은 미사리유형의 영향 아래 형성된 것으로 보는 데는 동의하지만, 북한강유역 전체[12]를 포함하는 것에 대해서는 의견을 달리한다.

나건주는 한반도 청동기시대 전기의 이른 시기에, 한반도 북부지방에서 기원한 다양한 문화요소가 복합되어 나타난 물질문화를 흔암리식이라는 개념으로 이해한다. 흔암리와 역삼동유형은 동일집단에 해당하며, 양식적 형태변화는 흔암리식에서 역삼동식으로 이루어진 것으로 판단하고 있다(羅建柱 2013).

이상의 남한지역 청동기시대 전기 편년작업은 최근의 논고를 통해 정리되었다(한국청동기학회 2013).

3) 중기 편년

청동기시대 중기는 논농사의 집약화를 통한 생산량의 증가에 따른 경제

---

12) 북한강유역 지류인 홍천강유역의 홍천 철정리, 외삼포리 취락까지 해당한다.

력을 바탕으로 유력자 또는 유력 집단이 등장하고 이를 유지하고 잉여생산물을 보호하기 위한 대규모의 방어취락이 형성되었으며, 중심취락으로 성장하게 되고 이후 주변 여러 취락과 관련을 맺으면서 발전하게 된다(孫晙鎬 2007).

청동기시대 중기는 부여 송국리유적 조사를 계기로 1980년대 이후 중기가 설정 되었으며 청동기시대 시기구분에 있어 전기-중기-후기의 3시기 구분은 1990년대 까지 거의 통설로 받아들여졌다.

김규정은 청동기시대 중기의 설정은 송국리유형과 동일시기의 다른 지역의 문화양상에 대한 연구가 진행되면서 중기설정에는 큰 변화가 없는 것으로 보았다. 또한 송국리문화를 중기의 획기로 보았으나 송국리문화 이외에도 전기의 문화요소에서 주거규모의 소형화, 토기문양의 단순문양으로의 변화 등 점진적인 변화과정을 거치면서 중기로 이행되었다고 보았다(金圭正 2007).

송국리문화의 형성은 전기문화요소인 역삼동유형에서 점진적인 변화를 거치면서 안재호에 의해 '선송국리유형'이 설정(安在晧 1992)된 이래 여러 연구자들이 휴암리유형과 반송리유형을 송국리유형보다 이른 단계로 파악하여 세분하였는데 주거지의 평면형태를 주요 기준으로 삼고 있다.

나건주는 반송리식주거지를 전기와 중기의 과도기단계로 파악하고 중기를 휴암리식주거지 단계와 송국리식 원형주거지 단계로 세분하고(羅建柱 2009), 이형원은 반송리식(先)과 휴암리식(後) 주거지 단계가 선후관계가 있지만 이를 묶어 중기전반, 송국리식 원형주거지 단계를 중기후반으로 세분하였다(李亨源 2009).

김한식(2006)과 이진민(2008)은 석기와 주거지 구성상의 변화를 기준으로 역삼동유형을 역삼동유형 I 기와 역삼동유형 II 기로 구분하면서 후자를 중기의 시작으로 보았다. 한편 송만영은 토기문양을 중심으로 중기전반(구순각목공렬문토기 단계), 중기중반(공렬문토기 단계), 중기후반(무문양의 심발형토기 단계)으로 세분하였다(宋滿榮 2001).

이수홍은 송국리문화 비분포권에서 나타나는 문화양상에 대해 지역명칭을 사용한 한강유역의 당동리유형, 강원영서지역의 천전리유형, 강원영동의 포월리유형, 동남해안지역의 검단리유형 등 네 유형으로 분류하였다(李秀鴻 2012).

4) 후기 편년

후기는 청동기시대 3분기설로 보면 점토대토기 단계를 의미하지만, 현재는 청동기시대 후기 또는 초기철기시대로 보고 있다. 최근에는 점토대토기문화의 상한이 상향조정되면서 원형점토대토기 출현 시점이 세형동검보다 상향된다는 연구결과가 발표되고 있다.

청동기시대로 보는 견해는 이 시기에 들어와서 한반도에서 청동기 제작이 가장 활발하게 이루어졌기 때문이며(金圭正 2007), 철기 등장 이전의 세형동검의 점토대토기문화를 청동기시대 후기로 보고, 전국계 철기가 공반하는 시기부터 초기철기시대로 보고 있다(李亨源 2010).

초기철기시대로 보는 견해는 점토대토기의 출현과 전개 시기가 송국리문화 단계와 거의 평행하기 때문에 점토대토기 문화단계를 송국리문화에 후속하는 시기로 설정 할 수 없으며, 점토대토기는 청동기시대 후기에 속하는 지역적 혹은 계통적 차이를 갖는 토기문화로 보았다(李弘鍾 2005).

박진일은 점토대토기 · 한국식동검과 마한으로 이루어진 이 시대의 정체성을 완전한 '선사'의 개념인 청동기시대 혹은 무문토기시대 보다 '원사'의 개념인 초기철기시대로 판단하였다(朴辰一 2007).

한국식동검문화에 대해 이건무는 청동기시대 후기의 송국리문화로 대표되던 재래문화에 요령지역의 요령식동검문화에서 새롭게 가지를 친 청동기문화가 유입되면서 성립하게 되었다고 보면서, 절대연대는 주거지와 분묘에서 출토된 유물을 근거로 기원전 4세기 전반을 상한으로 보고 있다(李建茂 2003).

박순발은 청동기시대를 선동검기, 비파형동검기, 세형동검기로 구분하였고, 이 가운데 세형동검기를 전기와 후기로 세분하여 철기가 공반되는 후기부터를 초기철기시대라 파악하였다(朴淳發 1993).

미야자토 오사무는 한반도 청동기 제작 개시는 기원전 6세기 이전이며, 세형동검의 성립은 기원전 4세기 후반 이전, 전국계 철기의 출현을 기원전 2세기 이전, 종말기는 기원전 1세기가 중심이 되는 것으로 보았다(宮里修 2010).

이형원은 점토대토기문화의 등장을 비파형동검기에 해당하는 기원전 500년 이전 한반도로 유입되고, 세형동검문화는 기원전 400년에서 300년경 사이에 형성, 철기는 기원전 300년 이후에 한반도에 유입되고 생산된다고 보고, 박진일 편년의 1-2기 단계를 비파형동검단계로 편년하였다(李亨源 2010).

박진일은 초기철기시대의 시작을 한국식동검문화의 시작과 동일시하여 그 절대연대는 기원전 4세기로 보고, 점토대토기 등장부터 한국식동검문화의 등장까지 1세기 정도의 기간을 청동기시대 후기로 분류한다. 즉 점토대토기 1~2단계를 청동기시대 후기로 분류하고 있다(朴辰一 2007).

이청규는 한반도 원형 점토대토기와 흡사한 토기가 중국 요령지역의 본계 상보촌 유적에서 비파형동검의 말기형식과 공반된 것을 근거로 점토대토기가 세형동검문화 형성 이전에 한반도에 유입되었으며, 요령지역 초기 세형동검의 연대를 기원전 4세기 전후로 보고, 점토대토기가 한반도에 유입된 시기를 기원전 5~4세기경으로 파악하였다(李淸圭 2000).

점토대토기문화는 한반도내 점토대토기문화의 이입이 일률적으로 진행된 것이 아니라 지역별로 다르게 전개되는 양상을 보인다. 따라서 재지의 무문토기문화 및 공렬문토기문화, 송국리문화와 접촉하면서 일정기간 우호적인 관계를 가지며 발전한다. 이후 세형동검을 대표로 하는 한국식 청동기문화를 바탕으로 기존 재지문화를 대체한 것으로 보인다. 한편 지역별 문화양상에서 영동지역은 원형점토대토기 단계의 대규모 취락이 조성되는 반면, 중서부 및 영남지역은 주거지는 소수에 불과하고, 대부분 분묘만이 확인되는데, 중서부지역은 목관묘, 영남지역은 여전히 지석묘가 축조되는 등 지역에 따라 분묘 축조 양상이 다르게 나타난다.

2. 동해안지역 청동기시대 주거지 편년

동해안지역 청동기시대 주거지에서 출토되는 토기는 심발형, 발형, 호형토기와 적색마연토기, 대부토기, 원형점토대토기 등이다.

편년자료에 적극 활용되는 무문토기 문양은 돌대문, 이중구연, 공렬문, 구순각목, 단사선, 단사선(낟알문), 횡선문 등이다.

동해안지역 청동기시대 주거지에서 출토되는 토기는 조기에는 돌대문, 전기전엽은 돌대문토기, 적색마연토기, 외반구연토기, 이중구연토기, 전기중엽은 이중구연 복합문요소가 출토되며, 전기후엽은 이중구연요소가 소멸되고 복합문양인 구순각목공렬단사선, 구순각목공렬, 구순각목단사선, 공렬단사선문이 확인된다. 중기전반에는 공렬문이 단독으로 출토되거나 단사선(낟알문)토기, 적색마연토기가 출토된다. 중기후엽에는 횡선문과 파수부호·발, 적색마연원저장경호, 적색마연양이부호 등이 출토된다. 전체적으로 돌대문-이중구연-이중구연복합문-공렬단사선문-공렬문-단사선문-횡선문의 순서로 복합문에서 단독문으로 변화한다.

동해안지역 청동기시대 주거지에서 출토된 석기의 종류별 수량은 많지 않으나 무문토기 주거지에서 흔히 나오는 일반적 특성을 가진 석기들이 대부분 망라되어 있음을 알 수 있다. 이러한 석기들은 이단병식석검, 삼각만입석촉, 장방형 반월형석도, 방사선이 시문된 방추차, 공구형석기, 합인 석부 등 두만강유역의 동북지방계통의 특징을 가지고 있다.

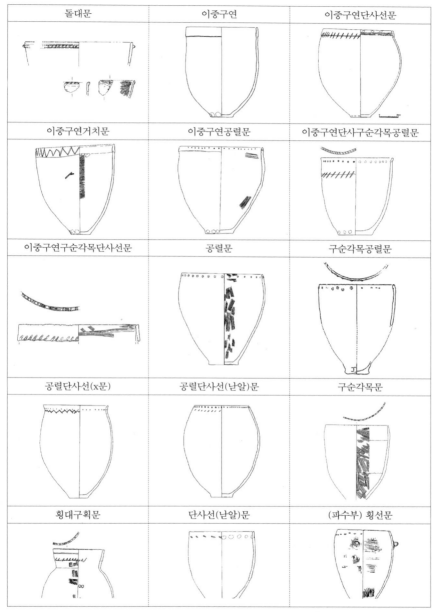

돌대문	이중구연	이중구연단사선문
이중구연거치문	이중구연공렬문	이중구연단사구순각목공렬문
이중구연구순각목단사선문	공렬문	구순각목공렬문
공렬단사선(x문)	공렬단사선(낟알)문	구순각목문
횡대구획문	단사선(낟알)문	(파수부) 횡선문

그림 3 | 무문토기 문양

1) 조기

조기 유적은 충적대지에 위치하고, 대형의 방형 주거에 석상위석식 노가 설치되는 미사리식 주거지가 축조된다. 유물은 돌대문토기, 이중구연토기, 외반구연토기, 무경식석촉이 출토된다. 조기에는 경주 충효동 2·23호가 해당한다. 한편 울산 구영리 V-1지구 28호는 구릉에 위치한 주거지로, 방형 주거에 위석식 노지가 설치되고, 유물은 류상돌대문토기, 이중구연토기, 평저장경호 등이 출토되어 조기로 편년된다.

또한 영동지역 강릉 교동 1호에서는 이중구연단사선토기, 심발형의 공렬문토기, 장동형의 심발형토기, 발형토기, 직립구연의 장경호, 대부장경호, 5호의 경우 이중구연거치문의 심발형토기, 직립구연의 장경호, 발, 유경소호, 대부토기, 6호에서는 이중구연거치문토기, 3호에서는 이중구연토기가 출토되었다.

교동 유적은 청동기시대 조기와 전기로 보는 견해가 있다. 교동 1호 주거지 출토 이중구연토기는 옹형으로 심발형의 가락동유형의 토기로 보기 보다는 청천강유역의 이중구연토기와 유사성이 보인다. 또한 동최대경이 구경보다 커서 동중위가 볼록한 형태인 정선 아우라지 1호 출토 돌대문토기와도 유사성이 보인다. 한편 아우라지 1호 주거지에서는 돌대문토기와 함께 적색 마연호, 대부소호, 토제 방추차 등도 공반 출토된다.

배진성은 교동 유적에서 보이는 서북지역의 이중구연토기 요소와 심발형의 공렬문토기, 적색마연토기 등 두만강유역의 영향을 함께 받아 형성되었으며 상한은 조기까지 올라 갈 수 있다고 보았고(裵眞晟 2007), 이형원은 이중구연단사선이나 거치문의 가락동식토기가 주류를 이루며, 돌류문의 역삼동식토기가 공반된다고 보고 전기로 구분한다(李亨源 2007).

동해안지역 조기(조기후반)단계와 같은 시기에 북한강유역의 춘천 현암리 1·3·4호는 중형 방형주거에 석상위석식 노가 설치되었다. 반면에 화

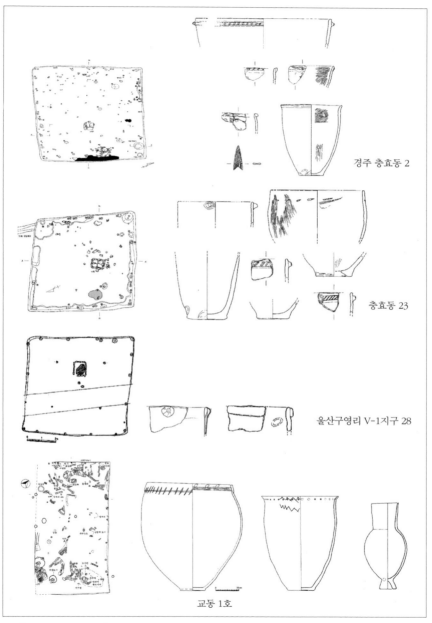

경주 충효동 2

충효동 23

울산구영리 V-1지구 28

교동 1호

그림 4 | 조기 주거지와 출토유물

천 거례리와 춘천 중도유적[13]에서는 대형 장방형 주거에 석상위석식 노지가 설치된다. 남한강유역에서는 대형 장방형 주거에 석상위석식 노와 위석식 노(1호) 및 초석이 설치되고, 돌대문토기와 무문토기 요소, 유경식석촉이 출토되는 아우라지 유적이 해당한다. 춘천 현암리 1호 3010±60BP, 정선 아우라지 1호 3010±60BP, 원주 동화리 1호 주거지가 3050±50BP로 측정되어 B.C.13~12세기경으로 편년된다.

영서지역의 북한강유역은 4단계, 남한강유역은 3단계로 분기하고, 북한강 1단계는 조기 전반, 북한강 2단계와 남한강 1단계는 조기 후반, 북한강 3단계와 남한강 2단계는 전기 전반, 북한강 4단계와 남한강 3단계는 전기 후반으로 편년하고 있다. 한편 북한강유역 철정리Ⅱ A-1호와 C-5호 등 다수의 시료가 매우 높게 형성되어 있어 기존의 절대연대와 비교해 볼 때 문제가 있다고 보고, 많은 연대는 검출되지 않았지만 3100BP 전후가 조기전반의 하한연대로 판단하고 있다(김권중 2013).

조기의 하한은 다수의 유적에서 확인되듯이 대략 2950BP로 편년된다.

2) 전기

(1) 전기전엽

전기전엽은 영동지역의 경우 임호정리 단계에 해당한다. 임호정리 단계는 전체적으로 교동 단계와 비슷한 유물구성을 보이지만, 이중구연토기 및

---

13) 최근 조사된 춘천 중도유적 예맥문화재연구원 발굴조사구역 20호 주거지는 방형 주거지이며 토광식 노가 설치된 주거지로 돌대문토기와 환저의 무문양 심발형토기가 공반 출토되어, 조기 전반으로 편년 할 수 있다. 기존 조기에서도 가장 이른 단계로 편년되는 하남 미사리 KC015호 주거지도 방형 주거지로, 석상위석식노지가 설치되고, 돌대문토기와 함께 환저의 무문양 심발형토기가 출토되어 노지를 제외하고는 같은 양상을 보이고 있다.
한편 북한강유역에서는 홍천 철정리 C-1·C-5호, 외삼포리 5호도 조기전반으로 소급된다.

심발형토기의 기고가 작아지는 기형의 변화가 보이고, 이중구연이 점차적으로 퇴화하거나, 소멸되는 양상을 보인다. 양양 임호정리 유적 1호에서는 이중구연단사선토기와 유혈구이단병식석검, 삼각만입촉, 3호에서는 이중구연단사선, 심발형토기, 평저장경호, 2호 수혈에서는 이중구연토기와 심발형토기가 공반된다.

영동지역에서는 강릉 교동 3호, 양양 임호정리 B-1호, 고성 사천리 10호에서 이중구연, 양양 임호정리 B-3호, 강릉 동덕리 3호에서는 이중구연단사선, 사천리 6호에서는 이중구연구순각목거치문, 사천리 10호에서는 이중구연공렬이 출토되었다.

형산강유역에서는 조기와 마찬가지로 충적대지에 위치하며, 장방형의 주거에 위석식 노가 축조된다. 돌대문토기와 유상돌대문토기, 심발형토기, 외반구연토기가 출토되는 충효동 3호, 금장리 8호가 해당된다. 충효동 3호 주거지는 장방형의 소형 주거지로, 돌대문토기가 출토되는 방형·대형 내지 장방·대형 주거지와는 다른 형태를 보인다. 금장리 8호주거지도 돌대문토기, 유상돌대문토기, 심발형토기, 발, 적색마연토기, 구순각목토기, 석검이 출토되어, 전기전엽으로 편년된다. 남부동해안 해안지역은 포항 월포리 D구역 4·6호 주거지가 해당한다. 4호주거지는 장방형 주거에 석상위석식 노가 설치되고, 유물은 이중구연거치문과 외반구연토기, 적색마연토기 등이 출토된다. 6호 주거지는 장방형 주거에 주초석이 설치되었다.

동천강유역은 대형의 세장방형 주거에 위석식 노가 설치되거나, 대형 장방형 주거에 위석식 및 토광식 노와 저장공이 확인되며, 달천 5호에서는 초석이 확인된다. 중형의 방형 주거지인 상안동 385-47번지 1호에서도 위석식 노가 설치되었다. 토기는 신천동 594 A-13호에서는 이중구연토기, 상안동 358-47번지 1호에서는 이중구연단사선토기, 천곡동 나-1호에서는 이중구연구순각목단사선, 이중구연단사선, 이중구연거치문, 이중구연거치문공렬단사선, 석기는 장방형석도가 출토된다.

절대연대는 이중구연토기가 출토된 양양 임호정리 2호 수혈 2980±

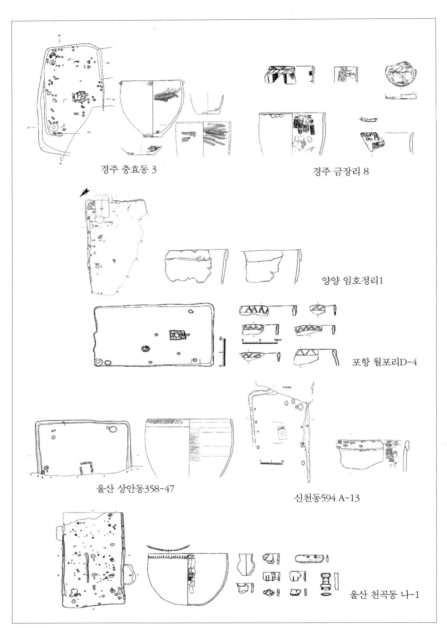

경주 충효동 3

경주 금장리 8

양양 임호정리1

포항 월포리D-4

울산 상안동358-47

신천동594 A-13

울산 천곡동 나-1

그림 5 | 전기전엽 주거지와 출토유물

50BP, 임호정리 4호 주거지 2920±50BP, 임호정리 1호 노지 2880±60BP, 이중구연요소와 평저장경호가 출토된 3호 주거지 2700±60BP, 이중구연토기가 출토된 울산 달천 5호 2885±20BP, 창평동 5호가 2810±80BP로 절대연대는 B.C.1140~980년으로, 중심연대는 B.C.12세기로 편년된다.

중부지역의 절대연대는 가평 대성리 25호 2945±20BP, 천전리 121-16 10호 2910±50BP, 천전리 121-16 7호 2800±50BP, 북한강유역에서는 전기전반은 2950~2800BP, 남한강유역에서는 2900~2800BP 사이에 집중된다.

(2) 전기중엽

영동지역 전기중엽에는 흔암리식 토기요소를 보이는 조양동 단계와 가락동·역삼동 주거 결합양상과 역삼동식 토기요소가 보이는 대대리 단계에 해당하는 역삼동·흔암리유형이 성행한다.

흔암리유형의 토기양상은 속초 조양동유적이 대표적인데, 이중구연+공렬문 요소가 주류를 이루고, 공렬문토기, 적색마연토기, 대부토기 등이 출토된다. 이중구연+단사선+구순각목+공렬문의 복합문 토기가 다수를 차지하는 가운데, 이중구연+단사선+구순각목, 이중구연+구순각목+공렬문, 구순각목+공렬문토기 등 복합문이 주류를 이룬다. 석기는 이단병식유혈구석검, 이단경 촉, 무경식석촉, 어형의 반월형석도가 공반된다.

강릉 방내리 1호에서는 공렬문, 퇴화단사선(홑구연), 이중구연+단사선+구 순각목+공렬문토기의 복합문토기와 혼합된 양상이며, 2호도 공렬문, 이중구연+단사선+공렬문의 복합문이 출토된다.

역삼동유형은 장방형 주거지에 상면식 노 1~3개, 주공이 설치되는 주거형태로, 고성 대대리 5호, 지흥동 3호 등이 대표적이다. 한편 가락동식 주거지의 노인 위석식 노가 2개 설치된 고성 대대리 8호, 강릉 입암동 1호, 가락동식과 역삼동식 주거요소의 결합 형태인 위석식과 상면식 노 축조(고성 대대리 6호, 강릉 입암동 2호- 위석식 + 무시설식 노)등 가락동과 역삼동식 주거 양상이 결합된 양상도 확인된다. 토기는 역삼동식토기(공렬, 적색마연토

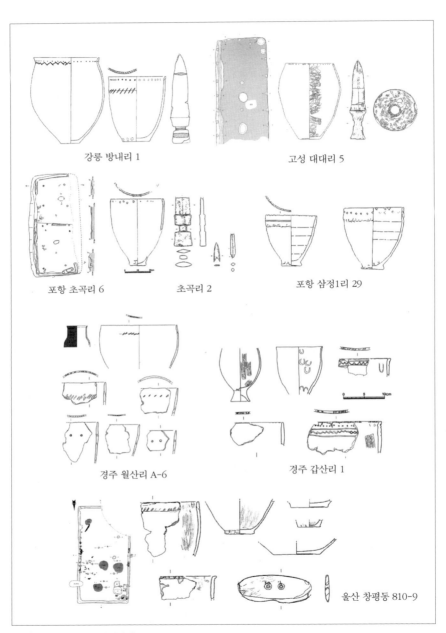

강릉 방내리 1   고성 대대리 5

포항 초곡리 6   초곡리 2   포항 삼정1리 29

경주 월산리 A-6   경주 갑산리 1

울산 창평동 810-9

그림 6 | 전기중엽 주거지와 출토유물

기, 대부토기)만 확인되는 양상을 보인다. 입암동 유적 공렬문토기편 8점과 고성 봉평리 유적 출토 공렬문토기편은 밖에서 안으로 반관통된 형태를 보이고 있다. 대대리 유적에서는 6호와 7호, 9호와 10호 주거지가 중복되었는데, 절대연대 상으로는 두 주거지간 시기차가 크지 않은 것으로 측정되었다.

남부동해안지역은 흔암리형 주거가 주류를 이루는데, 대형과 중형의 장방형, 세장방형의 주거와 일부 소형의 방형 주거도 확인된다. 무시설식 노 1~2기, 저장공, 벽구, 외부돌출구가 확인된다.

토기는 퇴화이중구연, 이중구연 복합문인 퇴화이중구연단사 · 거치 · 이중구연단사선구순각목(거치) · 이중구연단사선공렬, 구순각목단사선, 구순각목공렬문 등의 흔암리식 토기가 성행하며, 횡대구획문도 출토된다. 석기는 유단식석검, 삼각만입촉, 이단경식석촉이 출토된다.

절대연대는 조양동단계인 방내리 선축 주거지인 3호 2930±50BP, 조양동 5호 2820±50BP로 BC 1110~990년경으로 편년된다. 대대리 단계는 대대리 2820±50~2940±50BP, 입암동 2820±50BP~2920±50BP이며, 방내리(강문)유적 2790±60~2920±50BP, 2670±50BP~2900±50BP이다.

(3) 전기후엽

영동지역 방내리 단계는 역삼동 주거요소(동해 지홍동 3호-무시설식 노 2~3기)에 토기 양상은 공렬문토기, 구순각목공렬문토기, 구순각목문, 호형토기, 적색마연토기 등이 출토되는데, 구순각목토기와 호형토기의 출토량이 증가한다. 대부분 유적에서 출토되는 공렬문토기의 투공은 내측에서 외측으로 반관통된 형태가 확인된다.

구순각목문이 시문된 토기는 발형 토기를 비롯하여 호형토기에서도 관찰되며, 홑구연 및 이중구연토기에서도 확인되고 있다. 각목문의 형태는 단사선문이 대다수이며, 조양동유적의 4 · 7호 주거지에서는 X자문도 관찰된다.

구순각목문만이 시문된 양식은 방내리B 8호 주거지, 대대리 1 · 8호 주거지, 사천리 4호 주거지 및 조양동 3호 주거지, 강릉 동덕리 1 · 2호에서 확인된다.

구순각목문+공렬문과의 단순한 조합을 보이는 토기는 방내리B 1 · 5 · 12호 주거지, 조양동 2 · 3 · 4 · 7호 주거지와 대대리 3호 주거지에서 확인된다. 방내리B의 경우 1 · 12호 주거지는 단순 공열문토기가 동반되고 있으며, 5호 주거지는 공렬문토기, 유경호(적색마연토기)가 동반되고 있다.

석기는 이단병식 석검, 이단 · 일단경촉, 무경식석촉이 공반된다. 동해 효가동 2호에서는 동북형석도, 3호에서는 공렬문토기, 이단경촉, 무경식석촉[14] (제형 만입), 일단경촉, 강릉 병산동 1호에서는 무경식석촉(M자형 만입)과 주상편인석부,[15] 동해 지흥동유적 2호에서는 공렬과 무경식석촉(만입), 무경식석촉(만입×, 기부 평탄), 3호는 세장방형 주거에 토광식 노 3기가 설치된 주거지로, 공렬문토기와 대부토기, 이단경촉, 일단경촉, 무경식석촉(만입 ×, 기부 평탄), 편인석부, 부리형석기가 출토되었다.

남부동해안지역은 8주식 장방형, 방형의 평면형태, 면적은 중형과 소형이며, 무시설식 노 1~2기, 벽구내 주혈이 있는 것과 없는 것이 혼재하며, 외부돌출구가 확인된다. 토기는 이중구연소멸, 구순각목공렬문, 구순각목단사선, 공렬단사선의 복합문과 공렬문(내-외 반관통), 석기는 일단병식석검, 일단경식석촉, 무경식(신부세장), 주상편인석부, 반월형석도(어형, 주형)가 출토된다.

절대연대는 영동지역 2790±50BP~2650±50BP,[16] 덕천리 27호 2740± 50BP, 천군동 21호 2750±60BP, B.C.900년, 덕천리 26호 2740±60BP, B.C. 890년, 용강동 42호가 2690±60BP, 천군동 27호 2630±60BP, B.C.805년, 약수 1호가 2780±60BP, 공렬단사선문과 단사선문이 출토된 천곡동 나-5

---

14) 무경식석촉의 기부는 반원형-삼각형- M자형 · 제형의 형태로 변화된다.
15) 병산동 1호의 절대연대는 2825±25BP로 전기중엽에 해당하는 연대가 측정되었지만, 남한지역에서 전기후반에 출토되는 주상편인석부의 존재로 인해 전기후반으로 편년된다.
16) 북한강유역 2800~2700BP, 남한강유역은 2800~2650BP 정도로 편년된다.

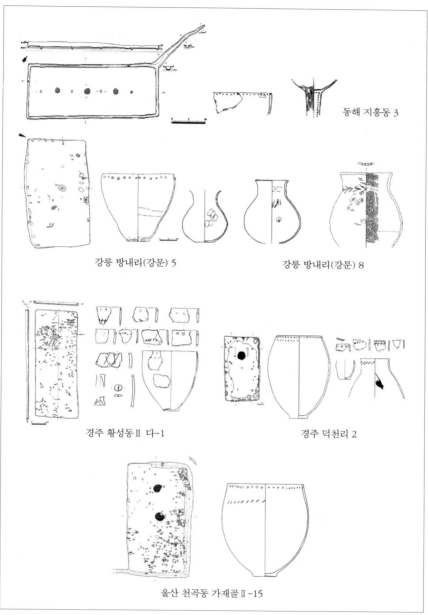

동해 지흥동 3

강릉 방내리(강문) 5　　　　강릉 방내리(강문) 8

경주 황성동Ⅱ 다-1　　　　경주 덕천리 2

울산 천곡동 가재골Ⅱ-15

그림 7 | 전기후엽 주거지와 출토유물

표 4 | 동해안지역 청동기시대 전기 절대연대

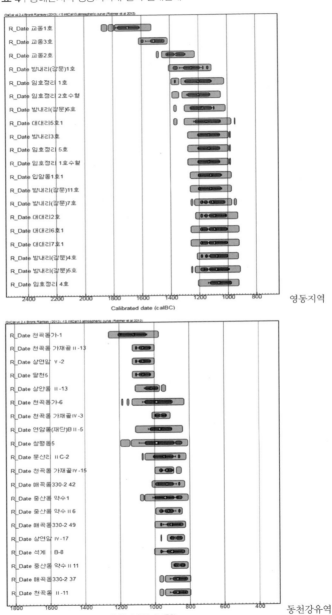

영동지역

동천강유역

표 5 | 형산강유역 · 포항지역 청동기시대 절대연대

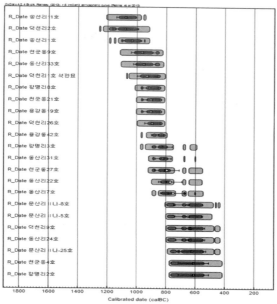

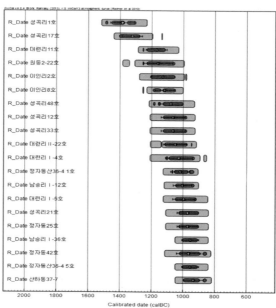

호가 2650±50BP로 측정되어 B.C.970~800년경으로 편년된다.

남부동해안지역은 검단리유형이 출현하기 바로 전 단계가 전기의 하한으로, 안재호(2011)의 9기가 전기의 마지막 단계에 해당되며, 절대연대는 천곡동 나5호 주거지의 탄소연대 측정치 2650±50BP이다. 송만영(2013)은 2750~2650BP내의 범위를 하한 연대로 보았고, 필자도 2650±50BP를 하한 연대로 본다.

표 3 | 중부지역 청동기시대 조기~전기 편년

편년			영동지역	북한강유역	남한강유역
박영구 (2012)	김권중 (2010)	이형원 (2009)[17]			
조기	조기	미사리유형	이중구연 공렬문	각목돌대문	각목돌대문 이중구연
			위석식, 수혈식	석상위석식, 위석식	석상위석식, 위석식
			교동	하중도 거레리 철정리Ⅱ 외삼포리	종부리 아우라지, 동화리
전기 전반	전기 전반	가락동유형 1기 역삼·흔암리 유형 1기	이중구연 이중구연공렬문 공렬문 적색마연토기	각목돌대문 이중구연 공렬문토기	각목돌대문 이중구연단사선 공렬문, 공렬문 적색마연토기
			상면식	위석식	위석식
			임호정리, 사천리	현암리, 금산리, 연하리, 대성리	주천리 아우라지 문막리
전기 중엽	전기 후반	전기 후반	이중구연 + 공렬문	공렬문 적색마연토기	공렬문 적색마연토기
		가락동유형 2기 역삼·흔암리 유형 2기	공렬문		
			상면식	토광식	위석식, 토광식
			위석식 + 무시설		

---

17) 남한 전역의 양상을 폭넓게 검토하기 위해 편의상 기존의 중부지역 전기전엽(가락동유형Ⅰ기, 역삼동·흔암리유형Ⅰ기)과 전기중엽(가락동유형Ⅱ기, 역삼동·흔암리유형Ⅱ기)을 전기전반으로, 전기후엽(가락동유형Ⅲ기, 역삼동·흔암리유형Ⅲ기)을 전기후반으로 2분하여 편년하였다.

편년			영동지역	북한강유역	남한강유역
박영구 (2012)	김권중 (2010)	이형원 (2009)[17]			
전기 후엽		가락동유형 3기 역삼·흔암리 유형 3기	조양동	용암리, 신매대교, 천전리, 철정리, 거두리	천동리, 마지리, 가현동, 태장동
			대대리 입암동 지흥동 방내리(강문Ⅰ군)		
			공렬문 적색마연토기		
			상면식		
			방내리(강문Ⅱ군) 방내리 B군		

3) 중기

(1) 중기전반

　영동지역 포월리 단계는 단순 공렬문토기와 무문토기 호가 공반 출토되는 시기로, 공반토기의 조합상 및 무문토기화의 양상은 순수 공렬문이 성행하던 방내리 단계보다는 후행하는 단계로 보인다. 석기에서는 이단병식 석검, 일단병식 석검, 삼각만입촉, 일단경촉이 공반된다. 묘제로서는 포월리 지석묘, 대대리 지석묘가 이 단계에 해당한다. 공렬문토기와 외반구연의 무문토기 호가 공반 출토되는 고성 화포리 Ⅰ·Ⅱ유적이 이 단계에 속한다.

　포월리 단계는 일단병식 석검, 일단경촉이 출토되는 것으로 보아 중기(金奎正 2007), 또는 후기(李秀鴻 2012)로 편년하고 있다.

　남부동해안지역에서는 중형 이하의 장방형, 방형의 평면형태를 보이는 울산식 주거가 대부분을 차지한다. 무시설식 노 1개가 확인된다. 주혈배치는 4주식, 6주식이며, 벽구, 외부돌출구가 대부분 확인된다. 토기는 공렬문이 단독으로 출토되거나, 공렬단사선(낟알문)의 복합문으로 공존하고, 포항 인덕동 1호에서는 구순각목과 낟알문이 복합문으로 존재한다. 검단리유형의 단사선(낟알문)토기가 공반되며, 발형토기 출토비율이 증가한다. 석기는

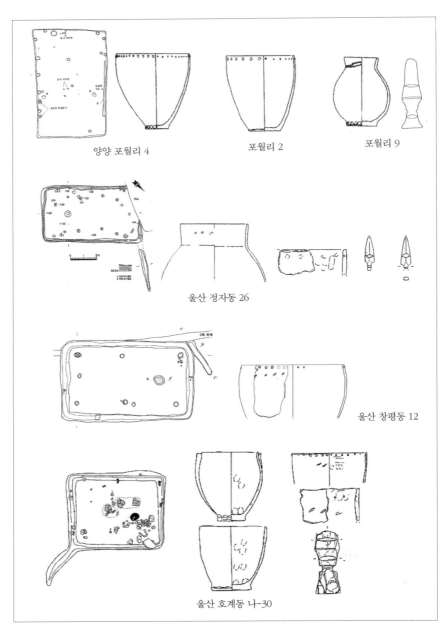

양양 포월리 4

포월리 2

포월리 9

울산 정자동 26

울산 창평동 12

울산 호계동 나-30

그림 8 | 중기전반 주거지와 출토유물

표 6 | 남부동해안지역 중기 절대연대

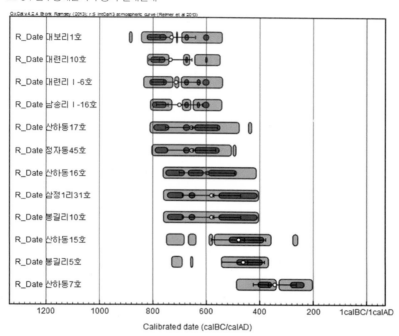

유경식석검, 일단경식 석촉, 반월형석도(단어형, 단주형), 평편단인석부가 출토된다.

절대연대자료는 포항 남송리 I-19호 2610±40BP, B.C.730년, 공렬문과 일단경촉이 출토되는 포항 대보리 1호 2590±50BP, 포항 대련리 I-6호 2580±50BP, B.C.690년, 포항 남송 I-16호 2560±40BP, B.C.680년, 울산 정자동 45호 2530±50BP, B.C.660년, 경주 동산리 22호 2610±40BP, B.C.800년, 경주 덕천리 9호 2510±50BP, B.C.640년, 경주 천군동 4호 2480±60BP, B.C.630년으로 측정되어, B.C.800~630년경으로 편년된다.

(2) 중기 후반

영동지방 무문토기 전개과정에서 포월리 단계와 원형 점토대토기 단계

사이에는 공렬문토기 요소가 사라지고 무문토기 요소만 출토되는 단계가 확인된다. 영동지방 청동기시대 유적에서 외반구연의 무문토기 호는 순수 공렬문토기 단계인 포월리 단계에서 처음 출현하는데, 강릉 방동리 A유적 주거지에서는 무문토기 호, 발형토기가 출토되며, 고성 죽정리 유물산포지1 에서도 무문토기 호 3점과 바리 1점, 석검, 석부, 석촉(무경식, 일체형 석촉) 이 지표 채집되어 보고되었는데, 토기와 석기 구성에서 포월리 유적과의 시

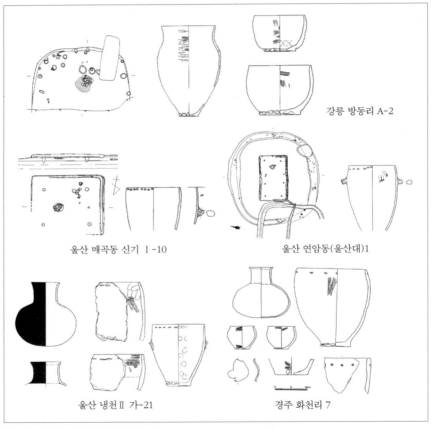

그림 9 | 중기후반 주거지와 출토유물

기적인 차이가 보이며, 석기에서도 유구석부가 출현하지만 원형점토대토기는 확인되지 않아 중기후반으로 편년하고자 한다.

남부동해안지역은 방형·소형의 평면형태를 보이는 울산식 주거지로, 무시설식 노지 1개가 확인된다. 주혈배치는 6주식, 4주식이며, 벽구는 여전히 존재한다. 충효동(신라)에서는 연암동형 주거지도 확인된다. 주혈배치는 4주식이며, 벽구는 여전히 존재한다. 단독문인 낟알문과 횡선문, 파수부발형토기, 횡선파수발형토기, 적색마연 양이부호, 석기로는 편인석부와 유구석부가 출토된다.

절대연대는 포항 삼정1리 31호 2440±50BP, B.C.590년, 울산 산하동 16호 2460±50BP, B.C.545년, 울산 산하동 15호, 경주 봉길리 5호 2360±40BP, B.C.450년, 산하동 7호 2300±50BP, B.C.465년으로 측정되어, B.C.590~465년, 경주 광명동 2호 2480±40BP, B.C.630년, 횡선문이 출토되는 경주 문산Ⅱ 나-5호가 2520±20BP, 문산ⅡA-2-1호가 2410±20BP가 측정되어, B.C.630~480년경으로 편년된다.

4) 후기(원형점토대토기 단계)

원형점토대토기단계 취락에서 확인되는 토기류는 원형점토대토기, 호형토기, 흑도장경호 등이다. 이 중 시간성을 반영하는 유물은 원형점토대토기와 흑도장경호, 파수의 형태 등이다.

본고에서는 시간성을 반영하는 가장 큰 요소인 동최대경의 위치에 따라 크게 Ⅰ: 상위, Ⅱ: 중상위, Ⅲ: (중)하위로 분류를 시도하였다.

원형점토대토기 단계에서 확인되는 호형토기는 외반구연호, 직립구연, 외반구연, 내만구연, 소형호 등으로 구분되며, 가장 많이 확인되는 것은 외반구연의 형태이다. 한편 고성 초도리 A-7호 주거지에서는 조합식우각형파수부 외반구연호 1점, 강릉 방동리 C-2호 저장유구에서는 조합식우각형파수부 직립구연호 1점이 출토되었는데 동최대경은 모두 동중위에 위치한다.

파수의 형태는 환상파수(고성 송현리 B-10, 송현리 C-4호), 우각형파수(송현리 C-2호), 조합식우각형파수(고성 송현리 C-5 · 20호, 송현리 D-7 · 11 · 12 · 20호, 초도리 4 · 7호, 강릉 방동리 C-1 · 7 · 19 · 16 · 25호, 경주 화천리 2 · 8호, 울산 덕신리 오산 8호, 천곡동 1호 수혈)로 구분된다.

석기류는 일체형석촉, 삼각형석촉, 반월형석도, 석창, 검파두식, 편인석부, 지석, 토제 어망추, 방추차 등이 출토되었다. 석기 중 가장 특징적이라 할 수 있는 것은 유구석부와 삼각형석촉, 검파두식 등이다.

유구석부는 고성 송현리 유적 2점(B-6 · C-2), 초도리 유적 1점(1호), 강릉 방동리 유적에서 8점(B-3호(1) · C-1호(2) · C-8호(2) · C-16호(1) · C-20호(1) · 환호 1(1))이 출토되었다. 유구석부 구하부의 단면은 5점이 사선(고성 송현리 C-2 · 초도리 1호 · 강릉 방동리 C-8호(2) · 16호), 8점이 직선(고성 송현리 B-6호 · 초도리 A-7 · 강릉 방동리 B-3 · C-1(2) · C-20호 · 환호 1, 울진 정명리 1호), 제형에 속하는 고성 초도리 1호 출토품을 제외하면 대부분 유구석부의 횡단면은 터널형이다.

검파두식은 산형, 평형, 입주형으로 크게 분류하는데(宮里修 2010), 영동지역 출토 검파두식을 위의 분류에 따라 구분하면 강릉 방동리 C지구 지표 채집 1점은 산형, 평형은 고성 송현리 D에서 2점(7호, 지표수습 1점), 입주형은 강릉 입암동 3호, 강릉 송림리(강문연) 1호 출토품으로 구분된다.

한편 울진 정명리 유적에서 출토된 검파두식은 산형으로, 일단경식 석촉과 같이 출토되어 동해안지역 점토태토기 유적에서 확인된 검파두식 중 가장 이른 단계에 해당하는 것으로 판단된다.

점토대토기에 대한 편년 박진일은 환상파수, 일체형 석촉, 유구석부가 출토되는 송현리 B지구를 2단계, 조합식우각형파수, 점토대토기, 유구석부가 출토되는 송현리 C · D지구, 양양 지리, 정암리, 강릉 송림리, 방동리를 3단계로 편년하였다(朴辰一 2007).

이형원은 점토대토기문화의 등장은 비파형동검기에 해당하는 기원전 500년 이전에 한반도로 유입되며, 세형동검문화는 기원전 400년에서 300년

경 사이에 형성된다고 보고, 조양동 1호 지석묘와 양양 강선리 출토 세형동
검을 포함시켰다(李亨源 2010).

최근 이루어진 울산지역 점토대토기 편년에서 1기는 울산식 주거지에 원
형점토대토기와 관련된 유물이 출토되거나, 울산식 주거지에서 벽주구가
설치되지 않는 변모한 주거지에 유물은 중기 말의 요소인 무문양 심발형토
기, 원형점토대토기, 조합우각형파수부호, 재지계석기(석착, 대팻날, 석촉)
가 주로 출토된다. 울산 매곡동 I-4호, II-3호, 검단리 70호, 교동리 II지구
195호 수혈, 천곡동 나지구 1호 수혈, 매곡동 III-2지구 1호 수혈이 해당한
다. 이수홍(2012)은 상한을 기원전 4~2세기 중엽, 박진일(2013)과 김나영
(2013)은 기원전 3세기로 편년하였다.[18]

필자는 동해안지역 원형점토대토기 단계를 청동기시대 후기로 편년하고
자 한다. 영동지역 원형점토대토기 취락의 방사성탄소연대 결과 중복된 중
심연대가 대체적으로 5세기 후반에 집중되고 있고, 다른 지역과는 달리 철
기가 공반되지 않는다. 토기의 경우 외반구연호와 동반되어 원형점토대토
기만이 출토되고 있다. 따라서 주거지의 중복관계와 점토대토기의 변화에
따른 분석을 통해 원형점토대토기의 전개양상을 3기로 분기하였다.

1기는 기원전 5세기대로 편년되며, 점토대토기 I식(동최대경이 상위에 위
치), 직립구연호, 외반구연호, 환상파수, 반월형석도, 일체형석촉 등의 유물
구성을 보인다. 영동지역에서는 장방형의 평면형태에 노지가 장축방향 중
앙에 위치하는 주거지가 축조되며, 이 시기의 유구는 고성 송현리 B-2·10
호, 초도리 1~4호, 강릉 방동리B 취락, 방동리 C-1·2·5·8·11·16·17
·20·25·26호, 입암동 3호가 해당된다. 점토대토기문화가 영동지역에 처

---

18) 2기는 주거지의 형태는 울산식 주거지에서 이탈한 1기와 동일하지만 삼각형점토대
토기가 출토된다. 매곡동 II지구 1, 2호, 기원전 2세기로 편년하고, 3기는 주거지의
평면형태가 타원형으로 일변하며 아궁이가 벽쪽에 설치된다. 유물은 삼각형점토대
토기와 와질토기가 공반된다. 기원전 1세기로 편년하였다.

영동지역		남부동해안지역
1기	고성 송현리 B-2　　강릉 방동리8 송현리B-10　초도리1　입암동3	
2기	송현리C-17　　강릉 방동리 C-7 초도리 A-7 송현리C-11	울진 정명리1 울산 매곡동 Ⅱ-3

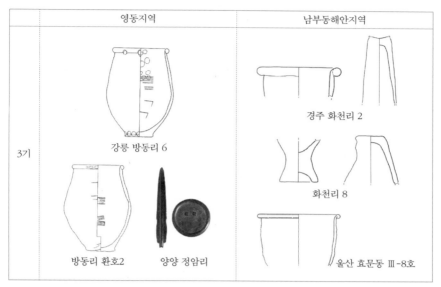

	영동지역	남부동해안지역
3기	강릉 방동리 6 방동리 환호2 양양 정암리	경주 화천리 2 화천리 8 울산 효문동 Ⅲ-8호

그림 10 | 후기(원형점토대토기) 편년

음 도입되는 단계로 박진일은 해로를 통해 점토대토기가 한반도에 처음 등
장한 지역이 중서부 해안지방으로 보고 있지만 전파경로에서 원산만(朴淳
發 2004)[19]을 통해 육로를 통해 영동지역에도 비슷한 시기에 정착한 것으
로 여겨진다. 이는 고성 송현리B 취락에서 보이는 기존 영동지역 중기에 해
당하는 재지계의 유물인 공렬문토기 및 외반구연토기, 장릉형석촉과 공반
되는 원형점토대토기, 환상파수 등의 유물구성을 보았을 때 박진일의 중서
부지역 편년 1기와 같은 시기이다.

2기는 기원전 4세기로 편년되며, 방형과 말각방형의 주거지, 남부동해안

---

19) 필자도 영동지역 점토대토기문화의 이입은 육로를 통하여 압록강하류 -청천강-원
   산만을 거쳐 영동지역으로 내려오는 경로에 동의한다. 이 경로는 신석기시대부터
   철기시대에 이르기까지 서북지방의 토기문화가 영동지역으로 전래되어 오는 경로
   로 여겨진다. 한편 원산만 지역에서는 원형점토대토기 유적에서 확인되는 Ⅲ형식의
   유구석부가 출토되고 있다.

지역에서는 울산식 주거지에서 벽주구가 설치되지 않는 변모한 주거지가 축조되며, 유물은 무문양 심발형토기와, 원형점토대토기, 재지계석기(석착, 대팻날, 석촉)가 주로 출토된다. 점토대토기 Ⅱ식(동최대경이 중상위 또는 중위에 위치), 외반구연호, 내만구연호, 소형호 등이 확인된다. 조합식우각형파수부호와 흑도장경호가 등장하며, 반월형석도, 유엽형의 유경식석촉이 조합된다. 고성 송현리C 취락,[20) 송현리D 취락, 철통리, 초도리 A-7, 삼포리, 화포리, 강릉 송림리 주거지, 방동리C 취락 3·4·6·7·9·10·12·13·14·15·19·20·21·22·23·24·27호 주거지, 1·2호 가마, 1호 폐기장, 환호 1, 수혈, 양양 지리 1호, 동해 지흥동 1·4호 주거지, 울진 정명리 1호, 울산 매곡동 Ⅰ-4호, Ⅱ-3호, 검단리 70호, 덕신리 오산 8호 주거지 및 수혈, 천곡동 1호 수혈, 매곡동 Ⅲ-2지구 1호 수혈, 교동리 Ⅲ 195호 수혈, 경주 모량리 A-2-43호, 울산 교동리 Ⅲ 1호 옹관 등이 해당된다. 점토대토기문화가 정립되어 영동지역 전역 및 남부동해안지역으로 확산되는 단계이다. 고성 송현리 취락에서는 취락규모가 확대되고, 강릉 방동리 취락에서는 환호와 소성유구, 분묘 등 취락 공동체로의 구조가 정립되는 시기이다. 무경식석촉이 출토된 울산 효문동(대동) Ⅲ-2지구 8호에서 2400±60BP가 측정되었는데, 무경식석촉은 울산 상연암 Ⅲ-1호 지석묘 출토유물과 같은 원형점토대토기 단계의 유물이므로, 주거지에서 측정된 연대는 원형점토대토기 단계의 연대라고 판단된다.

3기는 기원전 3세기로 편년되며, 점토대토기 Ⅲ식(동최대경이 중위 또는 중하위에 위치, 구연부 외반), 외반구연호가 출토되며, 남부동해안지역은 장각의 두형토기 대각이 출토된다. 강릉 방동리 C-6호, 환호 2, 송림리

---

20) 송국리식 방형 주거지인 C-11호에서 출토된 점토대토기는 중하위에 위치한 형태로, 송현리C 취락에서는 가장 늦은 형태의 점토대토기가 출토되어, 2기의 하한으로 판단된다.

표 7 | 영동지역 후기 절대연대

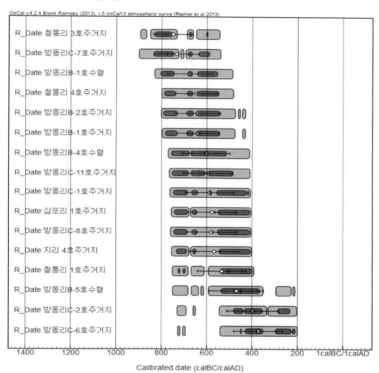

OxCal v4.2.4 Bronk Ramsey (2013); r:5 IntCal13 atmospheric curve (Reimer et al 2013)

Calibrated date (calBC/calAD)

4·5·21호 유구가 해당한다. 양양 정암리[21]에서는 청동유물인 세형동검이 유일하게 출토되었다. 남부동해안지역은 경주 화천리 주거지·수혈·주구형유구, 상안동 수혈, 울산 매곡동 330-2 수혈, 효문동 Ⅲ-2지구 초기철기시대 1호 주거지, 경주 모량리 34호 주거지, 울산 효문동 Ⅲ-2지구 10호 수

---

21) 양양 정암리유적 세형동검 1점과 다뉴경 1점은 발견매장문화재로 신고된 유적으로, 주거지 보다는 분묘 출토유물일 가능성이 높다. 한편 조진선은 세형동검의 한반도 유입시기를 기원전 300년경으로 추정하고, 정암리 유적을 기원전 2C 초~2C 전엽으로 편년하였다(趙鎭先 2005).

혈이 해당한다. 울산 효문동Ⅲ-2지구 10호 수혈의 절대연대측정값은 2250±60BP, B.C.225으로 측정되었다. 포항 원동 3지구 Ⅱ구역 1호 주거지 출토 점토대토기는 원형점토대토기에서 삼각형점토대토기로 넘어가는 과도기적인 형태를 보인다.

표 8 | 동해안지역 청동기시대 취락 편년

분기	토기	주거지	영동지역	남부동해안
조기	돌대문 이중구연	미사리식	강릉 교동 1	경주 충효동 2. 23 울산 구영리V-28
전기 전엽	돌대문 가락동식-이중구연 이중구연단사(거치)문	가락동식 흔암리식	강릉 교동 양양 임호정리 고성 사천리 강릉 동덕리	경주 충효동3·금장리8 포항 월포리D-4,6 울산 상안동358-47 울산 천곡동 나 1·3 울산 신천동594- A-13 울산 달천5
전기 중엽	흔암리식 (이중구연요소) 유행	흔암리식	속초 조양동 강릉 방내리 고성 대대리 강릉 입암동	경주 갑산리 경주 월산리 A군 주거지 경주 동산리 포항 삼정1리 26·29·31·36 울산 천곡동 가재골Ⅱ-13 울산 창평동810-9
전기 후엽	역삼동식	역삼동식 울산식	강릉 병산동 동해 지흥동 동해 효가동	경주 덕천리·황성동·충효동 경주 용강동·월산리B군 주거지 포항 호동·삼정2리 울산약수Ⅱ·매곡동·효문동 경주 문산리Ⅲ
중기 전반	공렬문-영동 검단리식-낟알문	역삼동식 울산식	양양포월리 고성 화포리 강릉 방동리	경주 화천리·검단리 포항 대보리, 울산 정자동 울산 연암동·효문동 경주 문산Ⅰ나·석계리
중기 후반	무문토기호-영동 검단리식-횡선문	말각방형-영동 울산식, 연암동식	강릉 방동리A	경주 진현동·구정동 경주 황성다13·황성Ⅱ다9 포항 구만리 울산 산하동 울산 연암동·상연암 5
후기	원형점토대토기	말각방(장방)형 -영동	고성 송현리 고성 초도리 강릉 방동리	경주 화천리 산 25-1경주 모량리 울산 천곡동 나지구 수혈

표 9 | 동해안지역 주거지 편년
(a : 돌대문, b : 이중구연, c : 이중구연단사선(거치문), d : 퇴화이중구연단사선, e : 구순각목공렬문,
f : 구순각목단사선공렬문, g : 단사선공렬문, h : 공렬, i : 구순각목, j : 단사선, k : 횡선문)

시기	유적	평면형태(면적)	위석식	토광식	상면식	벽구	외부돌출구	a	b	c	d	e	f	g	h	i	j	k
조기 후반	충효동 2	방(대형)	■			■	■											
	충효동 23	방(대형)	■			■	■											
	교동 1	장방(대형)	■					■	■						■			
전기 전엽	충효동 3	장방(중형)	■				■											
	금장리 8	장방(?)					■											
	교동 3	방(중형)					■											
	사천리 11	장방(대형)			■					■					■			
	임호정리1	장방(대)		■	■		■											
	월포 D-4	장방(중형)	■		■		■											
	신천A-13	세장방(대형)	■		■													
	달천 5	세장방(초대)	■		■													
전기 중엽	천곡나-1	장방(대형)			2	■					■							
	조양동 7	장방(대형)			■					■					■			
	대대리 8	장방(중형)	2		■										■			
	대련리 9	장방(대형)		2	■													
	인덕동 6	장방(대형)	■		■													
	삼정1리29	방(소형)	■								■	■		■				
	동산리 6	방(대형)	■		■	■							■		■			
	갑산리 2	장방(대형)			■								■	■				
	월산A-6	장방(중형)	■		■								■	■				
	창평동 5	장방(중형)		■	■							■						
	가재III39	장방(중형)			2						■							
	냉천III6	장방(대형)	■								■		■					
전기 후엽	방내리 3	장방(대형)			■										■			
	지흥동 3	세장방(대형)		3	■	■									■			
	대련리III3	장방(중형)	■		■													
	삼정1리41	장방(중형)	■		■													
	황성다-1	세장방(대형)	■								■			■				■

시기	유적	평면형태(면적)	위석식	토광식	상면식	벽구	외부돌출구	a	b	c	d	e	f	g	h	i	j	k
	황성 라-1	세장방(대형)			2							■		■		■		
	덕천리 2	장방(중형)	■									■		■				
	천군동 19	장방(중형)	■		■							■						
	천곡Ⅱ19	장방(중형)			2	■								■	■			
	약수Ⅱ23	장방(중형)			■	■								■	■			
중기전반	포월리 1	장방(대형)													■			
	호동Ⅱ12	장방(중형)	■		■		■								■			
	인덕산 2	방(소형)	■		■												■	
	천군동 20	방(소형)	■		■												■	
	화천리 2	방(중형)	■															
	문산Ⅰ가6	장방(소형)	■															
	약수Ⅱ2	장방(중형)			■	■												
중기후반	인덕동 35	방(소형)	■		■													■
	이인리 9	방(소형)	■		■													■
	충효동 34	방(소형)			■													■
	용강동 1	방(소형)	■															■
	황성다13	장방(중형)						적색마연양이부호, 횡선파수부발										■
	신천B19	장방(중형)	■		■	■												■
	문산Ⅰ나9	방(중형)			■	■												■

표 10 | 남부동해안지역 편년안

천선행		전기전반(Ⅰ·Ⅱ기)			전기 후반	중기전반	중기후반
이수홍	Ⅰ	Ⅱ	Ⅲ	Ⅳ	Ⅴ	Ⅵ	Ⅶ
김현식	조기	전기 Ⅰ		전기 Ⅱ	후기 Ⅰ	후기 Ⅱ	후기 Ⅲ
황현진		Ⅰ		Ⅱ		Ⅲ	Ⅳ
박영구	조기	전기전엽	전기중엽	전기후엽	중기전반)	중기후반	

고고학에서 시대구분과 각 시대의 시기구분(편년)은 시대의 흐름과 그 변천과정을 보여주기 때문에 가장 기본적인 문제 중의 하나이다. 시대구분

은 커다란 문화의 변화를 기준으로 설정하며, 시기구분은 한 시대 안에서의 작은 문화적인 변화에 따라 구분하는 개념으로 사용한다.

남한지역 무문토기에 대한 편년 작업은 대부분 지역편년 중심으로 연구되고 있지만, 각 지역별 편년작업은 매우 다양하고 복잡한 양상을 띠고 있다.

청동기시대의 시기구분은 조기(돌대문토기)-전기(가락동, 역삼동·흔암리식토기)-중기(송국리식토기)-후기(점토대토기)의 4분기로 구분되다가, 최근에는 조기-전기-후기의 3분기로 구분하고 있다.

남한지역의 무문토기문화의 성립은 모든 토기문화가 동시에 성립했다고 볼 수 없으며, 지역별로 다양한 형태로 발생 및 전개과정을 보이는 등 지역성이 보인다고 할 수 있다.

본고에서 동해안지역 청동기시대 주거지의 편년안은 4분기안인 돌대문토기·이중구연토기·공렬문토기-조기, 가락동·흔암리·역삼동식토기-전기, 역삼동·검단리식토기-중기, 원형점토대토기단계-후기로 편년하였다.

Ⅲ. 동해안지역 청동기시대 단위취락의 변천

1. 취락의 입지 및 분포

영동지역 청동기시대 전기 유적들은 대부분 해변에 인접한 호반이나 하천변의 해발 20~50m 미만의 저구릉상에 분포하는 양상을 보이고 있다. 원형점토대토기 단계의 후기 유적은 일부 전기 유적과 비슷한 입지를 보이고 있는 구릉성유적과 비교적 하천에서 내륙으로 들어가 위치한 해발고도 80m 이상의 구릉의 정상부에 입지하는 고지성 유적으로 구분된다.

영동지역의 대표적인 취락은 고성 사천천 주변의 송현리 · 사천리, 고성 화진포 주변의 초도리, 고성 북천 주변의 대대리, 속초 청초호 주변의 조양동, 양양군 남대천 주변의 포월리, 양양 지경호 주변의 임호정리 · 지리, 강릉 연곡천 주변의 방내리, 동덕리, 강릉 사천천 주변의 방동리, 강릉 경포호 주변의 교동, 강릉 남대천 주변의 입암동 · 병산동, 동해 전천 주변의 지흥동 · 효가동취락이다.

남부동해안지역 해안지역 청동기시대 취락의 입지양상은 대부분 하천 주변 구릉과 해안단구면에 입지하며, 일부 충적대지(해안평야)에서도 확인된다. 입지비고에 따라 하천 주변지역의 구릉성 입지유형과 고지성 입지유형, 충적대지에 위치한 평지성 입지유형으로 구분된다. 주거지 분포양상은 구릉 능선부와 사면, 충적대지로 구분된다. 대표적 유적으로는 울진지역의 덕천리·봉산리, 포항지역은 월포천 주변의 월포리, 초곡천 주변의 초곡리·성곡리·대련리, 냉천 주변의 원동·호동·인덕동·인덕산, 해안에 입지한 포항 삼정1리, 경주 봉길리, 어일리, 울산 산하동·정자동취락이다.

경주지역 청동기시대 취락의 분포는 수계를 중심으로 형산강 상류역, 형산강 중류역, 형산강 하류역, 동천 상류역으로 구분되며, 해안에 입지한 동해안지역으로 구분된다.

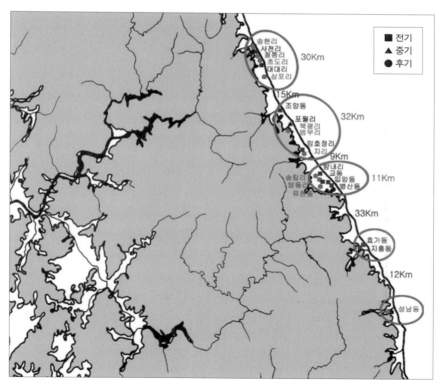

그림 11 | 영동지역 취락 분포양상

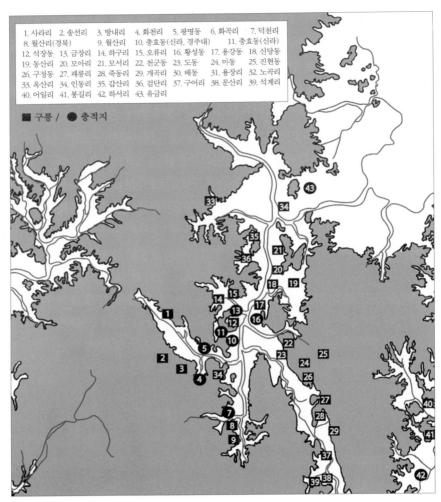

1. 사라리 2. 송선리 3. 방내리 4. 화천리 5. 광명동 6. 화곡리 7. 덕천리
8. 월산리(경북)   9. 월산리 10. 충효동(신라, 경주대)   11. 충효동(신라)
12. 석장동 13. 금장리 14. 하구리 15. 오류리 16. 황성동 17. 용강동 18. 신당동
19. 동산리 20. 모아리 21. 모서리 22. 천군동 23. 도동 24. 마동 25. 진현동
26. 구정동 27. 패릉리 28. 죽동리 29. 개곡리 30. 배동 31. 용장리 32. 노곡리
33. 옥산리 34. 인동리 35. 갑산리 36. 검단리 37. 구어리 38. 문산리 39. 석계리
40. 어일리 41. 봉길리 42. 하서리 43. 유금리

■ 구릉 / ● 충적지

그림 12 | 경주지역 취락 분포양상

　형산강 상류역은 지류인 대천과 복안천·이조천 일대에 분포하는데, 21
개소에서 250기의 주거지가 조사되었다. 대부분 구릉에 위치하고 있지만,
광명동·화천리·덕천리유적은 충적대지에 위치한다. 전기후엽부터 중기
에 이르기까지 취락이 조성된다.

형산강 중류역은 2개 구역으로 분류된다. 서천일대는 충적지와 구릉으로 구분되고, 39개소에서 364기의 주거가 조사되었다. 충적지대에 위치한 충효동과 금장리에서는 돌대문토기 주거지가 조사되어 형산강유역의 청동기시대 조기~전기전반에 이르는 취락 및 문화양상을 확인할 수 있고, 황성동유적에서는 전기후엽~중기에 이르는 주거와 묘역지석묘가 조사되었다. 최근에는 구릉에 위치한 용강동, 동산리, 신당리유적이 조사되면서 취락자료가 증가하고 있다. 북천과 남천상류지역은 북천과 남천이 서천으로 합류되는 지점인 선상지로 현재 경주시내에 해당된다. 북천주변은 청동기시대 유적을 포함한 선사시대 유적이 더 많이 분포하였을 것으로 여겨지나 신라왕경이 조성되면서 많은 유구가 훼손된 것으로 보인다. 남천상류는 부분 해발고도가 100~200m 사이의 구릉지역에 위치하며, 10개소에서 57기의 주거지가 조사되었다.

　　형산강 하류역 일대는 안강 평야지대 주변의 구릉지역에 해당된다. 5개소에서 34기의 주거지가 조사되었다.

　　동천강 상류역은 해발고도 50~90m에 이르는 구릉지역이다. 최근 조사가 이루어진 대규모 취락인 문산리 취락과 석계리 취락이 해당된다. 문산리 유적은 주거와 지석묘, 석관묘, 석곽묘 등의 분묘, 석계리 유적에서는 주거가 조사되었다. 전기후엽부터 중기까지 취락이 조성된다.

　　동해안지역은 동해로 합류하는 대종천과 하서천 등이 위치하며, 하천변과 해안선 주변의 구릉에 유적이 위치한다. 대부분 구릉의 일부만 조사되어 주거지 숫자가 적었으나, 최근 조사된 어일리 유적에서는 3개의 구릉에서 373기의 주거지가 조사되어 대규모 취락이 확인되었다. 전기후엽부터 취락이 조성되어 중기에는 대규모취락이 조성된다.

　　형산강유역은 조기후반~전기전엽에는 충효동과 금장리유적은 형산강 중류역의 서천일대(C구역)의 서안에 위치한 하천 주변 충적지에서 취락이 조성되고, 전기중엽에는 형산강 중류역과 상류역의 복안천, 이조천 일대, 형산강 하류역의 구릉에, 전기후엽에는 형산강유역 전역의 구릉과 충적지에서 모두 확인된다. 중기에는 울산식 주거가 중심이 되는 취락으로 구릉과 충적지에서 조성된다. 형산강유역 보다는 동천강유역과 해안지역에서 대규모 취락이 조성된다.

울산지역의 조기~전기에는 현재의 태화강과 동천변의 해발고도가 낮은 안정된 지형에 먼저 유적이 형성되고(구영리, 천곡동, 신천동), 전기후엽에는 같은 구릉 내에서의 공간 확장과, 인접한 다른 구릉으로 이동하는 공간적 확장의 양상을 보인다. 전기후엽~중기에는 울산지역 전역으로 취락이 확장된다.

동천강 상류에 위치한 경주 문산리 취락은 전기부터 중기에 이르기까지 구릉 능선을 따라 주거지가 배치되는 반면에, 호계동 취락은 구릉 능선을 공지로 남겨 두고, 사면상에 배치된다. 양 취락에서 확인되는 분묘는 문산리 취락에서는 전기에는 석관묘와 석곽묘가 중기에는 석관묘와 지석묘가 확인되지만, 호계동 취락에서는 분묘는 확인되지 않고, 주구형 유구만이 군집을 이루어 확인되는 차이를 보인다.

동해안지역 점토대토기단계 취락은 대부분 하천이나 호수 주변의 낮은 구릉에 입지하는 구릉성 취락이지만, 강릉 방동리유적은 호수나 하천에서 멀리 떨어져 독립적인 구릉에 입지하는 고지성 취락에 해당한다. 최근 울산 태화강 주변의 충적지[22]에서도 유적이 조사되었다.

영동지역에서 점토대토기 유적이 형성된 지점의 해발고도는 약 25~40m 가량으로 비교적 일정한 양상을 보이며, 주변 저지대와의 해발고도 차이는 15~30m의 차이를 보인다. 방동리B 유적은 해발고도 75m 전후로, 상대고도 차이가 30m 정도를 보인다. 방동리C 유적은 해발 90m 이상의 고지성

---

22) 최근 울산 범서 입암 국도 24호선 도로부지내 유적 발굴조사 지역은 충적지(자연제방과 배후습지)에서 원형점토대토기 단계의 수혈과 옹관묘가 조사되었고, 강원 영서지역의 북한강유역의 춘천 거두리, 현암리, 홍천 철정리Ⅱ, 원주 법천리에서도 충적지에서 점토대토기 유적이 조사되었다.

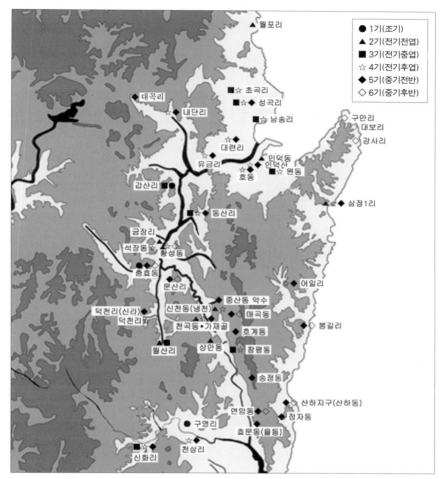

그림 13 | 남부동해안지역 취락 분포양상

구릉[23)]에 위치하고 있지만, 유적 주변 저지대의 해발을 고려하면 약 45m 정도의 해발고도 차이를 보인다. 경주 화천리와 모량리는 해발 67~77m에

---

23) 고지성 구릉에서 지표채집된 유적(청대산, 강선리, 난곡동 시루뫼, 모산봉, 갈야산 유물산포지)은 이 범주에 속한다.

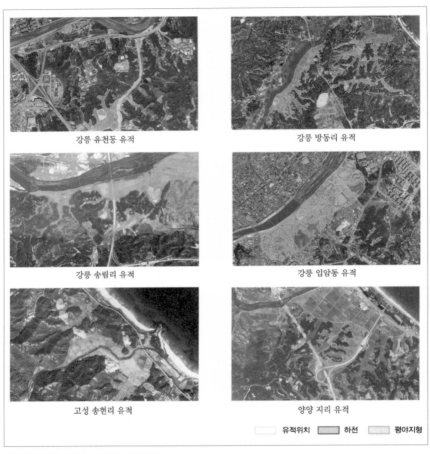

| 유적위치 | 하천 | 평야지형 |

사진 2 | 영동지역 후기 취락 주변경관

입지하지만 주변 저지대의 해발은 60m로 20m 내외의 해발고도 차이가 난다.

　대표적인 취락유적으로는 영동지역은 고성 사천천 주변에 형성된 송현리유적, 화진포호 주변의 초도리유적, 양양 남대천 주변의 북평리유적, 지경호주변의 지리유적, 강릉 연곡천 주변의 송림리유적, 사천천 주변의 방동리유적, 경포호 주변의 유천동유적, 남대천 주변의 입암동유적, 동해 전천 주변의 지흥동유적 등이다.

남부동해안지역은 울진 정명천 주변 정명리유적, 초곡천 주변의 학천리 유적, 냉천 주변의 원동Ⅱ지구유적, 경주 대천 주변의 화천리·모량리유적, 울산 동천강 주변의 천곡동, 상안동, 매곡동유적, 효문동유적, 태화강 주변 의 교동리, 신화리유적, 회야강 주변의 덕신리 오산유적 등이다.

영동지역 청동기시대 취락은 동일한 구릉에 대부분 같은 시기의 취락이 조성되며, 취락의 점유기간은 길지 않다. 남부동해안지역 청동기시대 취락 은 하천주변에 인접한 취락에서는 동일한 구릉과 충적대지 내에서 시간차 이를 두고 장기간 점유되는 양상을 보인다. 전기에 해당하는 취락의 수는 적고, 주거는 소규모로 축조되다가, 울산식 주거가 중심이 되는 중기부터 주 거가 증가하고, 대규모 취락이 조성된다.

2. 단위취락 공간구성

청동기시대 취락의 공간구조는 취락이 입지한 자연환경을 극복하거나 이 용하면서 생활에 필요한 다양한 시설들이 추가되면서 공간을 구성하게 된 다. 특히 일상적인 생활에 필요한 공간은 공동체의 사회적 규범이라는 인식 하에 취락 내 적합한 부지를 선정하여 목적에 맞는 여러 공간을 조성하게 된다.

취락공간은 인간의 모든 일생이 이루어지는 장소로 다양한 성격의 공간 들이 상호 보완적으로 공존한다. 취락의 공간구조에는 주거공간 외에 수혈, 구, 환호, 굴립주건물, 분묘, 경작유구 등이 포함된다. 취락의 개념 및 공간 구분에 대한 것은 여러 연구자들에 의해 검토되어진 바 있다. 본 연구에서 는 주거공간과, 매장(분묘)공간을 중심으로 살펴보고자 한다.

동해안지역 청동기시대 조기~전기에는 대부분 주거로 이루어진 생활공 간만 확인되며, 중기부터는 주거, 수혈 등의 생활공간, 굴립주건물 등의 저 장공간, 분묘공간, 생산공간 등의 취락 공간구성 요소가 다양해진다. 후기

취락에서는 주거, 수혈, 구상유구, 환호, 토기가마, 분묘 등이 확인된다.

표 11 | 취락 공간구성

취락구조	유구	유적
생활공간	주거, 수혈	충효동, 교동, 월포리 천곡동 월산리
생활 + 분묘공간	주거, 무덤	방내리(강문), 대대리, 삼정2리, 덕천리, 포월리, 황성동, 호동
생활+분묘+저장공간	주거, 무덤, 굴립주건물	산하동 화천리
생활+저장+생산공간	주거, 구, 굴립주건물, 토기가마 경작유구	이인리, 방동리C
의례공간	주구형 유구, 환구유구	방동리C, 성남동, 화천리 산251-1

표 12 | 동해안지역 청동기시대 취락의 시기별 공간구성

취락	주거	수혈	굴립주건물	구상유구	경작유구	분묘				시기
						토광묘	석관묘	지석묘	주구묘	
충효동	●									조기
교동	●									
임호정리	●									전기 전엽
사천리	●									
월포리 D	●									
천곡동나	●									
신천동	●									
조양동	●									전기 중엽
방내리(강문)	●						●			
대대리	●									
초곡리	●									
삼정1리	●				●					
창평동 810	●									
가재골Ⅲ	●						●			
동산리	●									
월산리	●									
입암동	●									전기 후엽
지흥동	●									

취락	주거	수혈	굴립주건물	구상유구	경작유구	토광묘	석관묘	지석묘	주구묘	시기
						분묘				
삼정2리	●			●						
호동 I	●								●	
호동 II	●								●	
천곡동 II	●									
가재골III	●								●	
약수	●								●	
덕천리	●	●					●			
포월리	●							●		
이인리	●	●	●	●	●					
대보리	●	●						●		
어일리	●	●							●	
산하동	●		●	●			●		●	중기
호계동	●	●							●	
매곡동	●	●							●	
동산리	●					●				
황성동	●								구획묘	
충효동(신라)	●			●						
송현리 B	●	●		●			●			
송현리 D	●	●					●			후기
초도리	●						●			
방동리 C	●			환호			●			
화천리	●	●		●					●	

1) 주거공간

주거는 가족을 보호, 유지하고 화목을 도모하며, 양육하는 기능과 휴식 및 노동력의 재생산하는 기능, 가사노동의 장소로서 지역(인간) 사회생활의 근간이 되는 기능을 포괄한다(이영철 2013).

주거는 인간생활의 보편적인 행위가 이루어지는 공간으로, 주거가 모여 정형성을 가지고 배치되는 것이 주거공간이다.

청동기시대 주거의 형태는 일률적이지 않고 다양하게 공존한다. 영동지역은 전기~중기까지 장방형 주거가 축조되며, 후기에는 말각방(장방)형 주거가 축조된다. 남부동해안지역은 조기에는 대형 · 방형, 전기에는 장방형과 세장방형이, 전기후반부터는 울산식 주거가 축조되고, 중기후반에는 연암동식 주거도 축조되며, 후기의 경주 화천리에서는 부정형의 주거가 축조된다.

동해안지역에서 조사된 청동기시대 주거지는 평면형태와 내부구조를 기준으로 아홉 가지로 분류된다.

A형 위석식(석상위석식) 노를 갖춘 방형 주거(미사리식 주거) : 경주 충효동 2 · 23호, 울산 구영리 V -1구역 28호, 상안동358-47 1호가 해당한다.

B형 대형 장방형 주거 형태 : 강릉 교동 1호, 양양 임호정리 1 · 3호, 고성 사천리 7호, 울산 천곡동 나지구 1 · 3호, 포항 초곡리 2호, 대련리 9호, 인덕동 6호가 해당한다.

C형 대형 세장방형 주거(관산리식 주거)형태 : 강릉 교동 4 · 6호, 방내리(강문) 7호, 동해 지흥동 3호, 경주 동산리 6호, 울산 신천동 A-11 · 13호, 달천 5호, 망양리 Ⅱ-1호, 외광리 14 · 24호, 경주 천군동 11호, 월산리 B-4호, 황성동 나-1 · Ⅱ다-1 · 라-1호, 덕천리 11호, 포항 초곡리 6호, 인덕산 3호, 성곡리 49호가 해당한다.

D형 중 · 대형 장방형 주거(흔암리식 주거), 무시설식 노가 2개이면서 단장비가 1 : 2 이하인 형태 속초 조양동 2 · 4 · 7호, 강릉 방내리(강문) 3 · 5 · 12호, 양양 포월리 4 · 13호, 울산 천곡동 Ⅱ-9호, 천곡동 가재골 Ⅰ-16 · Ⅱ-15호, 신천동 A-2 · 5 · 15호, 포항 삼정1리 9호, 대련리 3호, 성곡리 42호, 경주 갑산리 8호, 덕천리 20호가 해당한다.

D′형 중 · 대형 장방형 주거, 노지가 1~2개(석상위석식 1, 위석식 2, 위석식 1 + 무시설식 1)형태 포항 월포리 D-4호, 고성 대대리 6 · 8호, 강릉 입암동 1 · 2호가 해당한다.

E형 울산식 주거지(주혈 4각으로 배치, 4 · 6 · 8주식, 노지는 단축 중앙에서 장축으로 치우친 곳에 위치) 단수의 노지를 갖춘 방형 · 장방형주거지 형태.

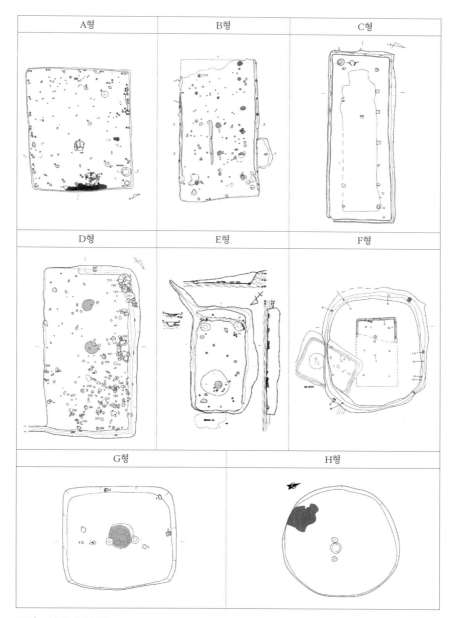

그림 14 | 주거지 분류

F형 연암동식 주거 형태: 남부동해안지역 중기 후반 주거, 울산 연암동, 연암동 산성 1호, 경주 충효동(신라) 주거지가 해당한다.

G형 말각방(장방): 영동지역 원형점토대토기단계 주거, 남부동해안지역은 경주 화천리, 모량리 주거지가 해당한다.

H형 원형: 원형점토대토기단계 주거, 동해 지흥동 1호(송국리형 주거), 경주 모량리A-2 34호가 해당한다.

대체적인 주거지 변화[24]는 대형 장방형으로부터 세장방형을 거쳐 방형화되는 주거지의 평면형태 변화양상은 유사하다.

주거지의 면적은 소형($1\sim20m^2$), 중형($21\sim40m^2$), 대형($41\sim80m^2$), 초대형($80m^2$ 이상)으로 구분하였다.

영동지역 전기 주거지 77기(장방형 49기, 세장방형 4기, 방형 24기) 중에서 면적이 확인 된 수는 49기로, 장방형이 26기, 세장방형 2기, 방형이 21기이다. 주거지의 면적은 중형($21\sim40m^2$)이 가장 많은 빈도수를 보인다. 장방형 주거지의 경우 중형(14), 대형(11), 초대형(1)으로, 강릉 교동 1호, 속초 조양동 2·4·7호, 강릉 방내리(강문) 3·5·12호, 양양 포월리 4·13호는 대형에 속하고, 고성 대대리 5·7·8호, 강릉 방내리 1호, 방내리(강문) 1·4호, 동해 지흥동 2호는 중형에 속한다. 세장방형인 동해 지흥동 3호는 장축 길이 15m 이상, 면적 $95m^2$ 이상이며, 고성 사천리 11호는 대형이다. 방형 주거지는 대부분 중형에 속하고, 고성 대대리 1호, 강릉 방내리 2호, 방내리(강문) 6호는 소형이다.

후기 주거지의 평면형태는 방형 41기, 말각방형 39기, 장방형 38기, 말각장방형 12기, 원형 1기의 순으로 빈도를 보인다. 131기 중에서 면적이 확

---

24) 돌대문토기가 출토되는 미사리식 주거지는 방형의 중(소)형 주거지에서 대형의 장방형 주거지로 변하는 양상을 보이는 반면, 가락동식, 역삼동·흔암리식 주거지는 시기가 늦어짐에 따라 대형의 세장방형주거지로 변화하는 양상을 보인다.

인 된 주거지 수는 49기로 방형 22기, 말각방형 13기, 장방형 8기, 말각장방형 5기, 원형 1기 등이다. 주거지의 면적은 소형(1~20m²)이 가장 많은 빈도 (30기-63%)를 보이며 특히 11~20m²에 20기가 집중된다.

남부동해안지역 청동기시대 취락에서 발굴조사된 주거지는 7,000여 기를 상회한다. 이중 후대의 지형 삭평이나 교란으로 인해 약 절반정도 면적이 확인된 상황이다. 주거의 평면형태는 장방형과 방형이 대부분이고, 세장방형이 일부 확인되는데, 평면형태는 장방형계가 계속 이어지면서 방형계로 변하고 면적이 대형에서 중형-소형으로 축소되는 경향을 보인다. 남부동해안지역 중 울산지역의 전기 전반에 해당하는 장방형 주거지는 대부분 30~60m² 사이의 중·대형에 집중 분포된 양상을 보이며, 전기후엽 부터 출현하는 중·소형의 일반적인 울산식 주거지의 평균면적은 대략 20m² 내외에 포함된다(정대봉 2013).

중기부터 구조의 정형화 혹은 분화되는 형태의 울산식 주거가 정착된다. 울산식 주거는 청동기시대 중기에 해당되는 검단리유형의 특징적인 주거 형태로 기둥 구멍이 주거 바닥 모서리에 4주식으로 배치되는 기본형에서 주거 규모에 따라 장축 방향으로 6주식, 8주식으로 확장되는 점, 그리고 노지는 단축 중앙에서 장축으로 치우친 지점에 위치하고 있는 점이 특징이다. 노지를 중심으로 한 공간에서 토기의 출토 빈도가 높고 지석, 연석, 대석과 같이 석기 제작과 관련된 도구들의 출토 빈도가 높아 취사와 작업 공간으로 이해하였으며, 노지가 설치되지 않은 나머지 안쪽 공간은 유물의 출토 빈도가 매우 낮기 때문에 취침을 위한 공간으로 추정하였다. 또한 바깥쪽 공간에서는 유물의 출토 빈도가 가장 높으면서 특히 공구, 수확구, 수렵구 등의 출토 빈도가 높기 때문에 도구의 수납과 사냥, 채집물의 저장 공간으로 파악하였다(金賢植 2006).

중기 후반에는 경주 충효동(신라)에서 연암동형 주거가 확인된다. 울산지역의 경우 세장방형주거지 및 이중구연토기 등으로 대표되는 청동기시대 전기에는 중복현상이 확인되지 않다가 울산식 주거지가 정형화되는 단계에 중복현상이 증가한다.

주거지의 내부시설로는 노, 주혈, 저장혈, 벽구, 외부돌출구, 내구, 외구 등이 확인된다.

노는 주거지 내부의 생활공간을 분할하는데 중요한 위치를 차지하며, 위치는 주거지의 장축 중앙선상에서 약간 장벽 쪽으로 치우쳐 단벽인 북벽 쪽에 가깝게 형성되어 있다. 내부의 생활공간은 주거지 모서리에 위치하는 저장공을 중심으로 토기와 작업대, 숫돌 등이 출토되고 있어 저장과 소비의 공간이 형성됨을 알 수 있고, 생산도구인 반월형석도, 어망추, 석촉, 방추차 등은 주거지 중앙 부분에 형성되어 있어 전체적으로 저장과 소비의 공간과 생산의 공간으로 분리되는 것을 알 수 있다.

노는 위석식과 토광식, 점토띠식, 부석식, 후기에는 토광식과 벽부식이 설치된다.

석상위석식은 경주 충효동 2·3·23호, 포항 월포리 D-4호에서 확인되는데, 판석을 방형의 형태로 돌리고, 내부에도 판석과 할석을 깐 형태이다.

위석식은 강릉 교동 1호와 입암동 1·2호, 고성 대대리 6·8호, 강릉 방내리 7·11호, 방내리(강·문) 13호, 병산동 1호, 울산 상안동 358-47번지 1호, 달천 5호, 신천동 A-11·13호, 포항 성곡리 Ⅰ-3·9·11·48호, Ⅲ-2호, 경주 이인리 1·11·12호, 포항 삼정1리 11·12호에서 확인된다. 고성 대대리 6호와 강릉 입암동 1호에서는 위석식 2기, 고성 대대리 8호와 강릉 입암동 2호에서는 위석식 + 상면식 노가 확인되었다.

토광식은 수혈을 판 형태인 토광식과 아무런 시설 없이 평면상이 소토화된 형태인 상면식으로 구분하였다. 전체적으로 보면 상면식이 더 많이 설치되며, 주거지별 수혈식 노는 1~3개가 확인된다.

부석식 노는 포항 성곡리 29호와 대련리 15호에서 확인되었다. 바닥에 납작한 천석을 깔고 점토를 이용하여 천석 사이와 외부를 보강하였다.

점토띠식 노는 강릉 방내리 4호와 포항 성곡리 32호에서 확인되며, 생토면 바로 위에 점토띠를 둘러서 만들었다.

벽부식 노는 점토대토기 단계인 고성 송현리 B-1 · 7호, 동해 지흥동 1호에서 확인된다. 벽에 연접하여 주거지 바닥보다 약간 높게 설치되어 있다.

주혈은 대부분 주거지에서 확인되지만, 배치는 정연하지 못한 편이다. 경주 동산리 유적에서는 다양한 형태로 확인된다. 세장방 · 대형주거지인 6호는 5×3열, 장방형 · 대형인 10호 주거지는 4×3열, 장방형 · 중형인 19호는 3×3열의 주혈형태, 방형 · 대형주거지인 14호는 4×4열, 12호는 4×3열의 주혈 형태를 보인다. 장방 · 대형은 8주식, 장방 · 중형과 소형은 6주식, 방형 · 중형은 6주식, 방형 · 소형은 4주식의 형태를 보인다. 한편 울산 달천 5호와 포항 월포리 D-6호에서는 주초석이 확인되었다.

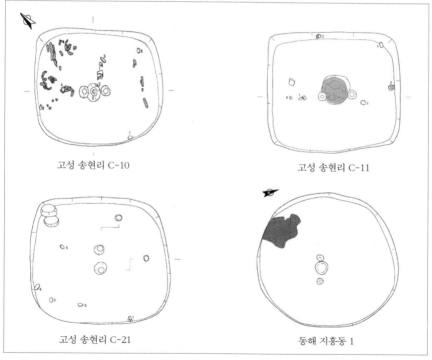

고성 송현리 C-10

고성 송현리 C-11

고성 송현리 C-21

동해 지흥동 1

그림 15 | 송국리식 주거지

점토대토기 주거지에서는 대부분 주혈이 확인되고 있으나 주혈배치의 정형성은 보이지 않는다. 대형 주거지인 고성 송현리 D-7호 주거지에서는 2×5열의 형태로 확인된다. 한편 원형과 말각방형의 주거지 중앙에서는 주주혈이 확인된다. 타원형 수혈 안쪽에 주혈이 위치한 형태(송현리 B-10호), 원형 수혈 바깥쪽에 주혈이 위치한 형태(송현리 D-10호), 원형수혈 바깥쪽에 주혈이 위치한 형태(고성 송현리 C-10, 24호, 철통리 2호, 동해 지흥동 1호), 중앙부에 수혈이 없고 주혈만 위치한 형태(고성 초도리 5호, 송현리 C-21호)이다. 수혈식 노지 양쪽에 주혈이 위치하는 형태(고성 송현리 C-11호)도 있다.

저장혈은 전기~중기주거지에서 대부분 확인된다. 저장혈은 대부분 주거지의 모서리나 벽쪽에 치우쳐서 1~3개가 발견되며, 저장공 안이나 옆에서는 완형토기와 갈돌과 갈판, 작업대가 출토되고, 강릉 교동 1호 주거지 경우 저장공 옆에서 탄화미가 출토되고 있어 저장공을 중심으로 주거지의 작업공간 내지 조리시설 공간으로 이용되었던 것으로 볼 수 있다.

후기 주거지에서는 저장혈이 나타나는 빈도수가 적은데, 대부분의 주거지에서 확인되지 않는다. 후기 주거지 내에서 저장혈이 발견된 수가 적은 이유는 전기유적에서 잘 보이지 않던 후기 주거지와 인접해 위치하고 있는 수혈유구가 창고 등의 용도인 저장시설로 사용되었던 것으로 추정된다.

벽구는 형태에 따라 4가지(ㅁ형 · ㄷ형 · ㄱ(Ⅱ)형 · ㅡ(Ⅰ)형)로 구분된다. 벽구는 전기부터 후기 주거지에서 보이는데 대부분 외부 돌출구가 없는 형태이다. 속초 조양동 7호, 포항 대련리 Ⅱ-7호, 인덕산 3호, 남송리 3호, 삼정1리 9 · 35호, 경주 오류리 1호, 울산 산하동 산음 16호에서는 이중벽구의 형태로 확인된다. 외부돌출구는 주거지의 습기나 외부에서 벽면을 타고 유입된 소량의 물을 자연경사면을 따라 주거지 외부로 배수하는 역할을 하는데, 조성방법에 따라 수혈식, 터널식, 석조식으로 구분된다. 영동지역에서는 고성 사천리 10호, 대대리 2호, 강릉 방내리(강문) 1호, 15호, 동해 지흥동 3호에서 수혈식이 확인되었다. 남부동해안지역 주거지에서도 수혈식이 가장 많고, ㅁ형 벽구에 외부돌출구가 설치된 경우가 다른 형태보다 많은 빈도수를 보인다.

내구는 주거 내부 공간을 분리하는 역할을 하는 것으로 여겨지며, 포항 호동Ⅱ지구 4기(1·3·38·40호), 경주 어일리 C-38호 주거지에서 확인된다. 공간비는 1 : 1(호동Ⅱ-40)이거나 2 : 1(호동Ⅱ-1·3·38호)이다.

주거지 밖에 설치된 외구는 영동지역에서는 확인되지 않고, 대부분 포항과 경주의 해안지역인 포항 이인리 5·9호, 대련리 10호, 남송리 I-37호, 인덕동 2호, 경주 어일리 B구역 2기, C구역 6기, 충효동(신라) 5기, 울산 효문동 Ⅲ-2지구 1호에서 확인된다. 포항 대련리와 인덕동 등의 주거지는 경사면에 입지하며 경사면 위쪽에 반원형 또는 타원형으로 구가 설치되어 있고, 울산 연암동의 경우에는 평지에 입지한 유적인데 주거지 외곽을 감싸는 원형의 구가 확인되었다. 울타리 등 구획의 용도보다는 주거지 내 우수의 침입을 방지하기 위한 실질적인 기능을 한 것으로 여겨진다.

2) 매장공간

매장(분묘)공간은 인간의 일생이 끝나면 이후 당시의 사회규범에 따라 사후처리가 진행되며, 이는 개인의 죽음에 대한 단순한 사체처리가 이루어지는 것이 아니라 집단구성원의 죽음으로 인지하고, 공동으로 장제, 묘제, 장송의례와 같은 사회적 양상이 나타난다(平郡達哉 2013).

필자는 강원지역의 석곽묘로 분류된 홍천 철정리, 외삼포리, 정선 아우라지, 석곽묘 출토 삼각만입촉과 이단경촉 등과 양양 송전리 토광묘 출토 삼각만입촉은 전기중엽으로 편년되어, 남한지역 청동기시대 분묘의 출현은 청동기시대 전기 중엽으로 보고자 한다.

이형원은 돌대문토기가 출토되는 홍천 외삼포리 3호, 5호 주거지를 마제석검의 공반양상으로 보아 전기전반으로 편년하고, 석곽묘도 같은 단계로 파악하였다(李亨源 2011).

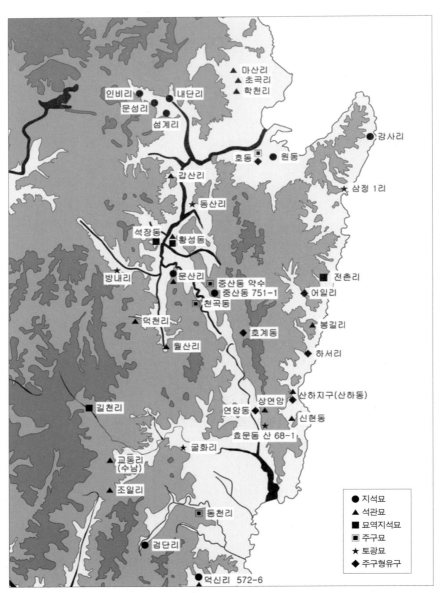

그림 16 | 남부동해안지역 분묘 분포양상

다음은 지도 내 표기:

▲ 마산리
▲ 초곡리
▲ 학천리

인비리
문성리
내단리
섬계리

● 강사리

■ 호동
◆ 원동

갑산리

● 삼정 1리

★ 동산리

■ 석장동
▲ 황성동

전촌리 ■

★ 방내리

▲ 문산리
■ 중산동 약수
● 중산동 751-1
■ 천곡리

어일리 ◆

봉길리 ▲

덕천리

호계동 ●

하서리 ◆

▲ 월산리

길천리 ■

산하지구(산하동) ▲
상연암 ▲
연암동 ◆
신현동 ▲

효문동 산 68-1

★ 굴화리

▲ 교동리
(수남)

▲ 조일리

■ 동천리

검단리

● 덕신리 572-6

● 지석묘
▲ 석관묘
■ 묘역지석묘
▣ 주구묘
★ 토광묘
◆ 주구형유구

동해안지역 청동기시대 분묘의 입지는 대부분 낮은 구릉에 위치하며, 경주지역 형산강유역의 충적대지에서 일부 분묘가 확인되고 있어, 취락의 입지 경향과 대동소이한 양상을 보이고 있다. 영동지역에서 발견된 유일한 토광묘 1기는 송전리 사구지대에 자리 잡고 있는데 이러한 입지는 극히 예외적이고, 경주 덕천리 석관묘와 황성동 및 석장동 묘역지석묘는 평지형인 충적대지에 입지한다.

　동해안지역에서도 남한지역의 다른 지역과 마찬가지로 청동기시대 조기, 즉 돌대문토기단계에 속하는 분묘는 아직 확인되지 않았다. 또한 조사된 주거지 숫자에 비해 분묘 조성 사례는 극히 적은 편이다.

　동해안지역에서 확인된 청동기시대 무덤의 종류는 지석묘, 석관묘, 석곽묘, 토광묘, 주구묘, 묘역지석묘, 주구형 유구, 옹관묘로 구분된다.

　동해안지역 청동기시대 분묘 중 가장 먼저 등장하는 형태는 토광묘이다. 양양 송전리 토광묘, 울산 굴화리 토광묘 출토 삼각만입촉, 유혈구이단병식 석검은 전기 중엽으로 편년된다.

　포항 삼정리 토광묘에서는 29호주거지와 같은 형태의 적색마연토기가 출토되어 전기중반으로 편년되고, 울산 효문동(모듈화산업단지)에서는 이단병식석검과 일단경촉이 출토되어 전기 후엽으로 편년된다.

　울주 발리 499-10번지에서는 토광묘 7기가 축조되었는데, 인접한 묘역지석묘에서 출토된 적색마연토기와 동일한 형태의 적색마연토기가 출토되어 중기 후반에 축조된 것으로 판단된다. 한편 덕신리 572-6번지 1호 토광묘에서도 유절병 석검이 출토되어 같은 시기로 편년된다.

　토광묘는 영동지역에서 1기, 남부동해안지역에서 17기 등 조사예가 적어 청동기시대 전기의 분묘로서 대표성을 가지는 무덤 형식이라고 보기에는 자료가 적은 편이다.

　석관묘는 토광묘와 비슷한 전기 중엽에 등장하여 원형점토대토기 단계인 청동기시대 후기까지 소형의 석관형태로 지속적으로 축조된다. 강릉 방내리 석관묘 출토 대부장경호는 강릉 교동 1호 출토 대부장경호와 속초 조양동 3호 출토 대부단경호의 중간 형태로 전기 중엽에 편년된다. 경주 문산리 Ⅱ가-2호와 월산리 산 137-1번지 석관묘 출토 삼각만입촉은 포항 초곡리 2호 주거지, 남송리 3호 주거지 출토품과 유사하여 청동기시대 전기 중엽으로 편년된다.

울산 조일리 유적 72호, 교동리 수남유적은 할석석관묘로 적색마연토기와 이단병식석검, 일단경촉이 출토되었고, 포항 마산리 출토 신부가 세장한 형태의 삼각만입촉은 전기 후엽으로 편년된다.

경주 덕천리에서는 적색마연토기편 1점, 마제석검, 일단경촉, 삼각만입촉, 신부가 세장한 삼각만입촉 등의 유물구성을 볼 때 양양 포월리 1호주거지 출토유물과 같아 중기 전반으로 편년된다. 고성 송현리B 유적을 포함한 영동지역의 석관묘와 포항 학천리 석관묘가 원형점토대토기 단계에 해당하며, 유물은 마제석검, 석착, 검파두식 등이 출토된다.

주구묘는 포항 원동에서 세장방형 1기, 장방형은 울산 천곡동 가재골Ⅲ 유적 2기, 울산 중산동 약수Ⅰ 유적에서 1기, 방형은 울산 동천리 유적에서 1기가 조사되었다. 세장(장)방형 주구묘는 전기 후엽으로, 방형은 전기후엽~중기전반으로 편년된다. 울산지역 주구묘는 장방형에서 방형으로 변화하고, 매장주체부는 토광(목관)의 구조를 가지는 것이 특징이다. 주구묘는 시기적으로도 전기 말과 중기 초에 한정되어서 유행했다. 매장시설의 규모는 작은 석관에 불과하지만 방형 혹은 세장방형으로 구획된 묘역은 상당히 큰 규모이고 또한 이들이 연접하여 분포함으로써 꽤 넓은 묘지공간을 확보하고 있다. 세장방형, 방형, 혹은 장방형의 묘역을 가진 남부지방의 구획묘와는 기본적인 모티브가 동일하다고 볼 수 있다(이성주·박영구 2009).

지석묘는 청동기시대 중기에 등장하는데, 영동지역은 양양 포월리 취락 2기, 고성 대대리 취락에서 1기가 조사되었다.

울진군에 현재까지 확인된 지석묘는 75기에 해당한다. 지석묘의 밀집분포는 울진지역을 서에서 동으로 흐르는 부구천, 남대천, 왕피천, 척산천 주변의 구릉 및 산기슭에서 확인된다(심현용 2002·2003·2007).

사진 3 | 울진 나곡리 탁자식 지석묘

울진군에서 확인된 지석묘는 대부분 개석식(51기)이며, 기반식도 일부 (10기) 확인되며, 최근 확인된 나곡리 4호 지석묘는 탁자식 지석묘이다.[25]

영덕 우곡리 거석군은 11기가 조사되었는데, 지하의 매장주체부는 확인되지 않았고, 주변에서는 무문토기편과 석부가 출토되었다. 한편 우곡리 거

---

25) 지석묘는 경북 울진군 북면 나곡리 산 105-11(임)에 위치하며, 구릉 6~7부 능선에 있다. 상석의 장축방향은 동-서향이며, 상석 아래의 지석 2개는 장축방향을 남-북향으로 하여 각각 동쪽과 서쪽에서 받치고 있는 탁자식이다. 상석의 모양은 평면 타원형이며, 단면 반원형으로 크기는 장축(동-서향) 175×단축(남-북향) 157×두께 50cm이다. 지석은 모두 세장방형의 판석형에 가까우며, 동쪽과 서쪽의 지석 내부 간격은 약 40cm이며, 내부 바닥은 편평하다. 서쪽 지석의 크기는 높이 48×길이(남-북향) 127×두께 28cm 내외이며, 동쪽 지석의 크기는 높이 48×길이(남-북향) 116×두께 22cm 내외이다. 석질은 모두 편마암이다. 이상의 내용은 울진군청 심현용 선생님의 조사내용이다. 귀중한 정보(사진 및 조사내용)를 제공해 주셔서 지면으로나마 감사의 인사를 전한다.

사진 4 | 탁자식 지석묘(경주 부근)와
경주 지석묘 출토 마제석검[26]

석군에서 남쪽으로 약 1.8km 떨어져 위치한 남산리 지석묘에서도 매장주체부는 확인되지 않았다(삼한문화재연구원 2012).

현재까지 영덕지역에서 지석묘 조사가 일부 밖에 조사되지 않아 정확한 상황은 알 수 없지만, 이러한 매장주체부가 확인되지 않는 거석의 형태로 존재하는 양상은 영덕지역에서만 확인되는 특징이라고 할 수 있겠다.

울산지역에서 조사된 지석묘는 검단리는 지하식, 중산동 715-1번지는 지상식으로 매장주체부는 위석형 석관의 형태를 보이고 있어 검단리유형의 대표적인 분묘(李秀鴻 2012)로 파악하고 있으며, 경주 문산리 Ⅱ나구역 지석묘도 동시기의 무덤으로 판단된다.

포항지역은 형산강 하류의 지류천인 기계천 주변 충적지에서 내단리·문성리·인비리(암각화)지석묘군이 존재한다. 대부분 지표조사만 이루어져

---

26) 복천박물관 하인수 관장님께서 탁자식 지석묘에 대한 정보를 제공해 주셨다. 상기 사진은 有光敎一, 1990,「高麗美術館の 磨製石劍」『高麗美術館報』6號, 高麗美術館 에 실린 사진이다(河仁秀 1995).

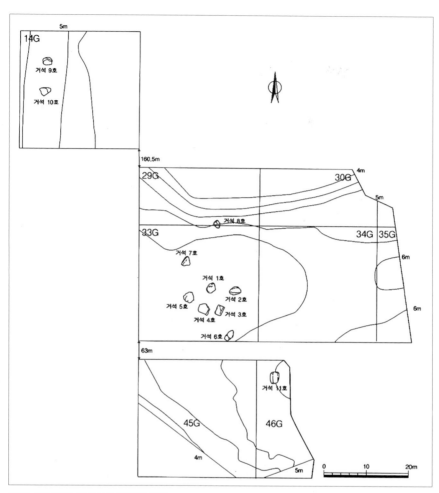

그림 17 | 영덕 우곡리 거석군(지석묘?)

정확한 지석묘 양상은 알 수가 없으나, 대부분 중기에 축조된 것으로 판단된다. 문성리 지석묘는 덮개돌의 크기가 높이 4m, 길이 5m에 이르며, 8개의 지석이 있는 탁자식 지석묘이다.

한편 속초 조양동 1 · 2호 지석묘와 포항 원동2지구 Ⅳ-1구역 지석묘, 울산 상연암 Ⅲ-1호는 지하식의 석곽형으로 각각 선형동부와 무경식석촉, 마제석창편 1점이 출토되어 청동기시대 후기인 원형점토대토기 단계에 축조된 분묘로 판단된다.

묘역지석묘의 평면형태는 세장방형(경주 석장동, 경주 전촌리, 울산 발리 449-10 4호), 울주 길천일반산업단지 2차(1단계) 조성사업부지내 유적은 장방형(1, 2호)과 타원형(3호)으로 구분된다. 일단 병식 마제석검과 유절병석검, 일단석촉이 출토되어 중기 후반(유병록 2014)[27]으로 편년된다.

최근 조사 보고된 경주 전촌리 유적은 동해안 감포 해안가 구릉의 곡간지(충적지)에 위치하며, 평면 원형과 장방형의 묘역지석묘 5기가 확인되었다.

2호 묘역지석묘는 원래 일부 소구획으로 묘역이 조성되고, 점차 연접하여 묘역을 확장하였다. 2호 묘역지석묘의 남서쪽에서는 내부 할석층 아래 소구획 내에서 경주 석장동과 같은 화장묘 1기가 확인되었다.

필자가 유물을 실견한 결과, 2호 묘역지석묘 내부에서는 횡선문파수부발, 횡선문토기, 적색마연토기(함안식내만구연적색마연토기)와 토제 어망추 등이 출토되어, 묘역지석묘가 축조된 시기는 검단리유형 단계인 중기 후반에 해당한다. 2호 상부에서 출토된 삼각형점토대토기, 두형토기가 출토되는 것으로 보아 초기철기시대에는 제단 등의 의례공간으로 사용된 것으로 보인다. 한편 2호 묘역지석묘 주변에 축조된 방형 혹은 장방형 묘역지석묘는 매장주체부가 확인되지 않는 점, 유물이 일부 공간에 흩어져서 확인된다는 점에서 의례 행위가 이루어진 제단으로 사용한 것으로 판단하고 있다(경상북

---

27) 묘역지석묘의 축조시기는 대략 송국리단계인 중기로 추정되고 있는데, 그 형태에서도 다양한 양상이 확인된다. 그렇지만 이 시기의 묘역지석묘는 규모면에서 어느 정도 큰 차이를 보이지는 않는다는 점을 주목해 볼 필요가 있다. 이에 비해 김해 구산동유적이나 창원 덕천리유적과 같이 극단적으로 대형화된 묘역의 시기는 출토유물로 판단해 볼 때 점토대토기 단계로 속한다. 즉 계층화가 심화되었다고 볼 수 있는 대형 묘역지석묘의 중심시기는 송국리 단계보다는 늦은 원형점토대토기단계 이후일 가능성이 높다고 판단하고 있다.

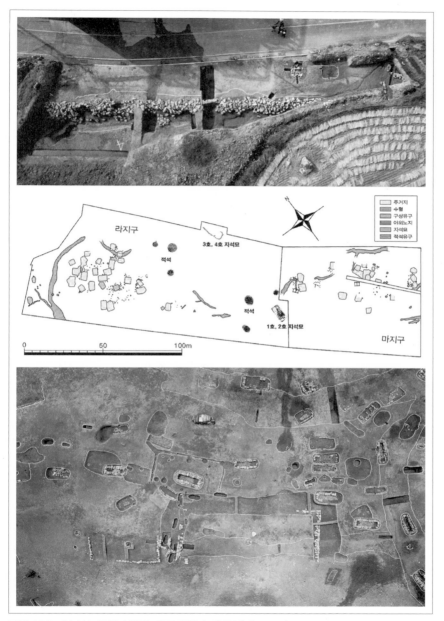

그림 18 | 묘역지석묘(경주 석장동 · 울주 길천리 · 울주 발리 449-10)

사진 5 | 경주 전촌리 묘역지석묘와 출토유물

도문화재연구원 2013).

울산 발리 449-10번지 취락에서는 환호 안에서 묘역지석묘 5기가 축조되었는데, 세장방형인 4호를 중심으로 연접하여 축조되었다. 4호는 묘역을 감싸는 주구, 묘역 가장자리에 설치한 구획석렬, 묘역 내 중앙에는 소형의 석관묘가 축조되었다.

주구형 유구의 평면형태는 말각장방형, 말각방형으로 최근 울산 산하동 유적과 경주 어일리 유적 등 동해안에 인접한 유적을 중심으로 조사예가 증가하고 있다. 울산 산하동 1호 주구형 유구는 1호 주거지를 파괴하고 축조되었고, 4호에서는 횡선문, 9호에서는 공열문과 단사선(낟알문)이 출토되어, 검단리유형 시기인 중기후반의 매장관련 유구이다.

한편 최근 포항 호동 Ⅱ-29호 주거지와 경주 천군동 5호 주거지에서 확인된 인골을 통해 가옥장으로 파악하였다.[28] 또한 울산식 주거지에서 많이 확인되는 화재주거지 중 주거지 내 적석된 경우를 가옥장의 화장행위로 파악하였다.[29]

포항 호동 유적과 경주 천군동 유적의 소규모 주변취락은 비록 전통적인 장제라고 해도 거점취락의 영향을 받았고, 그에 따라서 구획묘나 지석묘를 채용하지 못하고 피장자의 삶의 연장으로서 사후세계를 가옥에 재현한 것으로, 삶의 주거를 사후의 무덤과 동일시하는 사회적 관념 속에서 가옥장이 이루어진 것으로 파악하고 있다.[30] 하지만 포항 호동 유적은 필자가 구분한 포항 냉천 주변 취락 중에서는 주거지가 많이 축조된(52동) 대규모 취락으로 파악되며, 인접한 Ⅰ지구에서는 전기후엽으로 편년되는 주구묘가 확인되고 있으며, Ⅱ지구 같은 구릉 내에서 중기전반으로 편년되는 가옥장(29호

---

28) 兪炳琭, 2010, 「竪穴建物 廢棄行爲 研究 1 -家屋葬-」『釜山大學校 考古學科 創設20 周年 記念論文集』, 釜山大學校 考古學科.

29) 李秀鴻, 2012, 『靑銅器時代 檢丹里類型의 考古學的 研究』, 釜山大學校大學院 博士學 位論文.

30) 安在晧, 2012, 「묘역식지석묘의 출현과 사회상」『湖西考古學』 26, 湖西考古學會.

주거지)과 주구형 유구(3기-1 · 2 · 4호 구상유구)가 확인되고 있다. 또한 포항지역에서는 호동 유적을 제외하곤 다른 유적에서는 주구묘 혹은 주구형 유구, 가옥장은 확인되지 않고 있다.

표 13 | 동해안지역 청동기시대 분묘 편년

시기	지석묘	석관묘	토광묘	주구묘	묘역 지석묘	주구형 유구
전기 중엽		강릉 방내리 경주 문산리 II 나-2 경주 월산리 137-1	양양 송전리 울산 굴화리 포항 삼정리			
전기 후엽		포항 마산리 경주문산리 II 나-2 울산 가재골 III 울산 조일리	울산 효문동	포항 호동 I 울산 천곡동 가재골III 중산동 약수 I		
중기 전반	양양 포월리 고성 대대리 경주 문산리 II나구역	경주 덕천리 경주 문산리 II 가-3	경주 동산리	울산 동천리	경주 석장동	포항 호동II 경주 어일리
중기 후반	경주문산리 II-가3호	울산 덕신리 572-6	울산 덕신리 572-6 울주 발리 499-10		경주 황성동 울주 길천리 경주 전촌리 울주 발리	울산 산하동 울산 호계동
후기	속초 조양동 포항 원동2지구 IV-1구역 울산상연암III	고성 송현리 초도리 강릉 방동리C 포항 학천리 울산 상연암				경주 화천리 산251-1번지

동해안지역 청동기시대 후기 분묘는 지석묘와 석관묘와 옹관묘이다. 전기~중기 취락과 마찬가지로 취락에 조성되는 분묘는 소수에 불과하다.

석관묘는 고성 송현리B 취락 1기, 고성 송현리D 취락 3기, 고성 초도리 취락 2기, 강릉 방동리C 취락에서 2기 등 모두 8기가 조사되었고, 포항 학천리에서 석관묘 5기가 조사되었다.

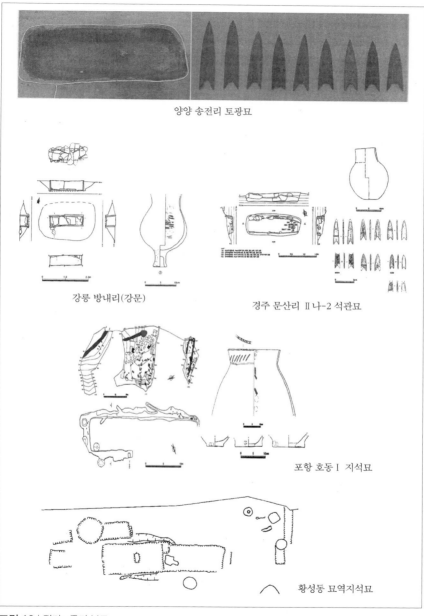

양양 송전리 토광묘

강릉 방내리(강문)

경주 문산리 Ⅱ나-2 석관묘

포항 호동Ⅰ 지석묘

황성동 묘역지석묘

그림 19 | 전기~중기 분묘

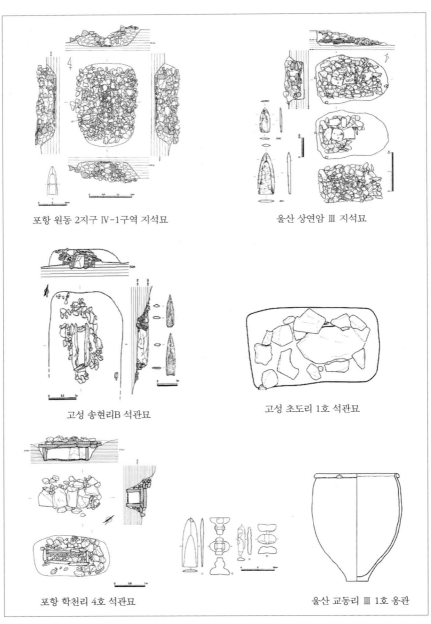

포항 원동 2지구 Ⅳ-1구역 지석묘

울산 상연암 Ⅲ 지석묘

고성 송현리B 석관묘

고성 초도리 1호 석관묘

포항 학천리 4호 석관묘

울산 교동리 Ⅲ 1호 옹관

그림 20 | 후기 분묘

3. 분기별 취락구조

1) 조기취락

조기에는 1~2동의 주거로만 구성된 소규모 취락이다. 경주 충효동 취락은 형산강유역 충적대지에 위치하는 조기부터 중기에 해당하는 취락이다.

조기에 해당하는 대형·방형주거지에 석상위석식 노가 설치된 2호와 23

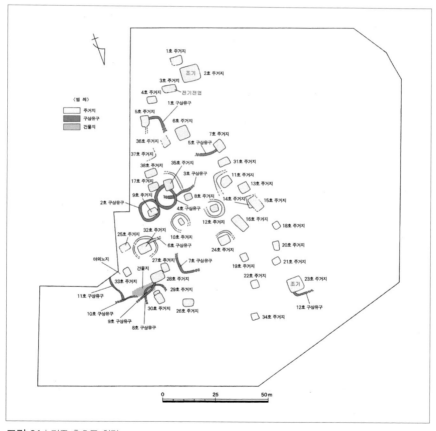

그림 21 | 경주 충효동 취락

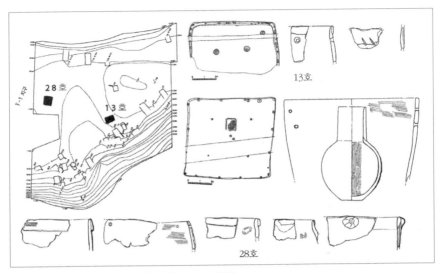

그림 22 | 울산 구영리 V-1지구 취락(이수홍 2007 전재)

호는 상당한 이격 거리를 두고 개별 주거로 독립적으로 분포하여 단위취락
을 이룬다.[31] 전기전엽에 해당하는 장방형인 3호는 2호와 인접하여 일렬로
배치되어 있다.

　울산 구영리 V-1지구 취락은 1기에는 구릉 정상부 평탄면과 평탄면에서
사면으로 이어지는 경계면에 각각 1기가 분포한다. 28호 주거지는 평면 방
형에 위석식노지가 설치되어 있어 울산지역에서는 가장 이른 시기로 볼 수
있다. 구영리 취락 1기에는 배치상태의 특징이 간취되지 않는다. 2기에는
장방형 주거 2기가 일렬 배치되며, 전기후엽부터는 구릉 사면에 4~5기의
주거지가 하나의 단위군을 이루며 배치하고 있다.

---

31) 최근 조사된 하중도유적도 규모가 작고, 2기의 주거가 100m 이상 떨어진 위치에 분
　　포하기 때문에 개별 주거가 독립적으로 분포하여 단위 취락을 이루었던 것으로 보
　　인다.

2) 전기전엽 취락

전기전엽의 취락공간은 주거만 축조된 생활공간이 조성된다. 전기중엽~
후엽에도 대부분 생활공간만으로 이루어진 취락이 확인되며, 생활공간 + 분
묘공간으로 이루어진 취락이 일부 조성된다. 그러나 경작유구와 같은 생산
공간은 확인되지 않는다.

(1) 생활공간으로 구성된 취락

강릉 교동취락은 2개의 구릉에서 주거지가 확인되었다. 한 구릉은 구릉
전체를 조사하여 주거지 5기가 조사되었고, 다른 구릉은 일부만 조사하여
주거지 1기(6호)만이 조사되었다.

주거지는 5기로 분포양상은 주거지는 등고선 방향으로 축조되었고, 장방
형 주거지 1기와 소형의 방형주거지 1기가 인접하여 한조(1 · 2호, 3 · 4호)
를 이룬다. 5호는 사면에서 1기만이 단독적으로 위치한다.

고성 사천리 취락은 해발 20m의 구릉 정상부를 중심으로 6기, 북쪽 사면
에 3기, 동쪽 사면에 2기가 확인되었다. 이중 3기의 주거지가 중복관계를 보
인다(1호와 2호, 3호와 4호, 6호와 7호). 주거지의 중복관계 중 대체로 세장
한 장방형(2호, 7호)이 나중에 축조된 주거지이나, 내부시설이나 유물의 조
합으로 보아 주거지간 시기차이는 크지 않을 것으로 여겨진다.

주거군의 배치 양상은 중복관계를 고려할 때 정상부에 대형주거지인 장
방형의 7호 주거지를 중심으로 반원상으로 중형 주거지 2기, 중소형 주거지
1기의 주거지의 조합을 보이는 주거군, 북쪽사면에 대형 주거지인 11호를
중심으로 인접해 있는 중형 주거지 2기의 조합을 보이는 주거군, C군은 동
쪽 사면에 위치한 단독 주거지(1호)의 주거군으로 구분된다.

포항 월포천 주변 충적대지에 입지한 월포리 취락의 전기전엽에 해당하
는 D-4 · 6호는 충적대지에 위치하다가 전기후엽부터 점차 충적대지(D구

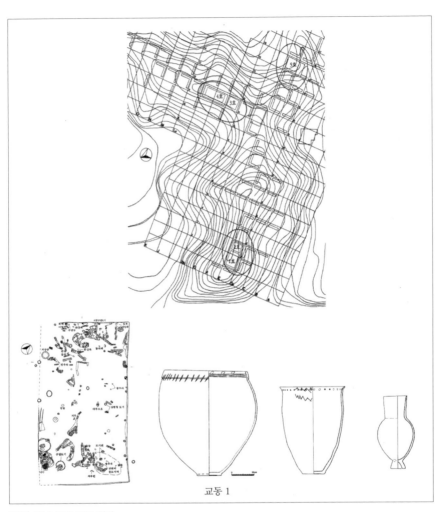

그림 23 | 강릉 교동 취락

역-2 · 7호)에서 인접한 낮은 구릉지역(A구역)으로 이동한다. D구역에서도
공렬토기가 출토된 주거지(2 · 7호)가 확인되며, 구릉에 위치한 A구역에서
는 장방형 주거에 6주식, 무시설식 노 2기가 확인되고, 공렬토기가 출토된

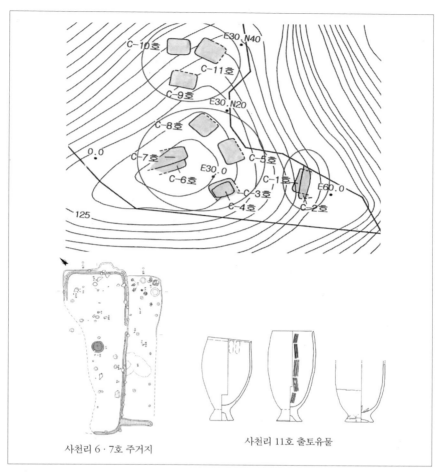

사천리 6 · 7호 주거지

사천리 11호 출토유물

그림 24 | 고성 사천리 취락

1 · 2 · 5호는 전기후엽으로 편년되고, 방형에 외부돌출구가 설치되고, 공렬
토기가 출토되는 3 · 4 · 6호는 중기전반으로 편년된다. 구릉지역인 E구역에
서는 파수발이 출토되어 중기후반의 제일 늦은 단계 주거지가 축조된다.

　울산 천곡동 나지구 취락은 구릉의 정상부에 대형장방형 주거지 2기(1

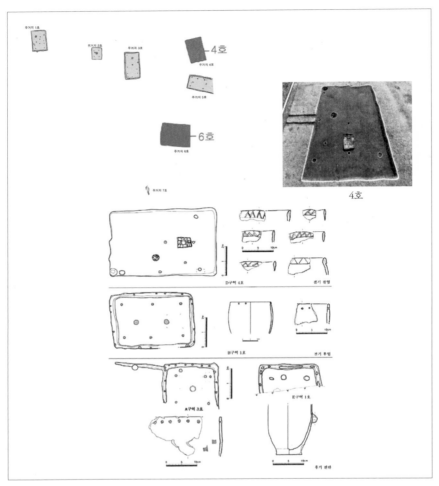

그림 25 | 포항 월포리D 취락

호, 3호)가 분포한다. 주거지는 초대형으로, 내부에 장축중앙선을 따라 토광식 노 2기가 축조되었다. 두 주거지는 구릉의 좁은 능선에 직교되게 설치되어 병렬식배치를 이룬다. 중형 장방형 주거지는 능선상에 간격을 두고 위치한다.

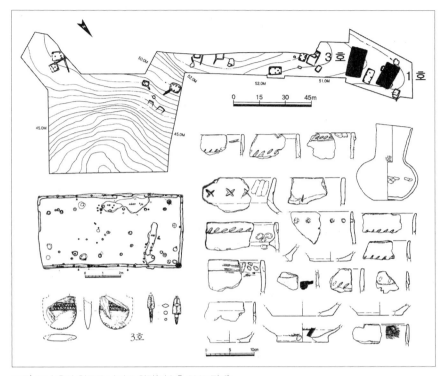

그림 26 | 울산 천곡동 나지구 취락(이수홍 2007 전재)

3) 전기중엽 취락

(1) 주거공간으로 구성된 취락

속초 조양동취락[32]은 대형주거지(4호)와 중형주거지(5호), 대형주거지(1호)와 대형주거지(2호), 대형주거지(7호)와 중대형주거지(3호)가 인접한 형

---

32) 이형원은 7호·3호(A군), 2호·1호(B군), 4호·5호(C군) 등 주거지의 규모가 다른
   2기가 한 쌍을 이루면서 근접한 형태로 보고 6호는 한기 단독으로 이루어진 것으로
   파악하고 있다(李亨源 2003).

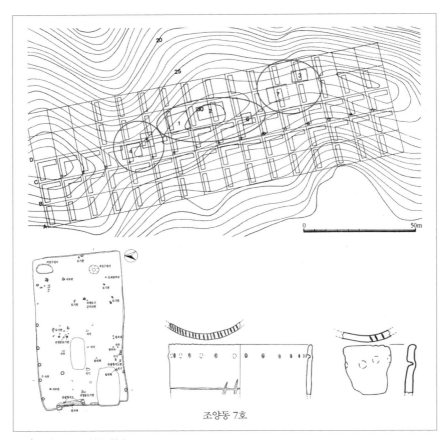

그림 27 | 속초 조양동 취락

태로 각각의 주거군을 이루고 중형주거지인 6호는 단독적으로 위치한 것으로 파악된다.

강릉 방내리 취락의 주거의 분포는 두개의 군으로 분류되는데 주거간 거리는 약 50m의 간격을 두고 주거지 3~4동이 하나의 주거군을 이루는 배치 양상을 보인다.

주거군 A는 구릉의 동쪽부분에서 4기가 확인되었다. 주거지의 중복관계

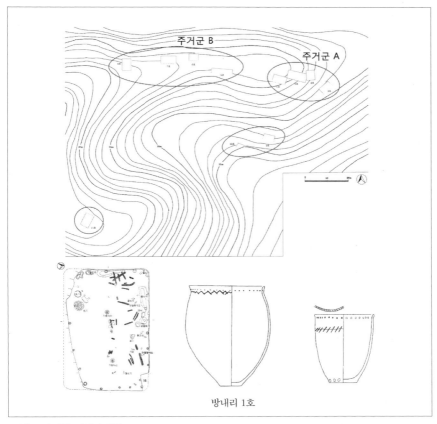

방내리 1호

그림 28 | 강릉 방내리 취락

(3(선축)〉1, 2호(후축))를 토대로 보면 3기의 주거지로 중형(1호)과 소형(2호)이 인접한 형태와 중형(4호) 1기의 형태로 배치되었다. 방내리 1호 주거지에서는 공렬, 퇴화단사선(홀구연), 이중구연+단사선+구순각목+공렬토기의 복합문토기와 혼합된 양상이며, 2호 주거지 역시 공렬, 이중구연+단사선+공렬의 복합문토기가 혼합되는 양상을 보인다.

주거군 B는 능선의 중앙부에 위치하며, 주거지간 배치는 중형 1기(8호), 중형 1기(7호)와 중형 1기(8호)가 인접한 형태, 대형 1기(5호)의 형태로 배치되었다. B군에서는 공렬문토기 요소만이 출토된다.

　포항 성곡리 취락은 초곡천 주변에서는 가장 규모가 큰 취락이다. 주거지는 각각 동쪽과 서쪽의 두 개의 능선 정상을 비워두고 능선방향과 나란하게 4개의 군을 이루어 배치하고 있다. 동쪽 능선 정상부에 위치한 대형 세장방형주거지 1기(49호)를 포함한 주거지군, 서쪽 능선 정상부에서 동쪽으로 뻗어 내린 능선상에 위치한 주거지군, 서쪽 능선 정상부 북서쪽 능선상에 위치한 주거지군, 서쪽 능선 정상부에서 남서쪽으로 뻗어 내린 능선과 직교한 주거지군이 배치한다. 전기중엽에는 각 군에서 각각 세장방형 주거지 1기(49호), 장방형 주거지 2~3동이 능선방향을 따라 일렬 배치하고 있다. 전기후엽에는 중형의 장방형 주거지가 능선상에 열상으로 배치되며, 중기에는

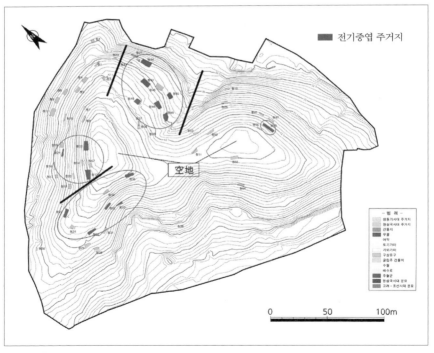

그림 29 | 포항 성곡리 취락

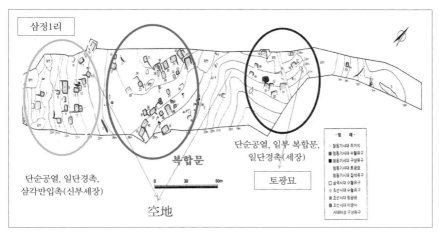

그림 30 | 포항 삼정1리 취락

유구석부가 출토되는 3호 주거지 등의 방형 주거지가 대부분을 차지한다.

해안에 입지한 포항 삼정1리 취락의 경우 주거의 분포는 유적의 남서쪽 사면, 중앙 사면, 북동쪽 사면에 밀집 분포하고 있으며, 분묘인 토광묘는 북동쪽 주거군에 위치한다. 남서쪽 사면과 중앙 사면 사이는 空地로 남아 있다. 삼정1리 취락의 중앙부에 조성된 주거군(26 · 29 · 31 · 35 · 36호)에서는 복합문이 출토되고, 양쪽에 조성된 주거군에서는 단순 공렬문이 출토되고 있어, 주거군간 시기차가 확인된다. 따라서 삼정1리 취락은 전기중엽에 중앙부에 먼저 주거군이 조성되고, 전기후엽으로 가면서 점차 양쪽으로 주거 축조공간이 확대된 양상을 보인다. 한편 중기에는 전역에 걸쳐 주거가 축조된다.

경주 갑산리 취락은 형산강 하류역의 구릉에 조성된 주거와 분묘가 조성된 취락이다. 갑산리 보고서에는 1~8호 주거지는 중앙에 공지를 남기고 원을 그리듯이 배치, 9~12호는 북쪽 능선사면에 위치, 13호는 구릉 말단부에 단독으로 위치하는 주거군을 설정하였다. 그러나 주거지의 평면형태와 출토유물을 검토해 본 결과, 주거지는 동시기가 아닌 걸로 판단된다.

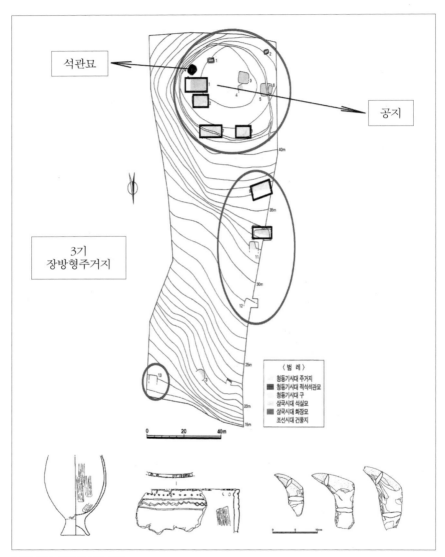

그림 31 | 경주 갑산리 취락

전기중엽에는 장방형의 대형 및 중형 주거형태를 보이며, 정상부 공지를 비워놓고 정상부에 4기(1 · 2 · 7 · 8호), 능선상에 2기(9 · 10호)가 위치한다. 유물은 횡대구획문과 퇴화이중구연단사선, 퇴화이중구연단사선구순각목, 대부소호, 삼각만입촉, 이단경촉이 출토된다.

울산 천곡동 산173-1번지 취락은 가재골Ⅱ취락의 남서쪽에 인접하여 조

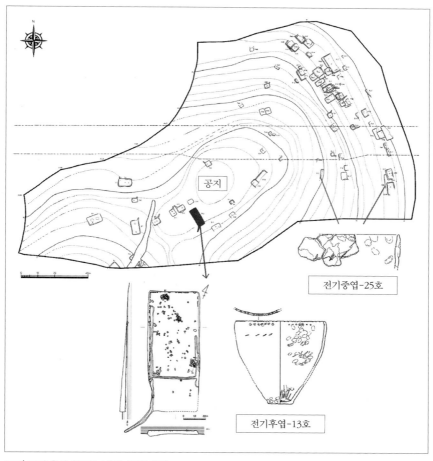

그림 32 | 울산 천곡동 산173-1번지 취락

성된 취락으로 주거지 91기, 수혈 11기, 구상유구 3기가 조사되었다. 구릉 정상부 중앙은 공지로 남겨져 있다.

주거지는 전기중엽~후엽에는 구릉 정상부 능선상에 장방형 주거지가 일정한 간격을 두고 축조되고, 울산식 주거지가 축조되는 중기에는 동쪽 구릉의 완만한 사면에 군집을 이루어 배치되는데, 중복이 심한 편이다.

4) 전기후엽 취락

(1) 주거공간으로 구성된 취락

강릉 방내리 취락 주거군 B는 능선의 중앙부에 위치하며, 유물은 공렬토기, 적색마연토기 등이 출토되어, 복합문이 출토되는 A주거군 보다는 늦은 단계의 주거지들이다. 주거지간 배치는 중형 1기(8호), 중형 1기(7호)와 중형 1기(8호)가 인접한 형태, 대형 1기(5호) 등 4기가 하나의 주거군을 이루어 열상으로 분포한다.

경주 화천리 산251-1번지 취락은 동일한 구릉에 청동기시대 전 기간에 걸쳐 주거지가 조성되었다. 화천리 취락은 전기후엽에는 구릉의 정상부 능선을 따라 대형의 장방형과 중형의 장방형 주거가 일렬과 병렬 형태로 배치된다.

(2) 주거공간+분묘공간으로 구성된 취락

강릉 방내리(江原文化財研究所 2010) 취락은 강릉대 박물관에서 조사한 방내리 유적과 곡간을 사이에 두고 북쪽에 위치한 동-서로 펼쳐진 해발 40m의 구릉에 입지한다. 주거지 15기, 수혈 2기, 석관묘 1기가 조사되었다.

주거지의 평면형태는 장방형과 방형이며, 분포는 능선상을 따라 주거지 2~3동이 한 개의 주거군을 이루는 배치양상을 보인다. 대형인 7호는 개인 주거지 보다는 공동 작업장 등의 공공 건물지로 판단된다.

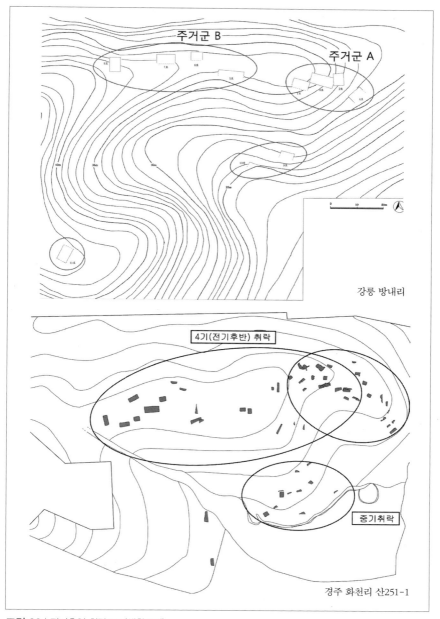

주거군 B

주거군 A

강릉 방내리

4기(전기후반) 취락

중기취락

경주 화천리 산251-1

그림 33 | 전기후엽 취락구조(생활공간)

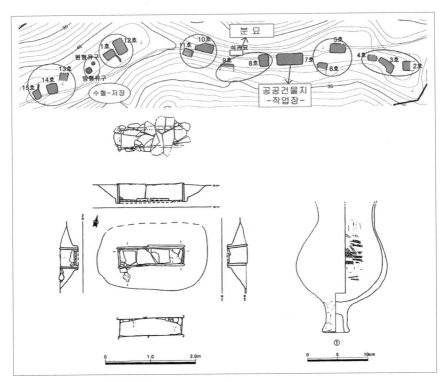

그림 35 | 강릉 방내리(강문) 취락

    분묘인 석관묘는 주거군 사이에 분포한다. 방내리 석관묘 출토 대부장경
호는 강릉 교동 1호 출토 대부장경호와 속초 조양동 3호 출토 대부단경호의
중간 형태로 전기 중엽에 편년되어, 주거지 보다는 이른 시기에 축조되었을
가능성도 있다.

    포항 초곡리 취락(영남문화재연구원 2014)은 초곡리 취락(영남문화재연
구원 2002)의 북동쪽에 인접한 구릉에 위치하며, 전기후엽부터 중기에 조
성된 취락이다. 주거군과 주거군 사이는 공지로 남겨져 있는데, 특히 북쪽
구릉의 초대형 주거지인 53호와 1호 석관묘 사이가 가장 넓은 형태의 공지
로 조성된 것으로 보아 주거공간과 분묘공간이 구역을 달리하여 조성된 것

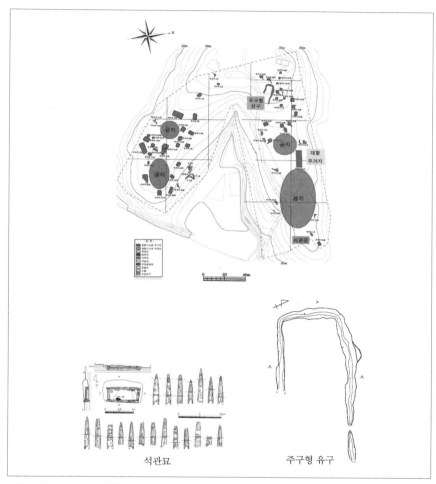

그림 35 | 포항 초곡리 취락(영남문화재연구원 2014)

으로 판단된다.

　한편 의례유구인 주구형 유구는 다른 취락과 마찬가지로 구릉의 가장 높
은 곳에 장방형의 형태로 조성되어 있다.

　울산 천곡동 가재골Ⅲ 취락은 전기중엽에는 구릉 정상부 능선상에 장방

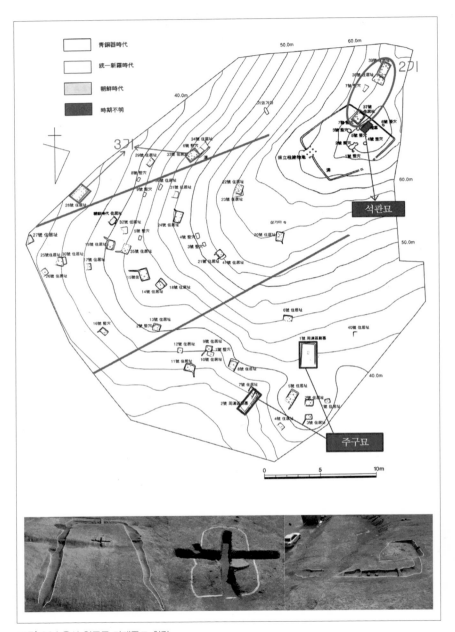

그림 36 | 울산 천곡동 가재골Ⅲ 취락

형 주거지가 배치되고, 전기후엽에는 능선 사면에 배치된다. 분묘인 석관묘
는 구릉 정상부, 주구묘는 동쪽 구릉 사면에 등고선과 직교하여 위치한다.
주구묘의 평면형태는 장방형의 'ㄷ'자형으로 잔존하고 있으며 7호 주거지
와의 중복관계를 통하여 주거지보다 앞서 조영된 것으로 판단된다. 주구 내

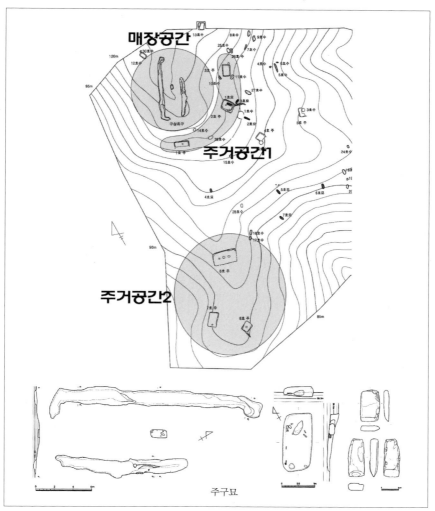

그림 37 | 울산 중산동 약수 I 취락

부에서 단사선공렬문토기가 출토되어 전기후엽에 축조된 분묘로 판단되며, 석관묘는 출토유물이 없어 축조 시기는 알 수 없다. 가옥장과 관련된 적석 주거지는 대부분(15동) 구릉 하단부에 위치한다.

울산 중산동 약수 I 취락은 주거공간과 분묘공간으로 구분된다. 주거지는 구릉능선을 비워두고 양사면에 등고선을 따라 열상으로 배치되기 시작한다. 분묘인 주구묘는 구릉 정상부에 위치하여, 주거지 보다 높은 곳에 입지한다.

주구묘 중앙의 매장주체부로 판단되는 수혈유구는 평면 장방형이며 장축 방향은 등고선과 직교한다. 내부에서는 석부 2점이 출토되었다.

5) 중기 취락

동해안지역 청동기시대 중기 취락에서도 다른 지역과 마찬가지로 주거, 수혈 등의 생활공간, 굴립주건물 등의 저장공간, 분묘공간, 생산공간, 구획공간, 의례공간 등의 다양한 취락 공간구성 요소가 조성된다.

(1) 주거공간으로 구성된 취락

울산 산하동 취락(울산문화재연구원 2014)은 구릉에 위치한 A · B · D~ G지구에서는 주거지만 조사되었다.

A · B지구는 구릉 능선의 주거지 밀집도가 상대적으로 낮은 편이며, 사면에 울산식 주거지 2~4동이 군집하여 조성되었다. D · F지구는 구릉 사면에 울산식 주거지가 소규모 군집을 이루며 능선을 둘러싸는 형태로 배치된 양상이 보인다.

주거지는 구릉의 능선을 비워두고 사면에 열상 또는 소규모로 군집하여 배치되는 양상을 보인다.

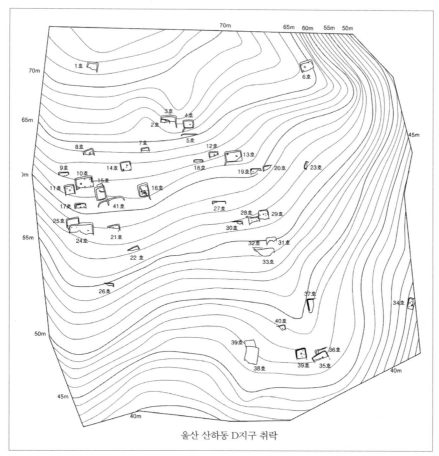

울산 산하동 D지구 취락

그림 38 | 울산 산하동 D지구 취락

(2) 주거공간+분묘공간으로 구성된 취락

양양 포월리 취락은 해발 30m 높이의 낮은 구릉의 길이 약 700m의 능선 상에서 주거지 12기가 조사되었다. 동-서로 길게 뻗은 구릉지역에 약 400m 씩의 간격을 두고 개별적 형태로 3~4개의 주거지가 1조를 이루는 3개의 주 거지군으로 분포하고 있다.

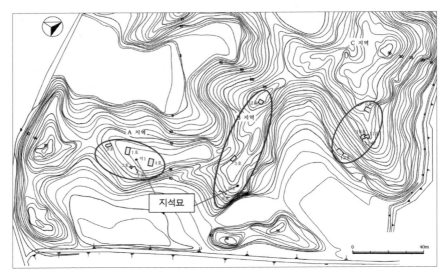

그림 39 | 양양 포월리 취락

A군은 서쪽 구릉 능선부에는 5기의 주거지가 확인되었다. 이 중 중복된 주거지(7호, 3호)가 확인된 관계로 동시기에 4기의 주거지가 약 10~20m의 거리를 두고 개별적으로 존재한다.

B군은 중앙에 위치한 구릉부에 1기가, 사면에 2기가 위치한다. 주거지는 중복없이 확인되어 동시기에 3기의 주거지가 약 30~40m의 거리를 두고 개별적 형태로 존재한다.

C군은 동쪽 능선부에는 주거지가 없고 남쪽 사면에 지역에는 5기의 주거지가 위치한다. 이 중 중복된 주거지(10호, 11호, 12호)가 확인된 관계로 동시기에 3기의 주거지가 약 20m의 거리를 두고 개별적으로 존재한다.

한편 분묘인 지석묘는 구릉사면 하단부에서 하부구조만 남은 상태로 2기가 확인되었는데, 각각 A군과 B군의 주거지 주변에 분포하고 있다.

포항 호동 취락은 호동 1지구의 경우 주거공간과 분묘구역이 분리되어 위치하는 양상을 보이며, 주거지는 구릉 정상부와 능선부 중앙부분을 공지

로 두고 사면에 배치된다. 호동 2지구 취락 역시 구릉정상부를 공지로 남겨
두고 능선을 따라 4개군으로 구분되어 주거가 배치된다. 주거지 13~38호는
연접하여 축조되었다. 구상유구 1·2·3은 주구형 유구로 각각의 주거군에
분포하고 있다. 호동Ⅱ-29호 주거지에서 20대와 30대에 해당하는 남성 2인

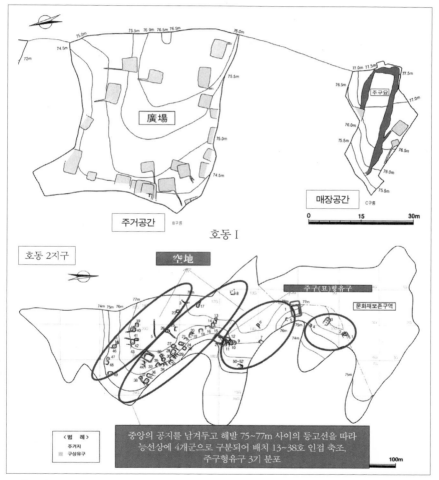

그림 40 | 포항 호동Ⅰ·Ⅱ취락

이 나란히 신전장된 가옥장으로 보고되었고, 2차장한 풍습으로서 인골을 바르게 안치하고 가옥에 점화하여 화장한 것이라고 판단하고 있다.

경주 황성동 취락은 형산강중류역의 충적지에 위치한 취락이다. 주거는 전기후엽부터 중기후반까지 장기간에 걸쳐 조성되었지만, 각 단계별 주거의 숫자는 적은 편[33]이다. 전기 후반에는 강에 인접하여 세장방형 주거가 축조되고, 중기부터는 안쪽으로 이동하여 주거가 축조되는데. 중기전반에는 '라'지구에 주거가 축조되며, 중기후반에는 중앙지역에 주거가 축조된다.

중기에는 주거공간과 분묘공간으로 구분된다. 묘역 공간에는 강에 인접

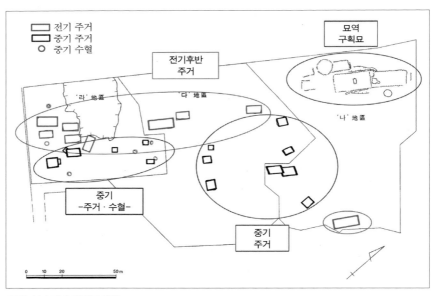

그림 41 | 경주 황성동 취락

---

33) 전기후엽에는 황성동 나-1 · 라-1호 II다-1호 세장방형주거지, 라-5 · 9 · 12호, 중기전반에는 나-3호, II다-9호, 라-6 · 7호, 중기후반에는 황성동 라-8호, 황성동 I다-13호, II다-9호가 축조된다.

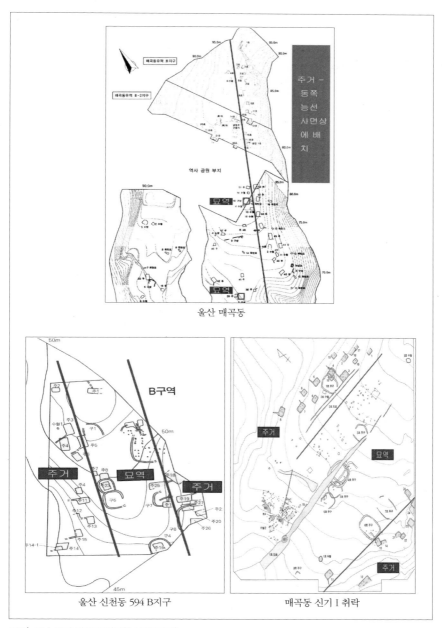

주거 - 동쪽 능선 사면상에 배치

울산 매곡동

울산 신천동 594 B지구

매곡동 신기 I 취락

그림 42 | 중기 취락구조(생활＋분묘공간)

하여 묘역지석묘가 축조된다. 황성동 나지구 묘역지석묘는 14호 석곽묘와 16호 석열유구가 병렬형태로 위치하고 있다. 14호 석곽묘는 매장주체부가 확인된 묘역지석묘이다. 이외에 장방형 4기, 원형 1기가 확인되었으나 매장주체부는 확인되지 않았다.

울산 매곡동·신천동 594 B지구·매곡동 신기 I 취락은 주거공간과 묘역, 중앙의 공지인 광장으로 구분된다. 주거지는 구릉능선을 비워두고 양사면에 등고선을 따라 열상으로 배치되기 시작한다. 묘역에는 주구형 유구가 군집을 이루어 확인되는 차이를 보인다. 구릉 중앙부는 공지로 남겨져 광장이 형성된다.

(3) 생활+저장+생산공간으로 조성된 취락

포항 이인리 취락에서는 주거지 11기, 수혈유구, 구상유구, 경작유구 3기, 주혈군이 조사되었다. 주거지는 구릉 말단부 사면에서 확인되며, 평면형태

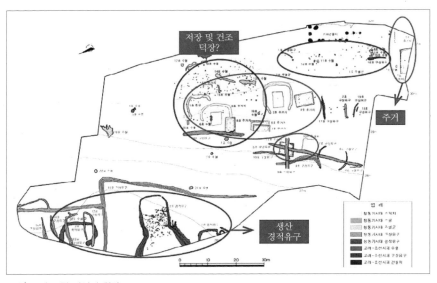

그림 43 | 포항 이인리 취락

는 장방형과 방형을 띤다. 주거지의 배치는 남서쪽에 장방형 주거지 1 · 2호, 중앙부에 3~9호, 서쪽 사면에 10, 11호가 위치한다. 5호와 9호에는 외구가 설치되어 있다. 주거지 뒤편 상단부에는 수많은 부정형 주혈군이 위치하고 있는데, 이러한 주혈군을 어망 건조 또는 어류를 장기간 건조하는 건조시설, 즉 현재의 덕장과 같은 시설로 판단된다(이동주 · 장호진 2012).

경작유구는 구릉 말단에 위치하고 있어, 하천의 배후습지에 조성된 부정형의 소구획된 논으로 판단된다.

(4) 생활＋저장＋분묘＋의례공간으로 조성된 취락

울산 산하동 37번지 취락에서는 주거지 12기, 굴립주건물지 24기, 주구형 유구 21기, 수혈유구 6기, 구 12기가 조사되었다. 주거는 전지역에 2~3기 정도가 군집을 이루거나, 단독으로 분포하고 있다. 주거지에서는 단사선, 공렬문토기, 일단경식 석촉이 출토되었으며, 방형의 7호에서는 횡선파수, 주구형 유구에서는 구순각목공렬, 공렬문토기, 환상석부(15호), 일단경식 석촉이 출토되었으며, 구상유구에서는 공렬문과 단사선문, 무문토기, 어망추 등이 출토되어 주거지와 굴립주건물지, 수혈유구, 구상유구는 비슷한 시기에 축조된 것으로 판단된다. 주구형 유구는 대부분 단구평탄면에서 군집을 이루어 분포하고 있으며, 일부는 단독으로 분포한다. 유적 전체에서 확인된 구는 공간을 구획하는 역할을 했던 것으로 판단되는데, 주거지 3동이 입지한 남동쪽 지역과 주구형 유구 2와 굴립주건물지 1 · 2 · 23이 위치한 지역 사이에는 구 2가 설치되었고, 중심부에 입지한 주구형 유구 10~15와 남쪽 하단에 입지한 주거지 7호, 주구형 유구 3 · 4, 굴립주건물지 3 · 4 · 5 · 6 사이에는 구 9과 구 10이 설치되어 구획되었으며, 남서쪽에 위치한 주구형 유구 5~7과 굴립주 건물지 9~10도 구 4에 의해서 구획된 것으로 판단된다.

단구면에 위치한 울산 산하동 C지구(울산문화재연구원 2014)에서는 주거지 27동과 함께 주구형 유구 11기, 구상유구 10기가 조사되었다. 단구면 중심부에는 주구형 유구가 집중적으로 분포하고 있어, 묘역으로 추정되며,

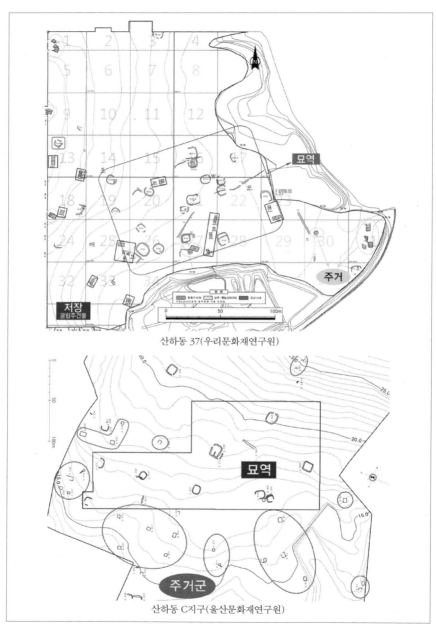

산하동 37(우리문화재연구원)

산하동 C지구(울산문화재연구원)

그림 44 | 산하동 취락(생활＋저장＋분묘공간)

남서쪽에는 지석묘 2기가 위치한다. 주구형 유구 11기는 해발 15~21m 사이의 평탄면에 집중 분포하는데, 평면형태는 말각방형을 띠며, 한 면이 개방된 형태이다. 분포상으로 보면 대형이 상단에 위치한다. 주거지는 서쪽 상단부에 2기(2 · 3호)가 위치하고, 동쪽에 위치한 단구면 하단부 4개의 능선상에 주거지가 분포하지만 밀집도는 낮은 편이다.

(5) 생활+환호(의례)공간으로 조성된 취락

울산 명산리 취락에서는 주거지 17기, 환호 1기가 조사되었다. 주거지는 대부분 서쪽 능선상에 조성되었는데, 1호 구에 의해서 공간 분할되어 각각 북쪽에 3기, 남쪽에 7기가 위치한다. 한편 환호 안에도 2기가 조성되었지만, 환호와 인접하여 축조되었기 때문에 동시기가 아닌 것으로 판단된다.

환호는 해발 31~35m 사이에 위치하며 평면형태는 장타원형이다. 출입구는 3곳에서 확인되며, 목책시설은 확인되지 않았다. 명산리 환호의 성격은 환호 안에서 심발형과 호형의 공렬문, 낟알문토기와 무문토기 등의 토기와 할석들이 출토되었고, 목책시설이 확인되지 않는 점으로 보아 청동기시대 중기후반에 조성된 의례와 관련된 공간으로 판단된다.

울산 송정동 취락에서는 청동기시대 환호 1기를 비롯하여, 청동기시대 주거지 3기, 청동기시대 수혈유구 34기가 조사되었다.

송정동 청동기시대 환호는 구릉의 가장 높은 곳에서부터 완만한 경사를 이루는 사면부까지 해발 80~90m에 걸쳐 조성되었다. 전체적으로 동쪽에서 서쪽으로 경사져 내려가는 형태이며 평면형태는 원형에 가깝다. 전체 규모는 남북이 64m, 동서가 68m로 환호의 폭은 2~5.3m이며, 깊이는 0.6~1.8m 정도이다. 출입구는 남서쪽으로 1개소가 확인되었는데 이 부분은 구를 파지 않고 원지형을 그대로 남겨두어 환호 내부와 외부로 연결하는 통로로 사용하였던 것으로 판단된다.

청동기시대 수혈유구는 총 34기가 확인되었으며, 평면형태는 원형 또는 타원형이다. 특히 환호 안에서 5~8개가 군집을 이루며 분포하며, 일부 토

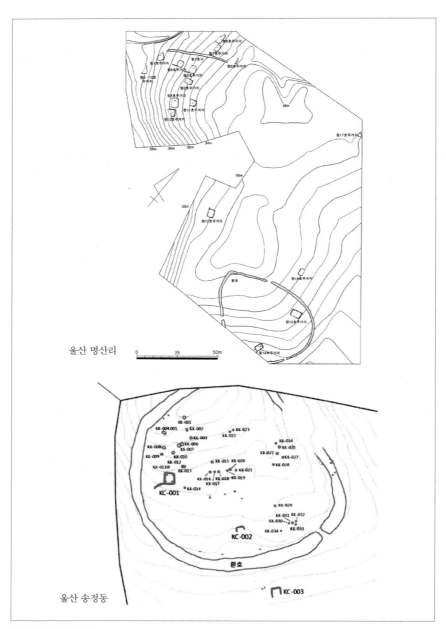

울산 명산리

울산 송정동

그림 45 | 환호취락

기가 직치되어 매납된 양상(KK-014 · 028 · 029 · 033호)이 확인된다. 또한 토기 편이 바닥면에서 약 20~30cm 떨어져 층층이 쌓여 매납되기도 하였다. 유물은 호형토기 구연부 및 무문토기 저부편, 유구석부 등이 확인되었다. 명산리 환호 내부에 일정한 거리를 두고 군집되어 있는 수혈군은 주변 취락들이 환호 내부에서 공동으로 제의를 끝내고 개별 취락별로 토기(제물)를 매납한 형태로 판단된다.

6) 후기 취락

취락 양상은 생활공간으로 구성된 취락, 생활공간 + 분묘공간으로 구성된 취락, 생활 + 의례공간, 생활공간 + 생산공간 + 환호(의례)공간 + 분묘공간으로 구성된 취락으로 분류된다.

(1) 생활공간으로 구성된 취락

고성 송현리C 취락은 사천천 북쪽에 바로 인접한 취락이다. 북쪽으로는 송현리B 취락이 위치한다. 주거지 25기, 수혈유구 11기 등 모두 36기의 유구가 조사되었다. 주거지는 2개의 가지 능선을 따라 반원형태의 열상으로 약 5~10m의 간격으로 분포하고 있으며, 사면(C-6 · 13 · 28 · 29호)에도 산발적으로 분포하고 있다.

동-서로 뻗어 내린 가지 능선상에 위치한 취락I, 남-북으로 뻗어 내린 가지 능선에 위치한 취락II로 소형 취락이 능선을 달리하여 2개 구역으로 분포하고 있다.

주거군은 취락I에는 구릉 정상부에서 중앙의 비교적 넓은 평탄면에 조성된 형태로 장방형의 중형 주거지인 C-3호를 중심으로 열상으로 분포된 A군(3 · 5 · 8 · 9호), 서쪽에 위치한 장방형 주거지인 C-13호를 중심으로 열상으로 분포된 B군(10 · 11 · 12 · 37호) 등 2개 군으로 조성되어 있다.

취락II에는 남쪽 능선부에 주거지 3동으로 이루어진 A군(15 · 16 · 17호),

주거지 4동으로 이루어진 B군(2 · 20 · 21 · 35호), 주거지 4동으로 이루어진 C군(22 · 23 · 24 · 25호) 등 3개의 주거군으로 구성되어 있다. 송국리식 주거지인 C-10호와 C-11호(노지 양변에 주공이 위치한 형태) 주거지는 소형으로 A군에, C-21호(중심주혈 2개만 확인된 형태)와 C-24호는 중형으로 B군에 속해 있다.

수혈유구는 중형 주거지인 2호와 24호 주변에 각각 2기, 나머지는 주거지 주변에 각각 1기가 분포한다.

강릉 방동리B 취락은 중기 취락인 방동리A 취락과 곡간지대를 경계로 남쪽에 위치한다. 남서쪽에서 뻗어 내려오는 해발 83.4m의 구릉이 북동쪽으로 이어지면서 남쪽과 북쪽으로 구릉의 능선이 갈라진다. 구릉의 남쪽과 동쪽으로는 곡간 평지가 발달되어 있다.

방동리B 취락은 주거와 저장공간인 수혈로 구성된 취락이다.

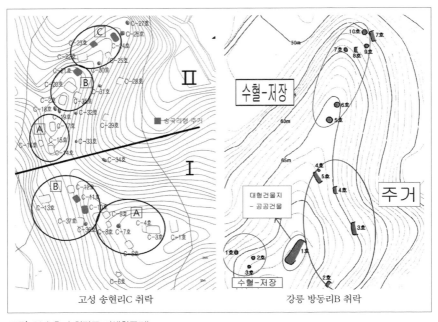

고성 송현리C 취락　　　　　강릉 방동리B 취락

그림 46 | 후기 취락구조(생활공간)

주거지는 해발고도 71.5m의 구릉 정상부에 위치한 초대형(127m²)의 1호 주거지(대형의 공공건물지)를 중심으로 해발 65~70m 사이의 능선상에 4동의 주거지가 열상으로 배치되어 있고, 7호 주거지는 해발 50m의 능선 하단에 위치한다. 수혈은 구릉 정상부에 3기, 능선상에 2기, 하단부에 5기 등 분산되어 위치한다.

경주 모량리 취락은 화천리 산251-1번지 취락과 인접한 구릉에 위치한다. 화천리 취락과 마찬가지로 동일한 구릉에 전기후엽부터 후기까지 조성된 취락이다.

보고서에는 34호와 43호 주거지를 초기철기시대로 분류하였지만, 전체적인 주거지의 규모와 구조로 볼 때 동쪽사면에 조성된 주거지들은 원형점토대토기단계의 주거지[34]로 판단된다. 취락형태는 중복된 주거지[35]를 제외하

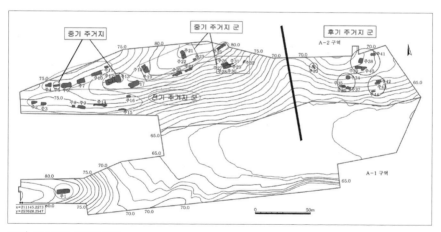

그림 47 | 경주 모량리 취락

34) 한편 A-1구역 1호 주거지를 두형토기가 출토되어 철기시대 주거지로 보고하였지만, A-1호 주거지는 세장방형 주거지이며, 두형토기는 전기에 해당하는 형태이다.
35) 중복된 주거지 중 선축된 35호〉36호, 39호〉40호도 주거지의 규모나 출토유물로 보았을 때 시기적인 차이는 없는 것으로 판단된다.

면 주거지 3동이 하나의 주거군을 이루고, 전체 3개의 주거군으로 이루어진 소형취락의 형태로 추정된다.

고성 송현리B 취락은 사천천 북쪽에 위치하는 취락이다. 남쪽으로 50m 지점에는 송현리C 취락이 위치한다. 주거와 저장, 분묘가 확인된 취락이다. 주거지는 해발 40~45m의 능선 정상부를 중심으로 동-서 능선을 따라 열상으로 9기의 주거지가 5~10m의 간격으로 분포하고 있으며, 남쪽 사면에는 단독으로 축조된 10호, 12호, 14호가 위치한다. 능선상에 분포하는 주거지는 4~5동으로 구성된 2개의 주거군으로 구성되어 있다.

주거지 중 B-10호 주거지의 중앙에는 타원형의 수혈 양쪽에 주혈이 위치하는 송국리식 주거지의 형태를 띠고 있다. 수혈유구는 1기로 B-10호와 인접하며, 토기편 및 화살촉이 출토되었다. 분묘인 석관묘는 조사지역의 남쪽 경사면에 인접한 B-14호 주거지와 인접하여 위치하고 있다.

송현리D 취락은 주거지와 수혈, 분묘로 구성된 취락유적으로 주거지 18동, 수혈 17기, 석관묘 3기가 조사되었다.

주거지는 해발 45m의 구릉 정상부에서 각각 북쪽으로 뻗은 가지능선부에 1기, 서쪽으로 뻗어 내린 능선상에 12기, 사면에 1기, 동쪽으로 뻗은 능선상에 3기, 사면에 1기가 존재한다. 주거군은 서쪽 능선부 중앙에 열상으로 분포된 주거지 5동으로 조성된 주거군, 서쪽 구릉능선에 위치한 장방형 주거지 17호를 중심으로 열상으로 위치한 주거지 4동으로 이루어진 주거군, 동쪽 구릉 능선상에 주거지 3동으로 위치한 주거군 등 전체 3개의 주거군을 이루고 있다. 일부 주거지는 능선상과 사면에 1기씩 산발적으로 분포하고 있다.

수혈유구는 북쪽 능선에서 4기, 서쪽 능선 하단부에서 8기, 남쪽 능선부 지역은 동쪽의 급경사면에 3기, 능선상에 1기, 사면 끝자락에 2기가 조사되었다.

분묘인 석관묘 1호와 2호는 남쪽으로 뻗은 구릉 정상부에 위치하며, 3호는 남쪽 사면에 위치한다. 1호와 2호는 개석이 남아 있는 상태로 확인되었다.

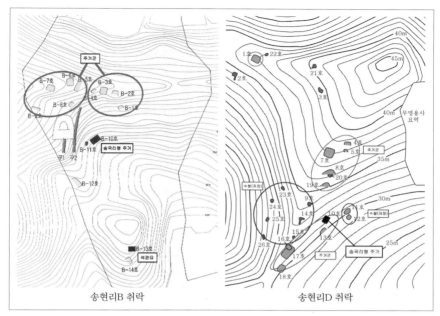

| 송현리B 취락 | 송현리D 취락 |

그림 48 | 고성 송현리 취락(생활＋분묘공간)

　고성 초도리 취락이 위치한 구릉 동쪽으로 화진포호가 위치한다. 북쪽 1km 지점에는 철통리 취락이 위치한다. 화진포호와 인접한 구릉에서는 전기에 해당하는 유물산포지와 다수의 지석묘군이 확인되고 있다.

　초도리 취락은 남서쪽에 위치한 고성산은 해발 179m에서 동쪽으로 뻗어 내린 구릉이 서쪽에서 각각 북쪽으로 이어지는 구릉과 현재의 화진포 쪽으로 이어지는 남쪽 구릉으로 양분되어 펼쳐져 있다. 초도리 취락은 동쪽의 화진포호에서 약 500m 거리에 위치한다.

　초도리 취락은 주거와 저장공간인 수혈, 분묘로 구성된 취락이다. 주거지는 서쪽 산지에서 화진포 호수쪽으로 뻗어 내린 해발 40m를 정점으로 동쪽으로 낮아지는 구릉 능선부에서 6동, 북동쪽 사면에서 2동, 동쪽 구릉 하단부 평탄면에 4동, 남쪽 사면에서 3동이 분포한다.

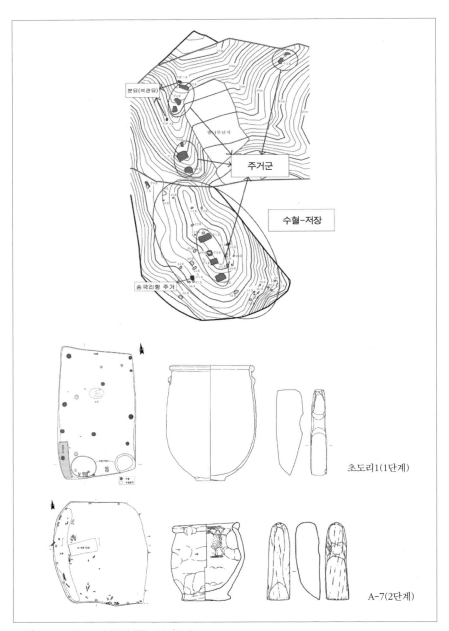

분묘(석관묘)

주거군

수혈-저장

송국리형 주거

초도리1(1단계)

A-7(2단계)

그림 49 | 고성 초도리 취락(생활＋분묘공간)

북동쪽 사면에 위치한 주거지 2동으로 구성된 주거군, 가장 높은 곳에 축조된 장방형 주거지인 A-3호를 중심으로 열상으로 분포한 주거군, 대형의 말각방형 A-7호를 중심으로 열상으로 분포한 주거군, 장방형인 중형주거지(1호)·방형의 소형 주거지 2동(2·3호)·방형의 중형 주거지 1동(4호)이 능선상에 일렬로 배치된 주거군 등 4개의 주거군으로 조성되었으며, 3기는 남쪽 사면에 분산되어 위치한다.

장방형의 주거 형태와 내부구조(벽구, 저장공), 출토유물을 볼 때 동쪽 구릉 하단부 해발 23~26m의 평탄면에 조성된 주거지 4동이 먼저 축조되고, 구릉 능선상에 주거가 축조된 것으로 판단된다.

주거지 중 중간부에 위치한 A-7호 주거지는 말각방형으로 현재까지 조사된 점토대토기 주거지[36] 중 가장 장축이 길며, 면적은 대형에 속한다. 한편 남쪽 사면에 위치한 5호는 송국리형 주거지로 중앙에 타원형 수혈이 없이 주공만 확인되는 형태이다. 수혈유구는 능선상의 주거지와 인접한 북쪽 사면과 북동쪽 사면에서 다수 분포하고 있다. 분묘인 석관묘는 구릉 능선부에 2기가 축조되었는데, 1호는 3호 주거지 위에, 2호는 5호 주거지 하단에 각각 분산되어 분포한다.

(3) 주거+의례공간으로 구성된 취락

경주 화천리 산251-1번지 취락은 후기에는 주거, 수혈유구, 주구형유구, 제단, 구상유구, 폐기장 등이 확인되어, 주거와 저장, 의례공간이 조성된 취락이다. 주거지는 북동쪽 구릉부에는 부정형이 많고, 남동쪽 구릉사면에는 모두 장방형이다. 능선에는 주거지 2동으로 분포하는 주거군(6·7호), 주거지 3동이 열상으로 분포하는 주거군(1~3호), 남동쪽 사면에 위치한 주거지 3동으로 구성된 주거군 등 3개의 주거군으로 구성되어 있다.

---

36) 강릉 방동리 B-1호 주거지는 15.8m, 폭 8m 크기로, 주거지의 용도보다는 공공 회의소 역할을 했던 유구로 여겨진다.

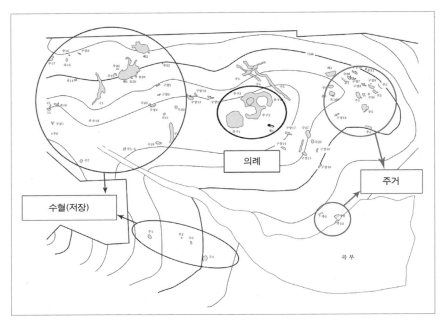

그림 50 | 경주 화천리 산251-1번지 취락(생활＋의례공간)

　수혈은 북서쪽 구릉 능선과 남서쪽 구릉 사면에 분포한다. 형태는 원형, 타원형, 말각방형, 부정형으로 다양하다.

　의례공간으로 추정되는 주구형 유구는 4기가 확인되었다. 위치는 주거지 등과 분리된 공간인 북쪽 중앙의 최정상부에 위치한다. 평면형태는 원형에 가깝고, 단면은 U자형이다. 일부 단절된 구간은 출입시설로 보인다. 주구형 유구와 인접하여 제단시설이 위치한다.

　최근 영동지역 삼척 성남동(江原考古文化研究院 2014)에서도 의례유구로 판단되는 환구가 조사되었다.

　성남동 환구는 구릉 정상부와 정상부 사면에 위치하며, 평면형태는 부정형에 가깝고, 내부로 출입이 가능하도록 단절된 것과 연속된 것, 노두 주변에 짧은 구를 다수 배치한 부정형이 확인된다.

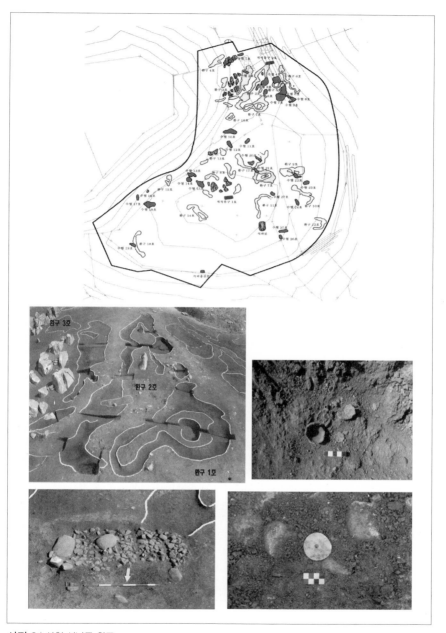

사진 6 | 삼척 성남동 환구

환구는 내부시설과의 조합에 따라 노두+환구, 수혈+환구, 무시설+환구로 분류하였으며, 환구 내부에서는 소형의 무문토기들과 석영 결정 조각들이 출토되었다. 소형의 무문토기들은 춘천 천전리유적 A구역 5호 주구묘와 창원 남산 환호유적 등에서 출토되었다. 또한 환구와 관련된 제단시설로 추정되는 적석유구 2기가 조사되었다.

(4) 주거+환호(의례)+분묘공간으로 구성된 취락

방동리C 취락은 방동리B 취락의 남서쪽에 인접한 구릉 정상부에 위치한다. 구릉 정상부는 해발고도 99.6m로 주변일대의 구릉들 중 가장 높은 고지성 취락으로, 주거지 27동, 이중환호, 토기가마 2기, 분묘인 석관묘 2기가 확인되었다.

주거지는 대부분 평탄한 지형을 이루고 있는 능선의 남쪽 정상부에 대부분 위치하며, 급경사를 이루고 있는 동쪽과 서쪽의 사면에서 일부가 확인되는데, 대체로 해발 85~94m 정도에 분포한다. 환호 내부의 주거지는 크게 주거지의 주축방향으로 볼 때 두 가지 형태로 구분된다. 정상부에 인접해 능선부 중앙과 사면에 등고선과 평행한 방향으로 축조된 주거군(26호, 19~22호, 23~25호, 11~12호, 22호)과 환호와 인접해서 등고선과 직교한 형태인 동-서 장축의 주거군[6호(말각방형)〉7호(장방형)〉8호(장방형), 10·13·14호(방형), 18호(말각방형)]이다.

방동리C 취락은 고지성 취락으로, 구릉 정상부는 공지로 남겨져 있으며, 주거공간은 비교적 평탄한 능선상에 방사상의 형태로 위치한다. 생산유구인 토기가마는 환호 안에 위치하고, 저장공간인 수혈은 이중환호 사이에 위치한다. 평탄한 지형이 끝나는 남쪽 사면에는 내부에서 석구가 확인되어 방어 시설로 판단되는 환호를 이중으로 설치하였다. 분묘인 석관묘는 환호 밖과, 환호 안에 각각 1기씩 위치하고 있다. 강릉 방동리C 취락은 구릉 정상부의 비교적 평탄한 지형에 주거공간이 위치하고, 평탄한 지형이 끝나는 남쪽

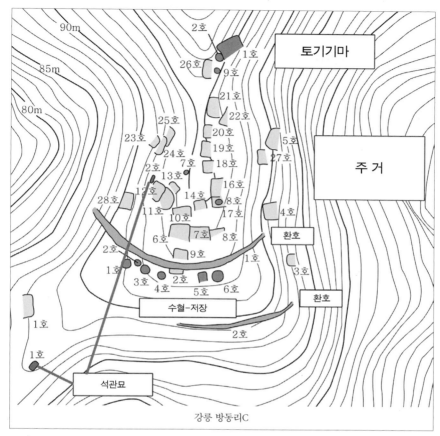

그림 51 | 강릉 방동리C 취락(주거＋환호(의례)＋분묘공간)

사면에 이중 환호를 설치하고, 환호와 가장 먼 곳에 생산유구인 소성유구가 위치하며, 분묘인 석관묘는 환호 안과 밖에 각각 1기씩 위치하는 취락구조를 보이고 있다.

방동리C 취락은 고지성 환호마을의 구릉 정상부에 유구가 확인되지 않은 부분이 동시기 유적에서의 공간사용방식을 고려할 때 의례공간으로 추정된다.

4. 취락의 변천

동해안지역 청동기시대 취락은 주거 내부구조(노, 저장공, 벽구, 외부돌출구)와 이중구연요소 성행, 공렬문 전통 지속, 유단식석검, 공구형석기, 동북형석도의 사용 등 출토유물의 유사성이 관찰된다. 이러한 동해안지역의 청동기시대 문화양상은 동일한 흐름과 맥락 속에서 전개된 것으로 판단된다.

동해안지역 청동기시대 취락은 하천과 바다가 합수되는 지역과 호안의 구릉지대에 위치하고 있어 해안선을 따라서 확산·정착되었다. 영동지역은 대부분 하천이나 호수 주변의 구릉지역에 위치하나, 남부동해안지역의 일부 취락(월포리·원동·충효동·황성동·금장리)은 충적지에 위치한다. 남부동해안지역 청동기시대 취락은 하천주변에 인접한 취락에서는 동일한 구릉과 충적대지 내에서 시간차이를 두고 장기간 점유되는 양상을 보이지만, 영동지역은 대부분 같은 시기의 취락이 조성되며, 취락의 점유기간은 길지 않다. 남부동해안지역 청동기시대 취락은 하천주변에 인접한 취락에서는 동일한 구릉과 충적대지 내에서 시간차이를 두고 장기간 점유되는 양상을 보인다. 반면에 해안지역에서는 전기에 해당하는 취락의 수가 적고, 주거는 소규모로 축조되다가, 울산식 주거가 중심이 되는 중기부터 주거가 증가하고, 대규모 취락이 조성된다.

동해안지역 취락의 공간구조에는 조기~전기에는 대부분 주거공간만 조성되며, 주거는 1~4동으로 취락의 규모는 작은 편이다. 전기후반부터 취락 내 주거수가 증가하면서 취락의 규모도 확대된다. 중기부터는 주거, 수혈유구, 굴립주건물, 무덤, 경작유구 등 취락 구성요소가 다양해진다. 후기 취락에서는 주거, 수혈, 구상유구, 토기가마, 분묘, 환호 등이 조성된다.

청동기시대 취락의 공간구조는 시간이 경과하면서 취락의 규모가 점점 커지고, 전기에는 상징적·영역표시적 성격의 분묘가 조성되고 집단묘가 등장한다. 중기는 취락 공간의 다양화와 기능분화, 그리고 분묘공간의 확대를 특징으로 하는데 정착 농경과 관련이 깊다. 후기가 되면 고지성 취락과

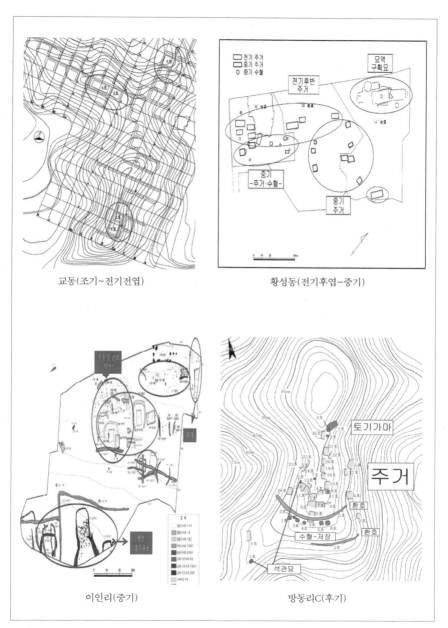

교동(조기~전기전엽)

묘역
구획묘

전기후반
주거

중기
-주거·수혈-

중기
주거

황성동(전기후엽~중기)

자성절건물
터??

석관묘

이인리(중기)

토기가마

주거

환호

수혈-저장

환호

석관묘

방동리C(후기)

그림 52 | 동해안지역 청동기시대 취락구조

의례공간이 부각되는데, 이는 수장의 권력과 종교적 제의를 행사하는 방식에서 지역적 특성이 반영된 것이다(이형원 2012).

동해안지역의 조기 취락은 남한지역의 조기 취락과 같이 돌대문토기가 출토되고, 대형·방형 주거에 석상위석식 노가 설치되는 미사리식 주거가 축조된다. 조기의 취락양상은 주거는 1~2동이 확인되어 소규모 취락으로 여겨진다. 현재까지 충효동 취락만이 조사된 상황이라 주거의 배치양상 및 취락구조를 검토하기 어렵다.

청동기시대 조기 취락은 주로 하천 주변의 충적대지에 입지하며 10동 이내의 방형 또는 장방형의 대형주거지로 구성되는 경향을 보인다. 확대가족의 공동생활이 주류를 이루는 양상이며 취락 사이의 위계는 아직 발견되지 않는다. 취락의 분포도 소규모 분산적 분포양상이라고 할 수 있다. 생업은 수렵, 어로, 밭농사 등을 취락의 주변 환경별로 서로 다른 비중 속에 결합하는 양상으로 보인다(이형원 2012).

청동기시대에 전기 취락은 주거지에 한정되어 있고, 분묘가 일부 확인되고 있으나, 농경 관련 유구들은 확인되지 않고 있어 전체적인 취락구조를 검토하기에는 아직 미비한 점이 많다. 남한지역 전기취락은 병렬구조(점상취락)의 양상을 보이는데 교동에서는 장방형 주거 1동, 방형 주거 1동이 구릉 능선에 일렬로 배치하고. 조양동 유적에서는 주거지 2~3동이 구릉을 따라 일렬, 병렬, ㄱ자형으로 배치되며, 3개의 주거군이 존재하는 양상을 보인다.

남부동해안지역의 현재의 포항지역을 중심으로 한 해안지역의 청동기시대 취락의 시기별 분포양상은 조기에 해당하는 취락은 현재까지 확인되지 않는다. 전기전엽에 해당하는 장방형 주거에 석상위석식노(D-4호)와 주초석(D-6호)이 설치된 주거는 하천 주변 충적대지에 입지한 월포리 유적에서만 확인되었다. 복합문의 흔암리식 토기와 장방형 주거가 확인되는 전기중엽~전기후엽 취락은 대부분 포항지역의 하천주변 구릉(초곡리, 성곡리, 대련리, 인덕동)과 일부 충적대지(원동2지구 Ⅱ구역)에서 확인되며, 해안지역에서 유일하게 삼정1리 취락이 확인되었다. 중기 전반에는 공열 및 검단리식 토기가 출토되는 울산식 주거가 확인되며, 포항, 경주, 울산의 해안지역에 취락이 증가하며, 대규모로 확인된다(포항 구룡포 일대 취락, 울산 산하지구 취락, 정자동, 경주 어일리 취락). 중기 후반에는 횡선문토기와 울산식 주거가 중심으로 대부분 울산 해안지역을 중심으로 확인되며, 포항지역에서는 소규모로 확인된다.

경주지역을 중심으로 하는 형산강유역 취락의 시기별 분포양상 돌대문토기가 출토되는 조기~전기전엽에는 하천 주변 충적지에서만 확인되며, 주거의 숫자는 적은 편이다. 전기중엽에는 형산강 중류역과 상류역의 복안천, 이조천 일대, 하류역 등 전역에 걸쳐 취락이 조성된다. 취락 내에 조성된 주거의 숫자는 10기 미만으로 소규모 취락에 해당한다. 전기후엽에는 형산강유역 전역의 구릉과 충적지에서 모두 확인된다. 주거 수가 증가하고, 취락의 규모가 확대되는 단계이다. 중기에는 울산식 주거가 중심이 되는 취락으로 구릉과 충적지에서 조성되며, 해안지역인 경주 어일리에서는 대규모로 취락이 조성된다.

동해안지역 청동기시대 중기는 송국리문화가 확인되지 않은 지역으로, 각각 영동지역은 포월리유형, 남부동해안지역에는 검단리유형의 문화가 전개되고 있다. 영동지역에서 현재까지 중기에 해당하는 취락은 포월리 취락과 방동리A 취락이 조사되었다. 중기의 포월리 취락에서는 일정한 거리를 두고 주거공간을 점유하는 면상취락의 양상을 보인다.

남부동해안지역은 청동기시대 중기가 되면 취락 내에 주거 이외에 저장, 분묘, 의례공간, 환호 등 취락 공간구성요소가 증가된다. 경주 어일리, 울산 산하동 등 해안지역에 울산식 주거가 중심으로 축조되는 대규모 취락이 형성된다. 경주 어일리 취락은 동해안지역에서는 가장 대규모의 취락이 조성되었다.

울산 산하동 취락은 각각 구릉(정자동, 산음, 산하지구 울산문화재연구원 조사지역 A, B, D~G구릉), 해안단구면(울산문화재연구원 조사지역 C지구, 산하동 Ⅰ~Ⅳ, 산하동 37)에서 확인되며, 구릉에서는 주거가, 해안단구면에서는 주거와 굴립주건물, 구상유구, 석관묘, 주구형 유구 등이 조사되어 입지 차이에 따라 각각 조성된 유구의 차이가 확인된다.

　동해안지역 원형점토대토기 단계 주거의 형태는 초기에는 재지계 주거 전통인 장방형 및 울산식 주거의 변형 형태가 축조되고, 점차 말각방형, 방형 등의 방형계가 축조되며, 일부 원형 주거도 축조된다. 주거지의 배치는 능선상에 동심원 및 열상으로 배치되며, 사면에도 일부 배치된다.

　청동기시대 취락구조의 변화는 농경형태의 변화와 상응하는데, 조기~전기중엽까지의 점상취락이 2~3동의 주거지로 구성되는 것은 비교적 많은 인원이 동원되는 수도작 보다는 화전이나 전작을 예상 할 수 있다. 남부동해안지역은 송국리문화에 비해 수도작이 활발하지는 않았지만 전기후엽부터 취락을 구성하는 주거지의 숫자가 증가하는 것은 농경형태의 변화와 관련 있을 것으로 보았다(李秀鴻 2012).

　중기 무렵에 중·대형취락이 출현하면서 위계와 기능을 달리하는 취락들이 중층 구조를 이루면서 일정한 연계망을 구성하였다고 한다. 방어 목적의 환호취락이나 대규모 분묘군이 부재한 중부지방을 포함한 동해안지역은 남부지방에 비해 결속을 유도할 만한 사회적 불만 요소들이 적었거나 적어도 집단간의 알력이 많지 않았음을 의미한다고 보았다(宋滿榮 2010).

　동해안지역 점토대토기단계의 취락은 초기에는 3~5동이 1~2개의 주거군을 이루며 소형취락을 이루다가, 점토대토기문화의 확산에 따라 취락의 규모도 3~4개의 주거군이 결집되어 중형취락(주거지 12~18동)으로 발전하는 양상을 보인다. 청동기시대 중기 보다는 단위취락의 규모가 줄어든 분산형 취락(이성주 2007)의 형태를 보인다고 판단된다.

IV. 동해안지역 청동기시대 취락의 분포정형

1. 취락의 분포양상

청동기시대 취락간 거리는 생업활동을 위한 농경지의 분포나 산맥이나 하천과 같은 자연적인 지형에 따라 다양한 변수가 나타난다. 취락의 입지

표 14 | 취락 분포정형 분석 대상

		지구	지역		
				구분	거리(km)
주거 / 주거군	단위취락	영동지역 -단절된 해안지역의 소하천과 호수 경계 남부동해안지역 -하천유역과 해안 경계	상위지역	동해안(영동/남부)	809(394.3)
			중위지역	영동지역	187.3
				남부동해안지역	207
			하위지역	고성지역	48
				양양지역	40.3
				강릉지역	42
				동해지역	57
				울진 · 영덕지역	98
				포항지역	49
				경주지역	22
				울산지역	38

선정에 있어 중요한 요소 중 하나인 가시권(조망권)은 취락의 경관과 밀접한 관련이 있으며, 주변지역이 넓게 조망이 가능한 지형에 입지함에 따라 방어에 유리하고, 주변지역에 자신들의 존재감을 나타내는 것을 의미한다(김종일 2006).

동해안지역 청동기시대 취락의 분포정형을 검토하기 위해서 상위개념인 '지역'을 상위지역, 중위지역, 하위지역으로 구분하고, 본고의 중점 연구대상 지역인 영동지역과 남부동해안지역인 중위지역을 중심으로, 양 지역의 현재의 하천 유역을 '지구'로 분류하여, 단위취락[37)의 분포정형을 살펴보았다.

표 15 | 취락 분포현황

지역	지구	지구간 거리(km)	취락 시기	대표 취락
고성	사천천~화진포호	11.6	전기/후기	사천리/송현리
	화진포호~북천	8.5	전기/중기	대대리
속초	북천~청초호	25	전기	조양동
양양	청초호~쌍천	5	전기	
	쌍천~남대천	7	중기/후기	포월리/북평리
	남대천~지경호	24	전기/후기	임호정리/지리
강릉	지경호~연곡천	8.5	전기/중기/후기	동덕리/방내리/송림리
	연곡천~사천천	3.5	중기/후기	방동리
	사천천~경포호	5	조기/전기/중기/후기	교동/안현동/유천동
	경포호~남대천	4.3	전기/후기	병산동/입암동
동해	남대천~낙풍천	18.5	중기	
	낙풍천~전천	17	전기/후기	효가동/지흥동
삼척	전천~오십천	8	후기	성남동
울진	부구천~남대천	15	중기	덕천리/나곡리 지석묘(탁자식)
	남대천~왕피천	1.5	중기	수산리
	왕피천~척산천	19.5	증기/후기	봉산리/정명리

---

37) 단위집단은 소비단위, 경영단위, 생산단위로 구분되는데, 이 중 소비는 취사생활을 기반으로 하는 일상생활, 경영은 경작 행위 자체, 생산은 당시의 생산수단, 즉 농경지의 개척과 운영을 의미한다. 하나의 취락에 있어 각각의 단위는 일치할 수 혹은 그렇지 않은 경우도 있다(近藤義郎 1959).

지역	지구	지구간 거리(km)	취락 시기	대표 취락
영덕	척산천~오십천	49	중기	우곡리 거석군
포항	오십천~월포천	18	전기/중기	월포리
	월포천~초곡천	16	전기/중기/후기	성곡리
	초곡천~기계천	9.5	전기/중기	내단리/문성리 지석묘(탁자식)
	초곡천~냉천	17	전기/중기	원동/호동
경주	형산강	64.3	조기/전기/중기/후기	충효동/갑산리/황성동/화천리
울산	동천강	27	전기/중기/후기	천곡동/연암동/매곡동
	태화강	46	조기/전기/중기/후기	구영리/신화리천상리/교동리
포항	구룡포 해안	11.7	전기/중기	삼정1리
경주	감포 해안	11.4	전기/중기	어일리/전촌리(묘역지석묘)
울산	산하 해안	7	전기/중기	산하동

지역(영역, 권역)의 개념은 문화적 유사성을 지닌 동시기의 집단이 점유한 지역을 의미한다. 주어진 지역 내의 일정한 환경조건 하에서 인간집단은 그 종족적 차이와는 상관없이 환경에의 적응과정에서 일련의 공통적인 반응을 하므로 주어진 지역 내에서는 집단의 기술적 기초뿐만 아니라 집단의 사회적 조직상과 세계관, 우주관도 유사한 특질을 보여 주는 경향이 있다 (이선복 1998).

'지구'는 하천유역의 자연지리적인 개념으로 설명되는데, 동해안지역은 대부분 태백산맥에서 동쪽으로 흐르는 하천유역의 인접한 구릉에서 단위취락이 조성된다. 영동지역은 석호인 호수 주변에도 취락이 조성되어 화진포호, 지경호, 경포호 주변을 포함하였고, 남부동해안지역은 구룡포 · 감포 · 산하 해안지역의 단구면에 조성된 취락도 '지구'의 분류 범주에 포함하였다.

1) 영동지역

태백산맥의 계곡에서 발원하는 이들 하천유역에는 구릉이 많고, 그 사이에는 약간의 평야지대도 전개되고 있으며, 해안선 부근에는 호수들이 발달되어 특수한 경관을 이루고 있는데, 강원 영동지역의 선사유적은 주로 이들 하천이나 호수주변의 낮은 구릉지대에 분포한다.

영동지역은 단절된 해안지역의 하천과 석호의 경계를 중심으로 구분하였다. 고성지역은 사천천 지구, 화진포호 지구, 양양지역은 남대천 지구, 지경호 지구, 강릉지역은 연곡천 지구, 사천천 지구, 경포호 지구, 남대천 지구로 구분된다.

한편 속초 청초호 지구(조양동 취락), 동해 전천 지구(지흥동, 효가동 취락), 삼척 오십천 지구(성남동 의례유구)는 취락 조사예가 적어 검토에서는 제외하였다.

(1) 고성 사천천 지구

고성 사천천 지구는 현재까지 전기의 단위취락인 사천리 취락, 후기의 단위취락인 송현리 취락 3개소가 조사되었다.

사천천 지구에서는 해안에 인접한 구릉에는 사천리 취락처럼 이중구연토기와 공렬문토기가 출토되는 전기의 취락이 조성되고, 후기의 취락들은 전기 취락이 입지한 구릉에서 약 200m 내륙으로 들어가 조성되어, 전기에 조성된 취락과는 일정한 거리를 유지하고 후기의 취락들이 조성된 것으로 판단된다.

후기의 송현리 취락은 사천천을 중심으로 직선거리로 약 2km정도 범위 안에 북쪽에 2개의 취락, 남쪽에 1개의 취락 등 세 개의 단위취락이 조성되었다. 송현리 취락은 사천천 북쪽에 먼저 조성되어, 점차적으로 남쪽으로 취락이 확대된 것으로 판단된다.

(2) 고성 화진포호 지구

고성 화진포호 일대에는 남동쪽에 위치한 구릉에 봉평리 취락을 비롯한 전기의 취락이 먼저 조성되고, 중기에는 서쪽 구릉 지역에 취락과 지석묘군이 조성된다. 현재까지 지표조사된 유물산포지는 5개소로, 공렬문토기편

그림 53 | 고성 사천천 지구 청동기시대 취락

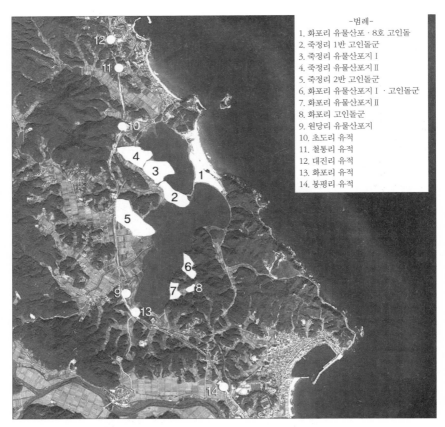

-범례-
1. 화포리 유물산포 · 8호 고인돌
2. 죽정리 1반 고인돌군
3. 죽정리 유물산포지 Ⅰ
4. 죽정리 유물산포지 Ⅱ
5. 죽정리 2반 고인돌군
6. 화포리 유물산포지 Ⅰ · 고인돌군
7. 화포리 유물산포지 Ⅱ
8. 화포리 고인돌군
9. 원당리 유물산포지
10. 초도리 유적
11. 철통리 유적
12. 대진리 유적
13. 화포리 유적
14. 봉평리 유적

그림 54 | 고성 화진포호 지구 청동기시대 취락

과 석부, 무경식석촉, 장릉형석촉 등이 출토되어 전기와 중기에 해당하는 취락이 조성되었던 것으로 판단된다.

후기에는 전기와 중기에 조성된 취락에서 점차 산지 쪽으로 들어가 취락을 조성하게 된다. 현재의 화진포호에서 서쪽으로 약 0.5~2km 정도 이격된 구릉에 각각 초도리 취락, 철통리 취락, 대진리 취락[38]이 조성된다.

---

38) 고성 철통리와 대진리 유적에서는 신석기시대 후기의 취락들이 구릉에서 조사되었다.

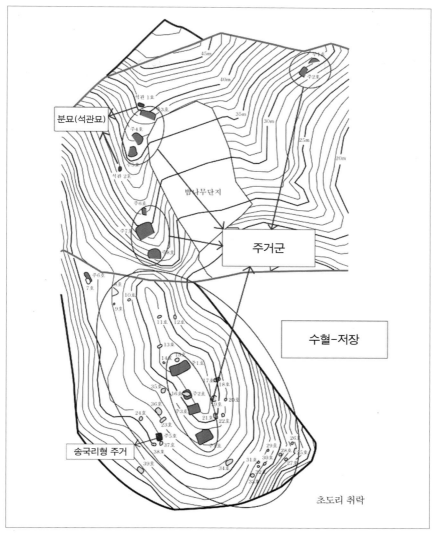

분묘(석관묘)

주거군

수혈-저장

송국리형 주거

초도리 취락

그림 55 | 고성 초도리 취락(후기 취락)

    남쪽에 조성된 초도리 취락과 가장 북쪽에 조성된 대진리 취락과는 약
2km 정도 이격 거리를 두고 각각의 단위취락이 조성되었다.
    화진포호 주변 후기의 단위취락 중에서는 호수와 인접해 위치한 초도리 취락이 가장 먼저 조성된다. 초도리 취락 내에서도 장방형의 주거 형태와 내부구조(벽구, 저장공), 출토유물을 볼 때 동쪽 구릉 하단부 해발 23~26m 의 평탄면에 조성된 주거지 4동이 먼저 축조되고, 점차 구릉 능선상에 주거 가 축조된 것으로 판단된다. 단위취락 내에서의 확대양상과 함께 인접한 취락으로의 확대 양상이 보인다. 고성 화진포호 지구의 취락의 조성 범위는 가장 남쪽에 조성된 봉평리 취락에서 북쪽에 대진리 취락에 이르는 거리로 볼 때 약 7km 정도의 지구 범위 안에 단위취락들이 구릉에 조성되었다. 중기에는 영동지역에서 가장 많은 지석묘가 군집을 이루어 축조된다.

(3) 양양 남대천 지구

현재까지 양양 남대천 지구에서는 남대천을 중심으로 각각 북쪽과 남쪽에 취락이 조성되는데, 취락의 조성은 적은 편이다.

남대천 지구에서는 남대천 북쪽에 조성된 중기의 포월리 취락을 중심으로 주변에 청동기시대 유물산포지가 분포하고 있다. 포월리 취락은 주거지

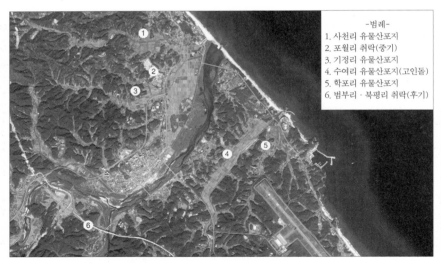

-범례-
1. 사천리 유물산포지
2. 포월리 취락(중기)
3. 기정리 유물산포지
4. 수여리 유물산포지(고인돌)
5. 학포리 유물산포지
6. 범부리 · 북평리 취락(후기)

그림 56 | 양양 남대천 지구 청동기시대 취락

12기와 지석묘 2기 등 주거와 분묘가 같이 조성된 취락이다. 포월리 취락을 중심으로 약 1km 정도의 간격을 두고 단위취락들이 조성된 것으로 보인다.

남대천 남동쪽 구릉에서는 수여리 유물산포지(고인돌)와 학포리 유물산포지가 위치한다. 수여리 지석묘와 학포리 취락 사이의 거리도 1km 정도이다.

한편 후기 원형점토대토기 단계인 북평리 · 범부리 취락은 남대천 상류지역에 위치한다. 해안에서 약 6km 정도 산지 쪽에 인접해 위치하는데, 북평리 취락에서는 주거지 3기, 범부리 취락에서는 주거지 1기가 조사되었다.

양양 남대천 지구의 취락의 조성 범위는 가장 남쪽에 조성된 학포리 취락에서 북쪽에 사천리 취락에 이르는 거리로 볼 때 약 5km 정도의 지구 범위 안에 단위취락들이 인접한 구릉에 조성되었다.

(4) 양양 지경호 지구

양양 지경호 주변 취락은 호수와 가장 인접한 구릉에 위치한 임호정리 취락에서는 이중구연토기가 출토되는 전기전엽의 취락이 조성되고, 바로 인

-범례-
1. 임호정리 유물산포지
2. 원포리 유물산포지(석관묘)
3. 임호정리 B취락(전기)
4. 임호정리 C취락(전기)
5. 임호정리 유물산포지
6. 지리 취락(후기)

그림 57 | 양양 지경호 지구 청동기시대 취락

접한 구릉에서는 공렬문토기가 출토되는 전기후엽의 취락이 조성된다.

지경호와 가장 멀리 떨어져 위치한 구릉에서는 원형점토대토기가 출토되는 후기의 지리 취락이 조성되어 있다.

지경호 북쪽에는 원포리 고분군 조사과정에서 청동기시대 석관묘 1기가 확인되었고, 유물산포지가 산발적으로 분포한다.

양양 지경호 지구 취락의 조성 범위는 전기에는 임호정리C 취락에서 북쪽에 위치한 임호정리 유물산포지까지 약 3km 정도의 지구 범위 안에 인접한 구릉에서 단위취락들이 조성되었다.

(5) 강릉 연곡천 지구

강릉 연곡천 지구 청동기시대 취락은 연곡천을 사이에 두고 각각 남쪽과 북쪽의 구릉에 조성된다.

취락의 조성은 이중구연단사선문이 출토되는 전기전엽에 조성된 동덕리 취락이 연곡천 남쪽에 먼저 조성되고, 이중구연단사선구순각목공렬문과 공

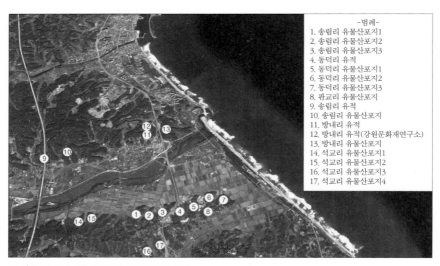

그림 58 | 강릉 연곡천 지구 청동기시대 취락

렬단사선문이 출토되는 전기중엽의 방내리 취락과 구순각목공렬문과 공렬문이 출토되는 전기후엽에 해당하는 방내리 취락(강문)이 연곡천 북쪽에 조성된다.

동덕리 취락에서는 주거지 3기, 방내리 취락에서 12기, 방내리 취락(강문)에서는 15기가 조사되어, 연곡천 지구 주변 전기의 단일취락의 규모는 주거지 3~4동이 하나의 주거군을 이루고, 약 4~5개의 주거군으로 형성된 취락규모로 판단된다.

강릉 연곡천 지구는 영동지역의 다른 하천 유역과 마찬가지로 먼저 해안에 인접한 구릉에 전기 취락이 조성되고, 점차 산지 쪽으로 가면서 중기에

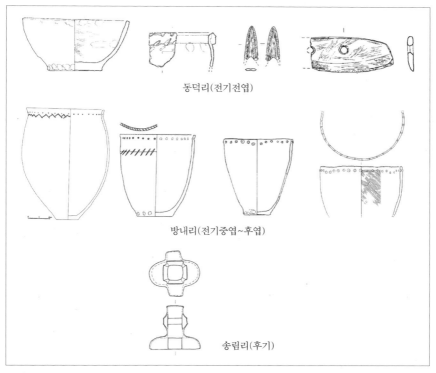

동덕리(전기전엽)

방내리(전기중엽~후엽)

송림리(후기)

그림 59 | 강릉 연곡천 지구 청동기시대 취락 출토유물

해당하는 지석묘와 취락 및 후기의 취락들이 조성된다. 대부분 지표조사 된 유물산포지이지만 현재의 정황으로 보면 연곡천 남쪽에 위치한 단위취락들이 인접한 상태로 밀집도가 높게 조성된 것으로 판단된다.

후기의 원형점토대토기 단계의 송림리 취락은 방내리 취락에서 서쪽 산지 쪽으로 약 1km 떨어져 조성되었다.

강릉 연곡천 지구의 취락의 조성 범위는 가장 남쪽에 조성된 석교리 취락에서 북쪽에 조성된 방내리 취락에 이르는 거리로 볼 때 연곡천 양안 구릉에 약 3km 정도의 지구 범위 안에 단위취락들이 인접하여 조성된 것으로 판단된다.

(6) 강릉 사천천 지구

강릉 사천천 지구 청동기시대 취락은 사천천을 사이에 두고 남쪽과 북쪽 구릉에 각각 조성된다.

북쪽 구릉지역은 사천천에서 약 0.8~1km 정도 이격되어 북-남으로 뻗어

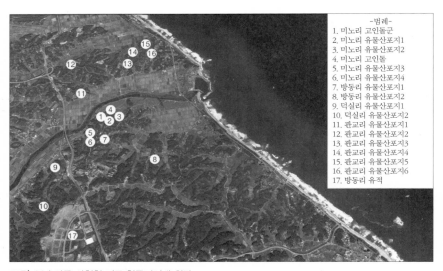

그림 60 | 강릉 사천천 지구 청동기시대 취락

내린 구릉지역으로 해안가와 인접한 구릉까지 조성된다. 현재 유물산포지만 확인되어 정확한 취락의 시기 및 성격은 알 수 없다.

남쪽 구릉지역은 북쪽 구릉지역 보다는 사천천에 가까이 인접한 구릉에 취락과 지석묘군이 조성된다. 현재의 양상으로 보면 사천천 북쪽 구릉지역에 먼저 취락들이 조성되고, 중기에 이르러 남쪽 구릉지역에 취락들이 조성된 것으로 판단된다. 한편 후기의 고지성 취락인 방동리 취락은 해안에서 내륙으로 4km, 사천천에서 남쪽으로 약 2km 정도 이격되어 조성되었다.

강릉 사천천 지구 취락의 조성 범위는 가장 남쪽에 조성된 방동리 취락에서 북쪽에 조성된 판교리 취락에 이르는 거리로 볼 때 사천천 양안 구릉에 약 3km 정도의 지구 범위 안에 단위취락들이 인접하여 조성된 것으로 보인다.

(7) 강릉 경포호 지구

강릉 경포호 지구[39] 청동기시대 취락은 영동지역에서 가장 이른 단계인 교동 청동기시대 취락이 경포호 서쪽에 조성되는데, 5기의 주거지가 조사된 구릉과 6호가 조사된 구릉이 약 800m 정도 거리를 두고 개별 단위취락이 위치한다.

교동 1~5호 주거지가 조사된 구릉은 서-동쪽으로 뻗어 내린 능선상에 장방형 및 방형 주거 1기가 주거군을 이루고 있는데, 주거군간 거리는 약 100m이다. 반면 6호 주거지가 조성된 구릉은 남-북으로 길게 뻗은 능선상에 주거지들이 확인되었지만, 주거지 1기(6호)만 조사되었다.[40]

---

39) 신석기시대 유물산포지도 5개소가 존재한다. 지변동 유적에서는 중기에 해당하는 토기와 석기등의 유물들이 출토되었으나 구릉의 곡간지역인 관계로 주거지 등 유구는 확인되지 않았다.

40) 1호 주거지는 장방형으로 내부에는 위석식 노와 주공이 설치되었고, 유물은 이중구연단사선, 공렬문토기, 호형토기, 대부토기 등이 출토되었다. 6호 주거지는 세장방형으로 토광식 노 3기가 설치되었고, 유물은 이중구연, 이중구연단사선, 이중구연거치

범례
1. 안현동 유물산포지
2. 안현동 양지말 고인돌군
3. 안현도 고인돌군(3~7호)
4. 안현동 고인돌군(8~10호)
5. 저동 고인돌군(11~14호)
6. 저동 15호 고인돌
7. 저동 유물산포지
8. 교동 유적(1~5호 주거지)
9. 교동 유적(6호 주거지)
10. 교동 1호 고인돌
11. 교동 2호 고인돌

그림 61 | 강릉 경포호 지구 청동기시대 취락

한편 현재의 경포호의 북서쪽으로 인접하여 전기에 해당하는 유물산포지
와 중기의 지석묘군(안현동 · 저동 지석묘군)이 약 2km 범위 안에서 조성된

문 등이 출토되었다. 두 주거지간 주거의 평면형태 및 노의 차이 등 일부 차이가 확
인되지만, 유물로 보아서는 큰 시기 차는 없는 것으로 판단된다.

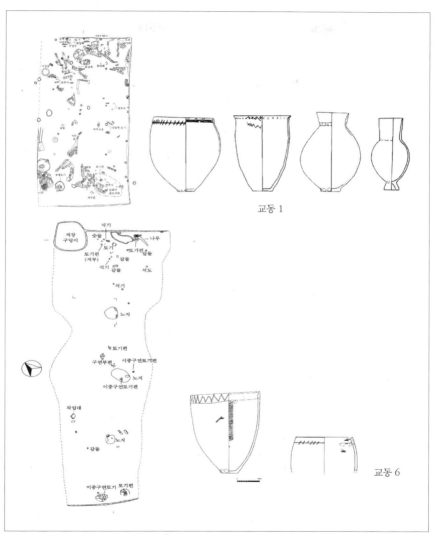

교동 1

교동 6

그림 62 | 강릉 교동 1·6호 주거지와 출토유물

다. 경포호 서쪽에 위치한 교동 1·2호 지석묘는 거리를 두고 각각 1기씩 축조되었다. 안현동 고인돌군과 교동 고인돌간 거리는 약 5km 정도 떨어져 조성되었다.

후기에 해당하는 유천동 취락은 교동 청동기시대 취락에서 남서쪽으로 약 1.3km 정도 떨어져 위치하는데, 주거지 2기가 조사되었다.

(8) 강릉 남대천 지구

강릉 남대천 지구에는 현재까지 입암동 취락과

사진 7 | 강릉 유천동 취락 1호 주거지 및 출토유물

병산동 취락만이 조사되었다. 두 단위취락간 거리는 약 2.5km 정도 이격되어 있다.

입암동 취락에서는 전기후엽에 해당하는 주거지 2동과 점토대토기 단계인 후기의 주거지 2동이 같은 구릉에서 조사되었다. 병산동 취락은 남-북으로 펼쳐진 구릉 능선의 가장 남쪽 끝부분만이 조사되어 전기후엽에 해당하는 주거지 1동이 확인되었다. 나머지 능선상에서도 주거지가 조성되었을 것으로 판단된다.

입암동 취락은 장방형 주거에 각각 위석식 노 2기(1호), 위석식 노와 토광식 노 1기(2호), 병산동 1호는 위석식 노 1기가 축조되어, 역삼동유형과 가락동유형의 주거 양상이 혼재된 취락이다.

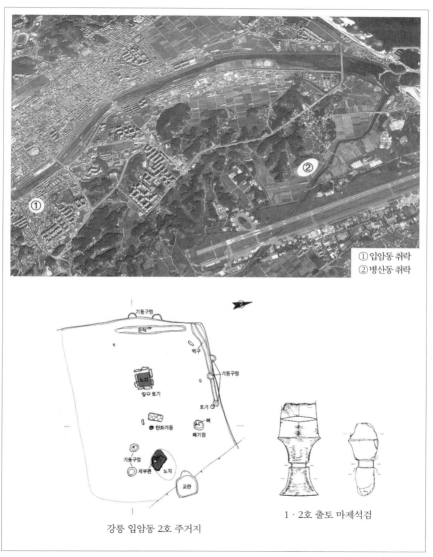

①입암동 취락
②병산동 취락

강릉 입암동 2호 주거지

1 · 2호 출토 마제석검

그림 63 | 강릉 남대천 지구 청동기시대 취락

2) 남부동해안지역

남부동해안지역은 현재의 행정구역명을 중심으로 울진·영덕지역, 포항지역은 월포천 지구,[41] 초곡천 지구, 냉천 지구, 기계천 지구, 형산강 하류지구,[42] 구룡포 해안 지구로 구분하고, 경주는 형산강 상류 지구, 남천 지구, 대천 지구, 형산강 본류 지구, 감포 해안 지구로 구분하며, 울산은 태화강지구, 동천강 지구, 회야강 지구, 산하해안 지구로 구분하였다.

포항-경주-울산지역의 남부동해안지역은 천상리형주거지(울산식 주거지)·검단리식토기·직립장경식 적색마연토기호 등의 분포권으로서 비송국리문화권이다. 역사적으로는 한반도 동북지역이나 대구권과도 밀접한 관련이 있고, 연암동형 주거지, 원형 혹은 말각방형의 주구로서 연암동형구, 주거지 폐기의 적석행위 등도 동남해안권의 특징이며, 구형 혹은 원통형의 어망추, 동북형석도, 석창, 함정유구 등의 수렵과 어로와 관련된 유구와 유물이 생계방식을 짐작할 수 있는 자료로서 주목하였다(安在晧 2011).

(1) 울진·영덕지역

울진과 영덕지역은 동해안지역에서 가장 청동기시대 유적 조사예가 적은 곳이다. 취락 조사가 적어 분포정형을 살펴보기에 어려움이 많아 개관 수준

---

41) 포항 월포천 주변 충적대지에 입지한 월포리 취락은 전기전엽에 해당하는 D-4·6호 주거지는 충적대지에 위치하다가 전기후엽부터 점차 충적대지(D구역-2·7호)에서 인접한 낮은 구릉지역(A구역)으로 이동한다. D구역에서도 공열토기가 출토된 주거지(2·7호)가 확인되며, 구릉에 위치한 A구역에서는 장방형 주거에 6주식, 무시설식 노 2기가 확인되고, 공열토기가 출토된 1·2·5호는 전기후엽으로 편년되고, 방형에 외부돌출구가 설치되고, 공열토기가 출토되는 3·4·6호는 중기전반으로 편년된다. 구릉지역인 E구역에서는 파수발이 출토되어 중기후반으로 편년되는 제일 늦은 단계 주거지가 축조된다.

42) 형산강 하류역에 조사된 경주 유금리, 인동리, 옥산리 취락, 경주 갑산리 취락은 행정구역명으로는 경주이지만, 청동기시대에 영일만에서 형산강으로 진출하는 교통로상에 조성된 취락인 관계로, 포항지역에 포함시킨다.

으로 마무리하였다. 전체적인 양상을 보면 영동지역 포월리유형과 동일한 문화양상을 지닌다. 최근 조사된 나곡리 탁자식 지석묘가 축조된 점이 특이하다.

울진지역은 부구천과 남대천, 왕피천, 척산천 주변에서 청동기시대 취락과 지석묘군이 확인된다. 세부적으로 살펴보면 가장 북쪽에 위치한 부구천 주변에서 중기의 덕천리, 후정리 취락과 나곡리, 부구리 지석묘군이 조성된다. 현재의 울진읍 주변의 남대천주변에서는 호월리, 명도리, 읍남리 지석묘가 조성되고, 왕피천 주변은 울진에서 가장 많은 지석묘가 조성된 곳으로

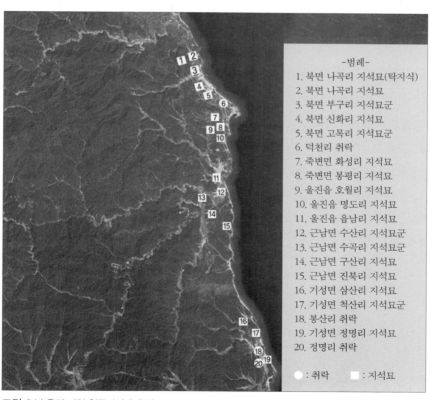

-범례-
1. 북면 나곡리 지석묘(탁지식)
2. 북면 나곡리 지석묘
3. 북면 부구리 지석묘군
4. 북면 신화리 지석묘
5. 북면 고목리 지석묘군
6. 덕천리 취락
7. 죽변면 화성리 지석묘
8. 죽변면 봉평리 지석묘
9. 울진읍 호월리 지석묘
10. 울진읍 명도리 지석묘
11. 울진읍 읍남리 지석묘
12. 근남면 수산리 지석묘군
13. 근남면 수곡리 지석묘군
14. 근남면 구산리 지석묘
15. 근남면 진북리 지석묘
16. 기성면 삼산리 지석묘
17. 기성면 척산리 지석묘군
18. 봉산리 취락
19. 기성면 정명리 지석묘
20. 정명리 취락

● : 취락   ■ : 지석묘

그림 64 | 울진 지역 청동기시대 유적

수산리·수곡리 지석묘군이 위치한다. 남쪽에 위치한 기성면 척산천 주변에서는 중기의 봉산리 취락과 척산리 지석묘군, 정명리 지석묘가 조성되고, 하천에서 떨어져 후기의 원형점토대토기와 검파두식이 출토된 정명리 취락이 조사되었다.

울진지역 하천 지구별 거리는 일정하지 않은데, 북구 부구천에서 울진읍 남대천간 거리는 14km, 남대천과 왕피천간 거리는 1.5km, 왕피천에서 기성면 척산천 간 거리는 약 20km이다.

영덕에서는 청동기시대 취락은 조사예가 없고, 우곡리 거석군과 우곡리 거석군에서 남쪽으로 약 1.8km 떨어져 위치한 남산리 지석묘만이 조사된 상태이다. 매장주체부가 확인되지 않는 거석의 형태로 존재하는 양상은 영덕지역에서만 확인되는 특징이다.

(2) 포항지역

포항지역은 태백산맥의 남단에 해당하는 북서쪽이 높고 남동쪽이 낮은 지형으로 동쪽은 바다에 접해 있다. 하천은 울산에서 경주를 거쳐 영일만으로 흘러드는 형산강이 가장 크다. 대련리·이인리·초곡리 등을 거쳐 곡강천으로 합류되는 하천인 초곡천 주변에는 대규모의 청동기시대 취락이 입지한다.

한편 동쪽의 바다에 접한 구룡포 일대 지역은 해안선을 따라 해안단구가 발달되어 있는데, 이곳에도 많은 유적이 분포한다.

① 초곡천 지구

포항지역에서 가장 많은 청동기시대 취락이 조성된 지구이다. 전기 중엽에 조성된 성곡리 취락, 초곡리 취락, 대련리 취락과 중기의 이인리 취락, 남송리 취락, 대련리 취락 등이 조사되었다. 분묘는 전기에는 초곡리, 마산리 석관묘, 후기에는 학천리 석관묘가 조성되었다.

포항 성곡리 취락은 초곡천 주변에서 가장 규모가 크고, 중심이 되는 취

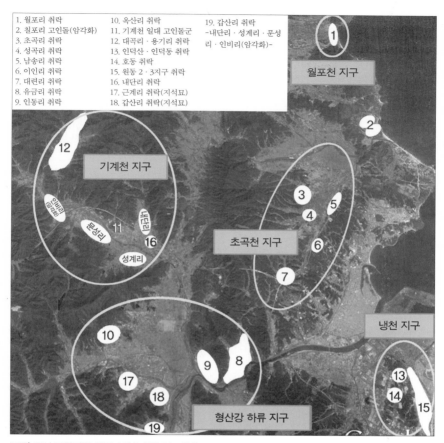

그림 65 | 포항지역 청동기시대 취락 분포양상

락으로, 전기중엽에서 중기까지 장기간에 걸쳐 존속된 취락이다. 취락이 위
치한 곳은 동해바다와 5km 떨어진 얕은 내륙지역에 해당하나 북쪽 해안
에서 포항이나 경주쪽으로 들어가는 관문에 해당하는 곳으로 북쪽으로 약
2km 지점에 초곡리 취락(영남문화재연구원 2000 · 2014), 남쪽으로 4km
지점에는 대련리 취락이 위치한다.

성곡리 취락의 주거지는 각각 동쪽과 서쪽 두 개의 능선 정상을 공지로

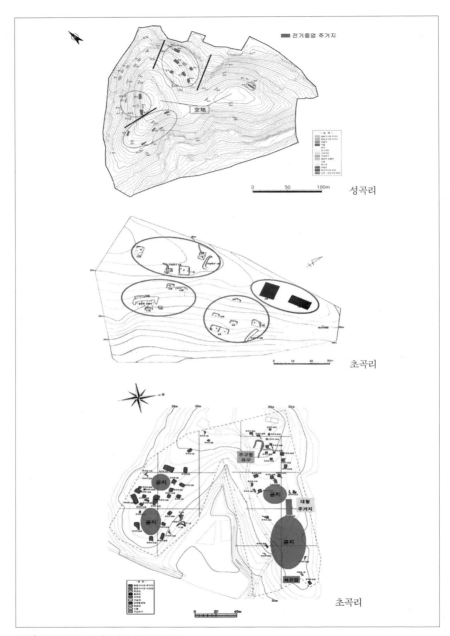

그림 66 | 포항 초곡천 지구 취락의 변화

비워두고 능선방향과 나란하게 4개의 군을 이루어 배치하고 있다.

전기중엽에는 대형 세장방형 주거지 1동 내지, 주거지 2~3동이 능선방향을 따라 일렬 배치하고 있다. 전기후엽에는 중형의 장방형 주거지가 능선상에 열상으로 배치되며, 중기에는 유구석부가 출토되는 3호 주거지 등의 방형 주거지가 대부분을 차지한다.

포항 초곡리 취락(영남문화재연구원 2014)은 주거군과 주거군 사이는 공지로 남겨져 있는데, 특히 북쪽 구릉의 초대형 주거지인 53호와 1호 석관묘 사이가 가장 넓은 형태의 공지로 조성된 것으로 보아 주거공간과 분묘공간이 구역을 달리하여 조성된 것으로 판단된다.

② 냉천 지구

포항 냉천지구 취락의 입지는 전기중엽에는 충적대지(원동 2지구 Ⅱ구역 세(장방)형주거군, Ⅲ구역 1·3·7호)와 해발 50m 내외의 구릉(인덕동 1기 주거지[43]-2·3·6·8·18·19·23호)에 입지하다가, 전기후엽에는 50m 내외의 구릉(원동 3지구 Ⅳ구역)지역, 해발 70m 이상의 고지성 구릉지역(호동 1지구, 인덕산 1기), 중기(호동 2지구, 인덕산 2기)에는 해발 70m 이상의 고지성 구릉지역과 해발 20m의 구릉 하단(인덕동 24·26호) 및 충적지(인덕동 27호)로 취락이 이동하는 양상을 보인다.

냉천 지구에서는 전기중엽에는 세장방형과 장방형 주거에 이중구연요소, 전기후엽에는 장방형 주거에 이중구연요소가 사라지고 구순각목공렬문과 공렬문토기가 보이는 단계, 중기전반에는 공렬문과 단사선(낟알)이 시문되며, 울산식 주거가 축조되는 단계를 거쳐, 횡선문이 출토되는 중기후반에는 주거가 감소한다.

---

43) 인덕동에서 세장방형인 3호 주거지는 2호 방형주거지, 19호 세장방형 주거지는 9호 장방형 주거지를 파괴하고 축조되어, 인덕동 유적 1기 안에서는 세장방형 주거지가 시기가 늦은 주거지이다.

구릉에 위치한 포항 호동 취락은 호동 1지구의 경우 주거공간과 분묘구역이 분리되어 위치하는 양상을 보이며, 주거지는 구릉 정상부와 능선부 중앙부분을 공지로 두고 사면에 배치된다. 호동 2지구 역시 구릉정상부를 공지로 남겨 두고 능선을 따라 4개군으로 구분되어 주거가 배치된다. 주거지 13~38호는 연접하여 축조되었다. 의례형 유구인 주구형 유구는 각각의 주거군 정상에 분포하고 있다. 호동 Ⅱ-29호 주거지에서는 가옥장도 확인된다.

③ 기계천 지구

형산강 하류역과 지류인 기계천 일대에서 최근 경주 유금리 취락, 인동리 취락, 옥산리 취락이 조사되었고,[44] 기계천 일대에서는 대곡리 취락, 내단리 취락이 조사되었다.

기계천 지구에는 내단리, 성계리, 문성리, 인비리(암각화)지석묘군이 지표조사보고 되었지만, 최근 발굴조사에서 충적지에 위치한 내단리와 대곡리에서 전기후엽에서 중기에 축조된 취락유적이 조사되었다. 대곡리에서는 중기후엽에 해당하는 횡선문파수부옹으로 조성한 옹관묘 1기도 조사되었다.

기계천 일대의 청동기시대 취락은 일부만이 조사되어 정확한 성격을 알수 없지만 기계천 일대의 충적지에 대규모로 주거와 지석묘가 축조된 취락일 것으로 판단된다. 아울러 각각의 지석묘군들은 약 2km의 동일한 거리를 유지하면서 축조되었다. 지석묘 중 문성리 지석묘는 덮개돌의 크기가 높이 4m, 길이 5m에 이르며 8개의 받침돌이 있는 대형 바둑판식 고인돌이다. 남부동해안지역에서 가장 규모가 큰 탁자식 지석묘로 기계천 일대에서는 가장 위계가 높은 취락에서 조성한 지석묘로 판단된다. 최근 조사예가 증가하고 있어 기계천 일대의 주거와 지석묘를 축조한 집단의 성격을 살펴볼 수 있을 것으로 판단된다.

---

44) 형산강 하류역 유금리 취락은 충적지, 인동리와 옥산리 취락은 각각 구릉에 조성된 취락으로 전기후엽부터 중기에 조성된 취락이다.

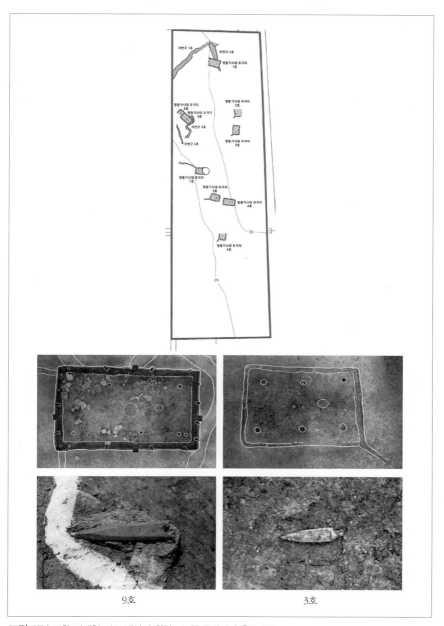

그림 67 | 포항 기계천 지구 내단리 취락 F구역 주거지와 출토유물

④ 구룡포 해안 지구

포항 구룡포 해안 지구는 전체 길이 약 12km에 이르는 해안단구면에 조성된 취락 지구이다.

구룡포 해안 지구에서 취락은 가장 남쪽에 위치한 삼정1리 취락이 전기 중엽부터 조성되고, 북쪽에 전기후엽에 삼정2리 취락이 조성된다. 중기에는 전역에 걸쳐 취락이 조성된다. 현재 조사된 취락은 대부분 도로공사구간에서 확인된 양상으로, 구룡포 해안단구면에 대규모로 취락이 존재하였던 것으로 판단된다.

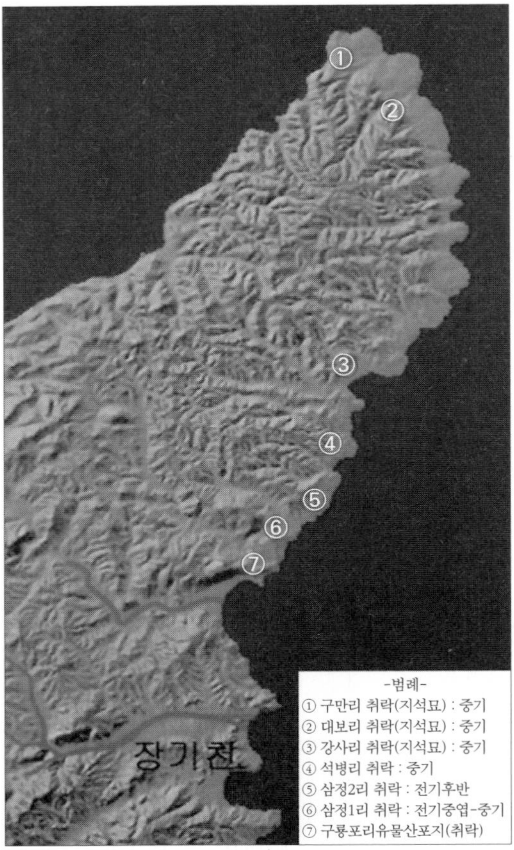

포항 구룡포 해안 지구에서 주거지 수나 장기 지속성으로 볼 때 가장 중심이 되는 취락은 삼정1리 취락이다.

삼정1리 취락의 경우 주거의 분포는 유적의 남서쪽 사면, 중앙 사면, 북동쪽 사면에 밀집 분포하고 있으며, 분묘인 토광묘는 북동쪽 주거군에 위치한다. 남서쪽 사면과 중앙 사면 사이는 공지로 남아 있다. 삼정1리 취락의 중앙부에 조성된 주거군

-범례-
① 구만리 취락(지석묘) : 중기
② 대보리 취락(지석묘) : 중기
③ 강사리 취락(지석묘) : 중기
④ 석병리 취락 : 중기
⑤ 삼정2리 취락 : 전기후반
⑥ 삼정1리 취락 : 전기중엽-중기
⑦ 구룡포리유물산포지(취락)

그림 68 | 포항 구룡포해안 지구 청동기시대 취락

(26 · 29 · 31 · 35 · 36호)에서는 복합문이 출토되고, 양쪽에 조성된 주거군에서는 단순 공렬문이 출토되고 있어, 주거군간 시기차가 확인된다. 따라서 삼정1리 취락은 전기중엽에 중앙부에 먼저 주거군이 조성되고, 전기후엽으로 가면서 점차 양쪽으로 주거 축조공간이 확대된 양상을 보인다. 한편 중기에는 전역에 걸쳐 주거가 축조된다.

⑤ 형산강 하류 지구

형산강 하류 지구는 안강 평야지대 주변의 구릉에 조성된 옥산리, 인동리 취락과 충적대지인 유금리에서도 취락이 조사되었다. 형산강 남안 구릉 지

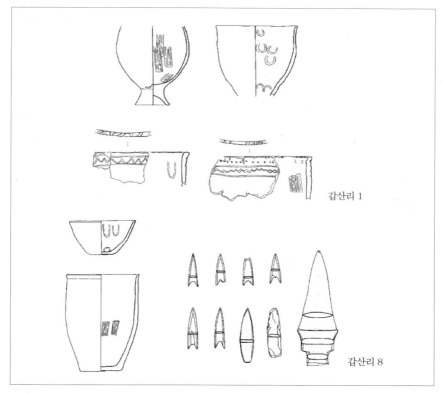

갑산리 1

갑산리 8

그림 69 | 경주 갑산리 취락 출토유물

역에는 근계리 유물산포지(지석묘), 갑산리 유물산포지(지석묘), 발굴 조사된 갑산리 취락이 위치한다.

경주 갑산리 취락은 전기중엽에는 장방형의 대형 및 중형 주거형태를 보이며, 정상부 공지를 비워놓고 정상부에 4기(1 · 2 · 7 · 8호), 능선상에 2기(9 · 10호)가 위치한다. 유물은 횡대구획문과 퇴화이중구연단사선, 퇴화이중구연단사선구순각목, 대부소호, 삼각만입촉, 이단경촉이 출토된다.

갑산리 취락의 주거지에서는 외부돌출구가 확인되지 않으며, 토기에서는 횡대구획문과 퇴화이중구연, 공렬문, 대부토기, 삼각만입촉, 이단경촉, 동북형석도 등이 출토되고 있어, 동북지역과 서북지역 유물요소가 단일취락에서 같이 확인된다.

(3) 경주지역

경주지역은 구릉지뿐만 아니라 충적지, 선상지에 취락이 조성된다. 이는 동천강과 태화강유역이 좁은 구조곡 지형으로 인해 발달하지 못한 충적지로 인해 구릉에 주거지가 집중된 반면, 형산강유역은 본류를 중심으로 형성된 넓은 평야지역에 가경지의 확보가 가능했기에 입지조건에 구애받지 않고 취락이 조성된다.

경주지역 청동기시대 취락은 동일한 구릉과 충적지 내에서 시간차이를 두고 장기간 점유되는 양상을 보이고 있어, 남부동해안지역(해안지역, 동천강유역)의 취락양상과 같다.

경주지역 청동기시대 취락의 시기별 분포양상은 돌대문토기가 출토되는 조기후반~전기전엽에 해당하는 충효동과 금장리유적은 각각 대천과 형산강 중류역의 서천일대의 서안에 위치한 하천 주변 충적지에서만 확인된다. 현재까지는 충효동 3기, 금장리 1기 등 주거의 조사예가 적은 편으로, 소규모 취락으로 판단된다. 전기중엽에는 형산강 중류역과 상류역의 복안천, 이조천 일대, 하류역 등 전역에 걸쳐 취락이 조성되는데, 주거의 숫자는 10기

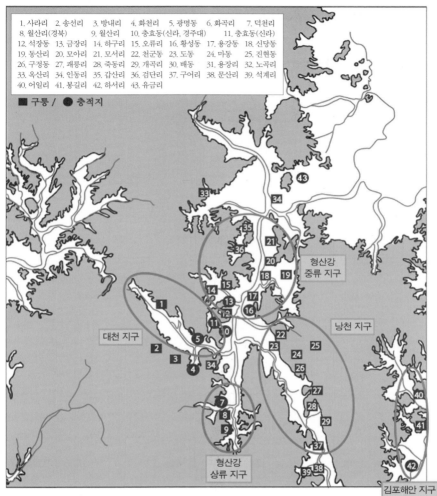

1. 사라리   2. 송선리   3. 방내리   4. 화천리   5. 광명동   6. 화곡리   7. 덕천리
8. 월산리(경북)   9. 월산리   10. 충효동(신라, 경주대)   11. 충효동(신라)
12. 석장동   13. 금장리   14. 하구리   15. 오류리   16. 황성동   17. 용강동   18. 신당동
19. 동산리   20. 모아리   21. 모서리   22. 천군동   23. 도동   24. 마동   25. 진현동
26. 구정동   27. 쾌릉리   28. 죽동리   29. 개곡리   30. 배동   31. 용장리   32. 노곡리
33. 옥산리   34. 인동리   35. 갑산리   36. 검단리   37. 구어리   38. 문산리   39. 석계리
40. 어일리   41. 봉길리   42. 하서리   43. 유금리

■ 구릉 / ● 충적지

형산강
중류 지구

낭천 지구

대천 지구

형산강
상류 지구

김포해안 지구

그림 70 | 경주지역 청동기시대 취락

미만으로 소규모 취락에 해당한다. 전기후엽에는 형산강유역 전역의 구릉
과 충적지에서 모두 확인된다. 주거수가 증가하고, 취락의 규모가 확대되는
단계이다. 5~6기인 중기에는 울산식 주거가 중심이 되는 취락으로 구릉과
충적지에서 조성된다. 형산강유역 보다는 동천강유역과 해안지역에서 대규

모 취락이 조성된다.

경주지역[45]은 형산강 상류 지구, 대천 지구, 남천 지구, 형산강 중류(본류) 지구로 분류된다.

① 형산강 상류 지구

형산강 상류 지구는 지류인 복안천·이조천 일대에 분포하는데, 취락주변으로는 높은 산으로 둘러싸여 있다. 대부분 유적이 구릉사면에 분포하며, 덕천리 유적(영문)은 유일하게 충적대지에 위치한다. 월산리, 덕천리 취락은 주거와 분묘공간이 조성된 취락이다.

형산강 상류 지구 취락의 조성 범위는 가장 남쪽에 조성된 월산리 취락에서 북쪽에 조성된 덕천리 취락에 이르는 거리로 볼 때 형산강 서안의 구릉과 충적지에 3km 정도의 지구 범위 안에 단위취락들이 조성된 것으로 보인다.

② 대천 지구

대천 지구는 대부분 구릉에 위치하는 구릉성 취락이며, 광명동과 화천리(영문연)유적, 충효동유적은 충적대지에 위치한다. 대천 지구는 중부지역의 청동기시대 물질문화가 금호강유역을 거쳐 형산강유역으로 전파되는 교류지대이다. 충효동 취락에서는 조기의 미사리식 주거(2·23호), 전기의 흔암리식 주거(16호), 중기의 연암동식 주거(12호)가 축조되었다.

대천 지구 취락의 조성 범위는 가장 서쪽에 조성된 사라리 취락에서 북동쪽에 조성된 화천리 취락에 이르는 거리로 볼 때 형산강 서안의 구릉과 충적지에 12km 정도의 지구 범위 안에 조기부터 후기까지 장기간에 걸쳐 단위취락들이 조성되는 지역이다.

---

45) 경주권역(반월성을 중심으로 한 반경 15km 이내) 주거지는 전기 후반에 중서부지역의 취락문화가 유입되고 재지세력과 융화되어 청동기문화가 형성되었다고 보았다. 전기전반 취락 부재, 중기에는 울산지역의 검단리유형이 유입되었다고 보았다 (손호성·전상욱 2010).

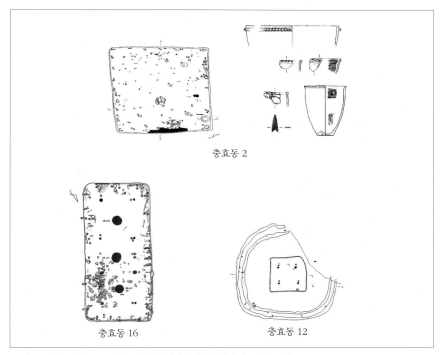

그림 71 | 경주 충효동 취락 주거형태(미사리식 · 흔암리식 · 연암동식)

③ 남천 지구

남천 지구는 대부분 해발고도가 100~200m 사이의 구릉지역에 위치한다. 구정동, 진현동, 조양동, 마동, 도동 등 소규모로 취락이 조사되었다.

남천 상류의 구어리에서 천군동까지 약 14km 정도의 지구 범위 안에 단위취락들이 조성된 것으로 보이는데, 취락의 밀집도는 다른 지구에 비해 적은 편이다.

④ 형산강 중류(본류) 지구

형산강 중류(본류) 지구는 황성동에서 갑산리까지 약 12km 정도의 지구 범위 안에서 단위취락들이 조성되는데, 경주지역에서 취락 밀집도가 가장 높은 지구이다. 금장리 취락에서는 돌대문토기 전통이 지속되고, 황성동취

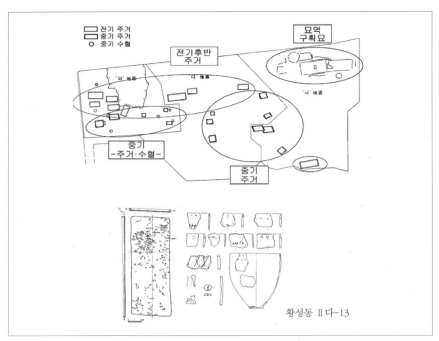

그림 72 | 경주 황성동 취락

락에서는 전기후엽~중기에 이르는 주거와 묘역지석묘, 맞은편 석장동에서
도 묘역지석묘가 조사되었다. 최근에는 구릉에 위치한 용강동, 동산리, 신당
리유적이 조사되면서 취락자료가 증가하고 있다.

　형산강 중류 지구의 각각 서안과 동안에 조성된 석장동과 황성동취락은
묘역지석묘가 축조되고, 주변으로 취락이 조성되어 있어 중심취락으로 판
단된다. 황성동과 석장동 취락간의 거리는 약 2km이다.

　⑤ 감포 해안 지구

　경주 감포 해안 일대 청동기시대 취락은 동해안지역에서는 가장 대규모[46]

---

46) 본고의 대규모 취락은 개별취락 내에 존재하는 주거의 수가 100동 이상으로 주거수

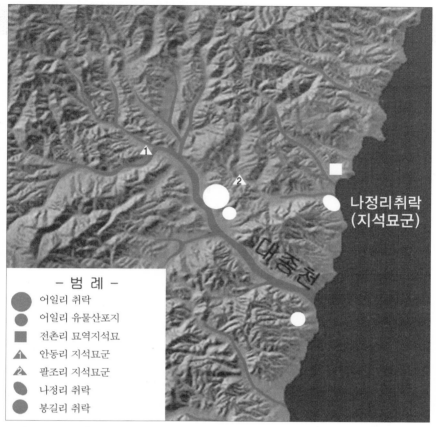

그림 73 | 경주 감포 해안지구 청동기시대 취락

의 취락인 경주 어일리 취락이 위치한다. 어일리 취락은 3개의 구릉에서 청동기시대 전기후반~중기후반에 걸쳐 조성된 400여 기의 주거와 수혈 28기,

가 많고, 동시에 같은 취락경관을 가지고 있는 동시기의 취락이 인접하여 분포하는 취락형태를 의미한다. 여기에는 구릉에 존재했던 주거군이 하나의 취락인지(동시성), 동시기에 이웃한 구릉에 존재하는 각각의 주거군과의 관계를 어떻게 인식해야 하는가에 대한 문제가 있다.

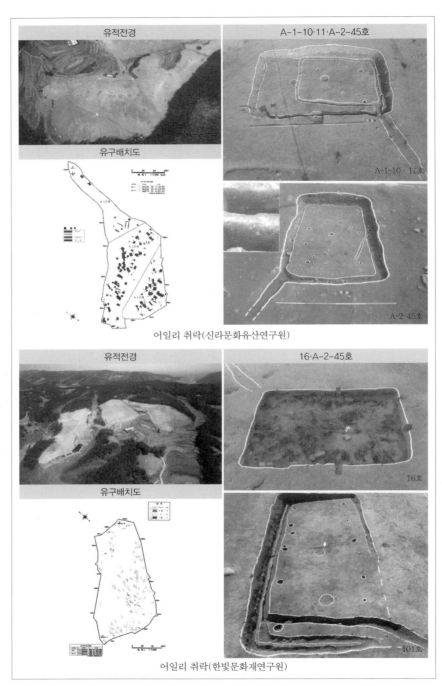

유적전경

A-1-10·11·A-2-45호

A-1-10·11호

A-2-45호

유구배치도

어일리 취락(신라문화유산연구원)

유적전경

16·A-2-45호

16호

유구배치도

101호

어일리 취락(한빛문화재연구원)

그림 74 | 경주 어일리 취락

구상유구가 확인되며, 구릉 정상부에는 의례유구인 주구형 유구가 축조된
다. 전기후엽에는 장방형의 주거가 축조되고, 이후 중기에 들어서면 방형계
의 주거와 수혈유구, 주구형 유구가 축조된다. 어일리 취락에서는 분묘는 축
조되지 않은 점이 특징이다.

한편 어일리 취락을 중심으로 북서쪽으로 약 3km 지점에는 안동리 지석
묘군이 위치하고, 동쪽으로 약 1.5km 지점에는 팔조리 지석묘군 1·2가 위
치하며, 해안에 인접하여 나정리 지석묘군이 위치한다.

가장 서쪽에 위치한 안동리 지석묘 군에서 팔조리 지석묘군, 그리고 해안
에 인접한 나정리 지석묘군간 거리는 약 4km 정도의 등간격의 거리를 두고 조성되었다.

한편 나정리 취락(지석묘군)과 약 2km 정도 북쪽에 위치한 전촌리 묘역지석묘는 현재 주변에서 취락은 조사되지 않았지만 인접한 나정리 유물산포지 등의 지석묘를 축조한 집단과는 달리 묘역지석묘를 축조한 양상이 확인된다. 전촌리 묘역지석묘는 적색마연토기, 횡선문

사진 8 | 경주 전촌리 묘역지석묘

파수부발 등 검단리 단계인 중기후반 부터 축조되어, 초기철기시대 까지 묘역 내지 의례공간인 제단으로 사용되었다.

감포 일대 취락 중에서 대종천 주변 구릉에 대규모로 주거가 축조되고, 의례유구인 주구형 유구가 조성된 어일리 취락이 가장 위계가 높은 취락으로 판단되며, 소하천인 전촌천 주변의 전촌리 묘역지석묘를 축조한 집단이 그 다음 위계로 판단된다.

(4) 울산지역

동천강과 태화강유역은 좁은 구조곡 지형으로 인해 강의 규모와 수량이 적어 자연제방과 하안단구 등의 발달이 미약하고 바다의 영향이 미치는 내만환경이기에 영남 남부의 다른 지역과는 달리 범람원이나 충적대지에 형성된 취락이 드물고 구릉에 집중 조성된다.

① 동천강 지구

동천강 지구 취락의 분포는 수계를 중심으로 동천강 상류권역과 동천강 하류권역으로 구분된다. 동천강유역 청동기시대 취락의 입지양상은 동천강을 중심으로 동쪽과 서쪽의 구릉에 입지하고, 주거지 분포양상은 구릉부 능선과 사면에 입지[47]한다.

동천강 상류 서안에는 문산리 취락과 석계리 취락, 천곡동유적과 천곡동 가재골, 달천, 상안동 취락 등이 분포한다. 상안동 358-47번지 유적과 천곡동 나지구, 달천 유적 등 동천강 유역에서 가장 먼저 취락들이 조성되며, 문산리 일대 취락은 전기후반부터 중기까지 조성된다.

---

47) 동천강 상류에 위치한 문산리 취락은 전기부터 중기에 이르기까지 구릉 능선을 따라 주거지가 배치되는 반면에, 호계동 취락은 구릉 능선을 공지로 남겨 두고, 사면상에 배치된다. 양 취락에서 확인되는 분묘는 문산리 취락에서는 전기에는 석관묘와 석곽묘가 중기에는 석관묘와 지석묘가 확인되지만, 호계동 취락에서는 분묘는 확인되지 않고, 주구형 유구만이 군집을 이루어 확인되는 차이를 보인다.

동천강 상류 동안에는 지류인 매곡천과 창평천 주변에 위치한다. 매곡천 주변에는 중산동 약수, 신천동 냉천유적, 매곡동 신기, 매곡동 취락이 위치한다. 동천강에 인접해 조성된 신천동 취락에서 산지 가까이 입지한 매곡동 취락으로 입지가 변화해 간 것으로 판단된다. 창평천 주변의 창평동 유적과 호계동 취락, 송정동 취

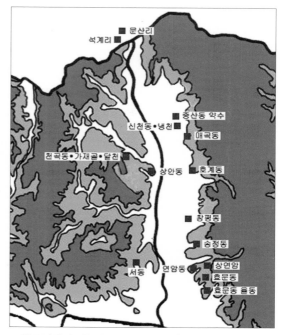

그림 75 | 울산 동천강 지구 취락

락 등 최근 택지개발사업으로 인한 발굴조사로 인해 청동기시대 취락이 대규모로 확인된 지역이다.

동천강유역의 취락은 존속기간이 연속적이다. 한 취락에서 단일 시기만 확인되는 예가 많지 않으며, 2기 또는 3기에 걸쳐 취락이 조성되는 경우가 많다. 미사리식 주거에 이중구연토기가 출토된 태화강유역과 돌대문토기 취락이 존재하는 형산강유역과는 달리 조기에 해당하는 취락은 아직 확인되지 않았다.

동천강유역의 청동기시대 취락조성은 전기에는 현재의 동천강에 가까운 비교적 해발고도가 낮은 구릉 지역인 서안의 천곡동 · 상안동과 동안의 신천동 · 창평동에서 취락이 조성되고, 전기후반으로 가면서 동천강에서 멀리 이격되면서, 비교적 해발고도가 높은 구릉지역에 위치한 문산리와 매곡동

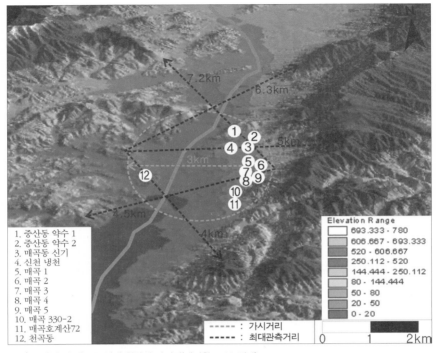

그림 76 | 울산 매곡동 일대 취락의 가시권(배덕환 2008 전재)

Elevation Range
- 693.333 - 780
- 606.667 - 693.333
- 520 - 606.667
- 250.112 - 520
- 144.444 - 250.112
- 80 - 144.444
- 50 - 80
- 20 - 50
- 0 - 20

1. 중산동 약수 1
2. 중산동 약수 2
3. 매곡동 신기
4. 신천 냉천
5. 매곡 1
6. 매곡 2
7. 매곡 3
8. 매곡 4
9. 매곡 5
10. 매곡 330-2
11. 매곡호계산72
12. 천곡동

----- 가시거리
----- 최대관측거리

0   1   2km

취락으로 취락이 이동한다. 반면에 하류역은 동천강에 가깝게 입지하지만
서동 취락[48)]을 제외하면 대부분 중기 취락이 조성된다.

동천강 하류 동안에는 연암동유적, 연암동 환호유적, 상연암유적, 효문동
유적, 효문동 죽전곡유적 등이 위치한다. 동천강과 가까이 입지하고 있지만,
대부분 중기에 해당하는 취락들이 집중적으로 조성된다.

---

48) 동천강 하류에는 서안에 위치한 울산 서동 취락은 전기후엽~중기에 해당하는 주거
지 196동, 인접한 장현동 취락에서도 66동이 조사되어, 울산지역에서 조사된 단일
취락 중에서 가장 많은 주거지가 조사되어, 중심취락으로 판단된다. 천곡동 취락에
서 약 4km 정도 떨어져 위치한다.

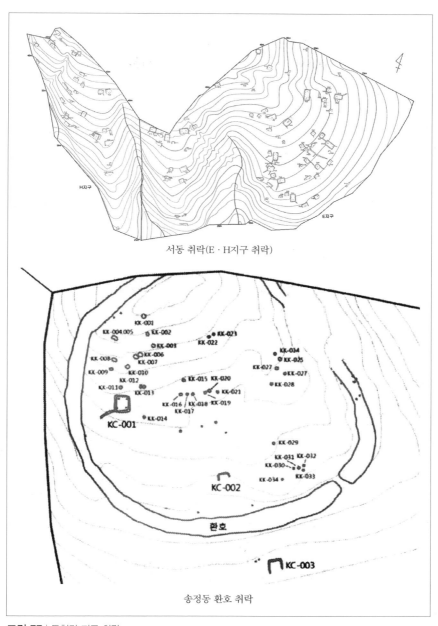

서동 취락(E·H지구 취락)

송정동 환호 취락

그림 77 | 동천강 지구 취락

동천강 상류에 위치한 전기에 조성된 천곡동 취락과 문산리 취락간의 거리는 약 3km, 서동 취락은 약 4km 정도 떨어져 위치한다. 환호 취락은 연암동 환호에서 최근 조사된 송정동 환호까지는 3km, 신현동 환호까지는 4km 정도 거리가 떨어져 있다.

천곡동유적에서는 매곡동 배후의 구릉을 최대관측거리로 상정할 때, 약 4~6.3km의 조망권 확보가 가능하여 동천강 양안에 입지하는 이들 유적은 서로의 존재를 인식하고 같은 생활반경을 공유했을 것으로 판단된다(裵德煥 2008).

② 산하 해안 지구

울산 산하 해안 지구는 북쪽의 신명천과 남쪽의 정자천에 의해 지구의 경계가 형성되는데, 지구의 직선간 거리는 약 7km이다.

울산 산하동 취락은 각각 구릉(정자동,[49] 산음, 산하지구 울산문화재연구원조사지역 A, B, D~G구릉), 해안단구면(울산문화재연구원 조사지역 C지구 산하동I~IV, 산하동 37)에서 확인된다. 구릉에서는 주거가, 단구면에서는 주거와 굴립주건물, 수혈유구, 구상유구, 석관묘, 주구형 유구 등이 조사되어 입지 차이에 따라 조성된 유구의 차이가 확인된다.[50]

울산 산하동 취락은 우리문화재연구원, 울산발전연구원, 동서문물연구원 조사구역에서 주거지 17기, 굴립주건물지 24기, 수혈유구 8기, 주구형 유구 21기, 구상유구 24기가 조사되었다. 주거는 전지역에 2~3기 정도가 군집을 이루거나, 단독으로 분포하고 있다. 주거지와 굴립주건물지, 수혈유구, 구상유구는 비슷한 시기에 축조된 것으로 판단된다. 주구형 유구는 대부분 단구

---

49) 울산 산하 해안 지구의 청동기시대 취락은 전기후엽에는 남쪽의 구릉지역에 위치한 정자동 일대에 취락이 조성되어, 중기에는 북쪽의 해안단구지역과 서쪽의 구릉으로 취락이 확대되어 간 것으로 판단된다.
50) 굴립주건물지는 구릉에 입지한 울산지역의 정자동, 산하동(울산문화재연구원 조사구릉)과 대규모 취락인 경주 어일리 유적에서는 전혀 확인되지 않는다.

 자리에 들어가는 범례:
① 산하지구 취락
② 산하동 산음 취락
③ 정자동 취락
④ 정자·산하동 취락

그림 78 | 울산 산하 해안 지구 취락

평탄면에서 군집을 이루어 분포하고 있으며, 일부는 단독으로 분포한다. 유적 전체에서 확인된 구는 공간을 구획하는 역할을 했던 것으로 판단된다.

단구면에 위치한 울산 산하동 C지구(울산문화재연구원 2014) 취락에서는 주거지 27동과 함께 주구형 유구 11기, 구상유구 10기가 조사되었다. 단구면 중심부에는 주구형 유구가 집중적으로 분포하고 있어, 묘역으로 추정되며, 남서쪽에는 지석묘 2기가 위치한다.

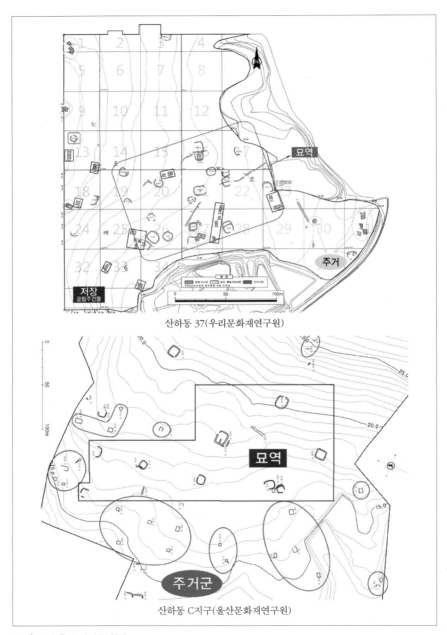

산하동 37(우리문화재연구원)

산하동 C지구(울산문화재연구원)

그림 79 | 울산 산하동 취락

울산 산하동 해안지구 취락은 구릉에는 생활공간만이 조성되지만 해안단구면에는 주거공간, 분묘공간, 의례공간, 저장공간 등이 조성되어 하나의 중심취락으로 운영된 것으로 판단된다.

울산 산하지구에서는 중심이 되는 2개의 취락이 존재한다. 하나는 남쪽에 위치한 산하동 C지구 취락과 북쪽에 위치한 산하동 37번지 일대 취락이다.

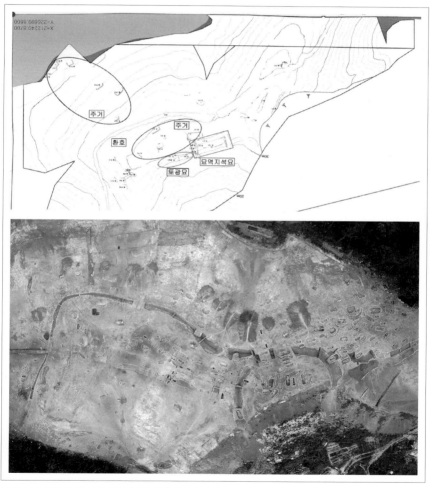

그림 80 | 울산 발리 449-10번지 환호취락

두 취락간 거리는 약 700m 정도 떨어져 위치한다. 동일한 입지양상, 주거의 규모나 유구의 유사함으로 보아 동일한 규모의 취락을 조성한 것으로 판단된다.

③ 회야강 지구

회야강 지구에서는 중심취락으로 판단되는 환호취락인 울산 발리 499-10번지 취락을 중심으로 서쪽으로 약 3km 이격되어 외광리 취락, 남쪽으로

사진 9 | 울산 발리 449-10번지 취락 묘역지석묘 전경 및 5호 묘역지석묘 매장주체부 유물 출토모습
(유절병 석검)

약 6km 이격되어 명산리 환호취락, 북쪽으로 약 5km 이격되어 덕신리 오산 취락이 위치한다.

울산 발리 499-10번지 취락의 환호는 구릉 정상부를 따라 설치되어 있으며, 묘역지석묘는 환호의 내부쪽에 입지하고 있으며, 주거지는 환호의 내부와 외부에 능선상에 산발적으로 위치한다. 묘역지석묘는 장방형 4호를 중심으로 연접하여 축조되었으며, 인접해서는 토광묘 7기가 축조되었다.

주거지는 평면형태, 내부구조, 출토유물 등으로 볼 때, 청동기시대 전기 후반에서 후기전반에 해당하며, 묘역지석묘와 토광묘는 내부에서 출토된 유절병석검과 적색마연토기 등으로 볼 때, 청동기시대 중기 후반에 축조된 것으로 판단된다.

2. 지역 · 지구별 취락의 분포정형

이상에서 동해안지역 청동기시대 취락의 분포정형을 각각 지역과 지구의 개념으로 정리해 보았다.

분포정형은 영동지역은 하천지구와 호수지구로 대별되는데, 하천지구에서는 동~서로 흐르는 하천을 경계로 마주 보는 구릉에 전기~후기까지 취락이 조성된다. 호수지구에서는 호수의 남쪽 구릉에 먼저 취락이 조성되고, 시간이 흐름에 따라 취락이 조성되는 공간이 변하게 된다.

후기에는 하천과 호수지구 모두 해안에서 멀리 이격되어 취락이 조성되는 양상을 보인다.

한편 영동지역 지구별 취락범위는 하천의 경우 약 3km, 호수 주변은 약 7km 범위에서 단일취락들이 조성된다.

표 16 | 영동지역 지구별 취락 분포정형

지구	취락조성	취락 범위	취락 시기	대표 취락
사천천 지구	전기에는 사천천 남쪽 해안에 인접하여 취락 조성, 후기에는 사천천을 중심으로 남쪽과 북쪽 구릉에 인접하여 조성	2km	전기전엽 후기	사천리 송현리
화진포호 지구	전기후엽에 호수 남쪽구릉에 취락조성 시작, 중기에는 호수 서쪽구릉에 주거와 지석묘 조성, 후기에는 호수와 이격되어 산지쪽에 취락 조성	7km	전기후엽 중기후반 후기	봉평리 죽정리 초도리
남대천 지구	남대천을 중심으로 각각 남쪽과 북쪽 구릉에 인접하여 중기 취락 조성, 후기에는 하천 상류쪽으로 이동하여 취락 조성	5km	중기전반 후기	포월리 북평리
지경호 지구	호수와 인접한 구릉에 전기전엽의 취락이 조성, 후기에는 호수와 이격되어 취락 조성	3km	전기전엽 후기	임호정리 지리
연곡천 지구	연곡천을 사이에 두고 남쪽과 북쪽의 구릉에 인접하여 전기취락 조성. 중기와 후기에는 하천 상류쪽으로 이동하여 주거와 지석묘 조성	3km	전기접엽 전기중엽 중기 후기	동덕리 방내리 송림리 석교리
사천천 지구	사천천 북쪽구릉에 먼저 취락조성, 중기에 남쪽구릉에 취락조성. 후기에는 사천천 남쪽에 이격되어 고지성 취락 조성	3km	전기 중기 후기	방동리 방동리B·C
경포호 지구	호수 서쪽의 구릉에 전기 취락조성, 중기에는 호수 북쪽의 구릉에 취락(지석묘) 축조, 후기에는 호수와 이격되어 서쪽의 구릉에 취락 조성	7km	전기전엽 중기 후기	교동 안현동 유천동

영동지역은 서쪽은 태백산맥으로 막혀 있어, 일자형 연계망이 형성된 것으로 판단되는데, 취락의 규모 및 취락구성 요소, 위세품 등의 차이가 확인되지 않아 대부분 일반취락들이 인접하여 취락간 상호연계망을 형성한 것으로 판단된다. 고성 사천천 지구, 고성 화진포호 지구, 양양 지경호 지구, 울진지역과 영덕지역은 남-북 일자형의 단선적 상호연계망이 형성되었고, 강릉 사천천·연곡천, 남대천 지구, 강릉 경포호 지구는 동-서 일자형의 단선적 상호연계망이 형성된 것으로 판단된다.

취락 사이의 상호연계망은 단선론적 상호연계망과 다선론적 상호연계망이 형성되는데, 지역과 시기에 따라 차이가 발생한다. 이종철은 중기 송국리 취락의 연계망을 일자형, 양방형, 방사형연계망이 형성된 것으로 파악하였지만(李宗哲 2015), 동해안지역은 하천 유역의 흐름과, 구릉 능선 방향 등의 자연지리적 환경의 차이로 인해 송국리 취락의 취락 연계망과 차이가 확인되며, 영동지역과 남부동해안지역간에도 취락간 상호연계망의 차이가 확인된다.

표 17 | 단선론적 상호연계망

구분	영동지역	남부동해안 지역
남-북 일자형 상호연계망	고성 사천천 지구 고성 화진포호 지구 양양 지경호 지구	울진, 영덕지역
동-서 일자형 상호연계망	강릉 사천천 지구 강릉 연곡천 지구 강릉 경포호 지구 강릉 남대천 지구	포항 기계천 지구

남부동해안 포항지역의 초곡천과 기계천 지구 및 형산강유역, 동천강 및 태화강유역의 지형적인 특징은 서쪽과 동쪽의 산악지역과 남쪽으로 곡류하는 하천에 의해 자연·지리적으로 구분되며, 취락의 배치정형은 강의 곡류와 구릉의 분절 등에 의해 군을 이루며, 일부 취락들은 강과 하천을 경계로 마주보고 형성되어 있다.

남부동해안지역 포항 기계천 지구는 지석묘 축조집단을 중심으로 일정한 간격으로 동-서 일자형의 단선론적 상호연계망이 조성되었던 것으로 판단된다.

초곡천 지구는 중심취락인 성곡리 취락을 중심으로 초곡리, 성곡리, 대련리 등 일반취락들이 다선론적 상호연계망을 형성된 것으로 판단된다.

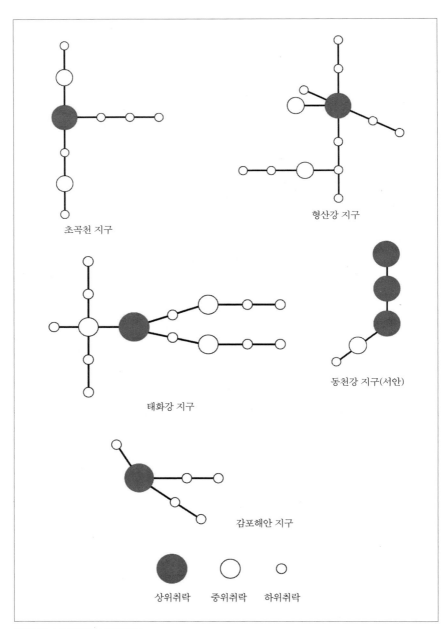

초곡천 지구

형산강 지구

태화강 지구

동천강 지구(서안)

감포해안 지구

상위취락 　　　 중위취락 　　　 하위취락

그림 81 | 다선론적 상호연계망

형산강유역은 중심취락인 황성동 취락을 중심으로 석장동 등의 중위취락, 북천 주변의 일반취락들이 다선론적 상호연계망을 형성한 것으로 판단된다.

태화강유역은 대규모 조성 취락인 신화리 취락을 중심으로 서쪽으로는 중위취락인 교동리 취락 주변으로 일반 취락들이 다선론적 상호연계망을 형성된 것으로 판단된다. 태화강 북안은 구영리 취락을 중심으로 주변 일반 취락들이 동-서 일자형의 단선론적 상호연계망, 남안은 천상리 환호취락을 중심으로 주변 일반 취락들이 동-서 일자형의 단선론적 상호연계망을 각각 형성한 것으로 판단된다.

동천강유역은 서안에는 전기 취락인 문산리-천곡동-서동 등의 대규모로 취락이 조성된 중심취락들을 중심으로 남-북 일자형의 단선론적 상호연계망이 형성되었고, 동안에는 중기 취락인 매곡동-송정동 환호취락-연암동 환호취락을 중심으로 주변의 일반취락들이 남-북 일자형의 단선론적 상호연계망을 형성한 것으로 판단된다.

회양강지구는 중기 취락인 발리 취락을 중심으로 명산리-발리-검단리 등 환호취락이 중심되어 주변의 일반취락들이 다선론적 연계망을 형성된 것으로 판단된다.

한편 구룡포 해안지구는 남쪽에 위치한 중심취락인 삼정1리 취락을 중심으로 남-북 일자형의 단선론적 상호연계망, 산하 해안지구도 남-북 일자형의 단선론적 상호연계망이 형성된 것으로 판단된다.

표 18 | 남부동해안지역 취락 연계망

단선론적 상호연계망		다선론적 상호연계망
동-서 일자형 상호연계망	남-북 일자형 상호연계망	
감포해안지구	동천강유역 구룡포 해안지구 산하 해안지구	초곡천지구 형산강유역 태화강유역 회양강유역

다음에서는 동해안지역 중심취락에 대해 살펴보고자 한다.

취락간의 네트워크 시스템[51]은 취락의 발달로 인한 취락간의 계층화를 통해 파악된다. 중심취락과 주변취락의 구분은 상호교류의 관계를 설정하는데 중요한 역할을 한다.

중심취락은 취락의 입지와 공간구성에 있어 교통로와 같은 입지의 우월성을 가지고 있으며, 생산·저장·의례·방어시설과 같은 복합적인 공간구성으로 이루어진 장기존속형의 대규모 취락이다. 일반구성원과 달리 취락 내 생산품의 소비, 분배, 유통을 통제하는 엘리트집단이 등장하면서 자신들의 권력과 권위를 나타내는 위세품의 사용을 통한 취락 내 계층화[52]가 이루어지는 사회이며, 생산과 교류의 중심지로서 인접한 취락간의 정보가 소통되는 다양한 네트워크를 형성하는 취락이다.[53]

한편 마을의 규모를 상대적인 기준으로서 10동 이하의 주거지로 구성된 소규모취락, 10동 이상~40여 동 내외의 주거지로 구성된 중규모취락, 40여 동 내외~100여 동 내외에 이르는 대규모취락으로 편의상 분류하고, 구체적인 인원수를 산출하였다(김권구 2005).

중심취락은 수장이 거처하는 장기존속 취락으로서 후기후반에 출현하며, ① 대규모 취락, ② 장기존속취락, ③ 고고학적으로 다양한 유구가 검출되는

---

51) 취락간의 네트워크 시스템은 취락의 발달로 인한 취락간의 계층화를 통해 파악된다. 중심취락은 기본적으로 대규모의 복합취락으로서 대부분의 취락구성 요소들이 포함되어 있어 생산과 소비가 함께 이루어지며, 주변취락간의 교류에서 중심적인 역할을 한다. 이에 반해 주변취락은 중·소형 규모의 복합취락으로서 전문기능 취락의 성격을 가진다(이형원 2009).

52) 취락 내 계층화의 존재를 확인하기 위해서는 특정인이 사용한 주거지의 규모와 공간배치상의 우월성과 구조상의 차이, 출토유물의 차이를 통해 판단할 수 있다(朴洋震 1996).

53) 농경의 확산은 기본적으로 중심취락과 주변취락간의 네트워크망을 통해 확산되었을 것이고, 취락의 발달로 인한 네트워크망의 강화는 농경의 확산을 가속화하는 원동력이 된 것을 보인다. 또한 활발한 교류의 성과는 지역단위를 넘어서 원거리 네트워크망에도 적용되었을 것으로 판단한다(윤호필 2014).

표 19 | 청동기시대 중심취락 현황(유병록 2014 인용 및 수정)

遺蹟名	大規模 住居	巨石墓(墓域)	環濠(木柵)	大形 高床 建物	大農地	비고
포항 성곡리	●					전기
포항 삼정리	●					
경주 문산리	●					
울산 천곡동	●					
울산 서동	●					
울산 구영리	●					
울산 검단리	●		●			중기 (검단리 문화권)
울산 신화리	●		●			
울산 천상리	●		●			
울산 발리		●				
울산 명산리			●			
울산 산하동	●			●		
울산 매곡동	●					
경주 어일리	●					
울산 길천리		●				
경주 황성동		●				
경주 석장동		●				
경주 전촌리		●				
화천 용암리	●					중기 (천전리 문화권)
화천 거례리	●					
춘천 천전리	●	●		●	●	
춘천 중도	●	●	●	●	●	
부여 송국리		●	●	●	●	중기 (송국리 문화권)
보령 관창리		▲			●	
진안 여의곡		●			△	
장흥 신풍		●			●	
대구 동천동			●	●	●	
김천 지좌리		●		●		
청도 진라리		●		●		
진주 대평리 옥방	●	▲	●		●	
진주 평거동		▲			●	
진주 초전동		●	●	●	●	
사천 이금동		●		●		
마산 망곡리		●	●		●	
김해 율하		●				

취락, ④다종다량의 유물이 출토되는 취락, ⑤묘지나 제사유구 등의 유구가 존재하는 취락, ⑥구심적 취락구조를 보이는 취락, ⑦고상창고로서의 대형 굴립주건물이 있는 취락, ⑧물류의 중심지로서 또는 생산지가 아닌 수요지로서 각종의 동·식물 유존체가 출토되는 취락으로 정의하기도 한다(안재호 2009).

영동지역 청동기시대 취락은 하천과 호수지구에 조성된 취락은 전기와 중기에는 7~15동 정도의 소형과 중형규모의 단위취락들이 조성되고, 후기에는 소형취락을 이루다가, 점차 주거군이 결집되어 중형취락으로 발전하는 양상을 보인다. 그러나 각 시기별 취락 간 위계나 중심취락을 논하기에는 취락을 구성하는 구성요소나 위세품 등의 차이가 없어 어려운 상황이다.

초곡천 지구의 포항 성곡리 취락은 초곡천 주변에서 가장 규모가 크고, 중심이 되는 취락으로, 전기중엽에서 중기까지 장기간에 걸쳐 존속된 취락이다. 취락이 위치한 곳은 북쪽 해안에서 포항이나 경주 쪽으로 들어가는 교통로의 관문에 해당하는 곳으로 북쪽으로 약 2km 지점에 초곡리 취락, 남쪽으로 4km 지점에는 대련리 취락이 위치한다.

형산강유역에서는 대형굴립주, 대규모 분묘군, 위세품 및 환호의 발견예가 없다. 다만 중기에 경주 황성동과 석장동에서 묘역지석묘가 축조되고, 주변으로 취락이 조성되어 있어 중심취락[54]으로 판단된다.

경주 감포 해안지구에서 전기후엽에서 중기에 걸쳐 조성된 경주 어일리 취락은 동해안지역에서 가장 많은 주거가 축조되고, 의례공간인 주구형 유구 등이 조성되어, 감포 일대의 해안지역을 대표하는 중심취락으로 판단된다. 소하천인 전촌천 주변의 전촌리 묘역지석묘를 축조한 집단 관련 취락이

---

54) 남강유역의 여러 취락들은 유사한 취락구성을 바탕으로 하여 일정 간격을 두고 배치되어 있으며, 대평리 취락을 중심으로 한 주변의 취락은 개별적인 취락이기 보다는 1km 정도의 반경 이내에 각각의 공간을 점유하여 친밀관계를 유지하며, 사회적 정체성을 공유하면서 연결된 하나의 공동체로 판단한다(高旼廷 2015).

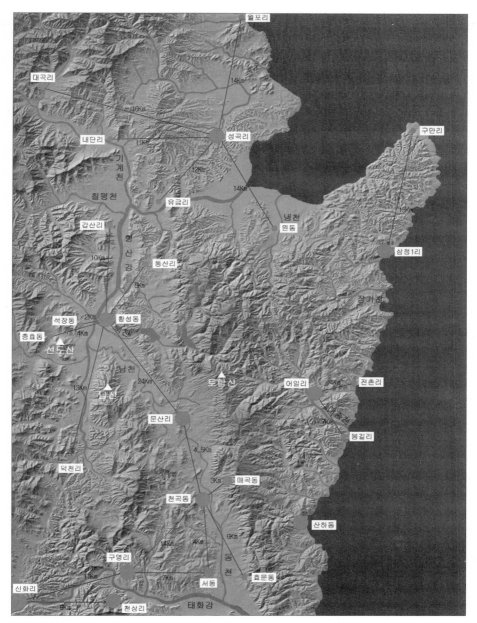

그림 82 | 남부동해안지역 청동기시대 중심취락

확인되지 않았지만 그 다음 위계로 판단된다. 어일리 취락에서 전촌리 취락 간은 약 4km 정도 떨어져 있다. 이는 지석묘군간 거리와도 동일한 양상을 보인다.

울산 산하동 해안지구 취락은 구릉에 조성된 취락 보다는 해안단구면에 조성된 취락이 주거공간, 분묘공간, 의례공간, 저장공간 등이 조성되어 하나의 중심취락으로 운영된 것으로 판단된다.

울산 산하지구에서는 중심이 되는 2개의 취락이 존재한다. 하나는 남쪽에 위치한 산하동 C지구 취락과 북쪽에 위치한 산하동 37번지 일대 취락이다.

두 취락간 거리는 약 700m 정도 떨어져 위치한다. 동일한 입지양상, 주거의 규모나 유구의 유사함으로 보아 동일한 규모의 취락을 조성한 것으로 판단된다.

울산지역은 청동기시대 지석묘뿐만 아니라 마을의 분포와 규모, 그리고 환호 등의 시설의 존재유무를 토대로 10개의 마을 지역권을 설정하고 당시 자료를 기준으로 옥현-야음동-천상리-다운동 유적권이 다른 지역권보다 우위에 있었을 것으로 추정하고, 마을 내부에는 3~6동이 기본 주거군을 형성하고 이런 주거군이 몇 개의 군집을 이루어 하나의 마을을 구성한다고 보았다(兪炳一·裵順喜 2001).

한편 울산지역의 권역별로 어느 정도의 중심적인 역할을 담당하는 개별 취락이 존재했다고 보았다. 주거지 수, 환호 등의 공공시설물, 경작유구 등의 생산유구, 무덤 등의 제사공간 존재 등을 기준으로 설정하였다(金賢植 2010).

이수홍은 유적의 규모나 주거지의 숫자보다는 대형굴립주, 대규모 무덤군,[55] 위세품의 출토가 전무한 울산지역에서는 환호유적과 환호가 가시권에 들어오는 취락의 복합체를 거점집락으로 파악하고, 울산지역의 거점취

---

55) 형산강유역에서는 경주 황성동과 석장동에서 묘역지석묘가 축조되고, 주변으로 취락이 조성되어 있어 거점취락으로 판단된다.

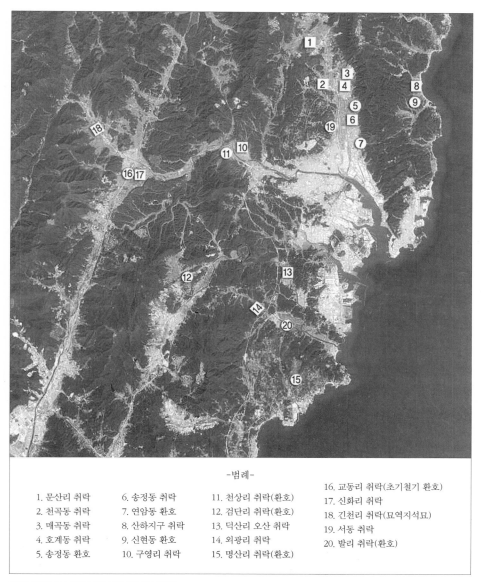

-범례-

1. 문산리 취락	6. 송정동 취락	11. 천상리 취락(환호)
2. 천곡동 취락	7. 연암동 환호	12. 검단리 취락(환호)
3. 매곡동 취락	8. 산하지구 취락	13. 덕산리 오산 취락
4. 호계동 취락	9. 신현동 환호	14. 외광리 취락
5. 송정동 환호	10. 구영리 취락	15. 명산리 취락(환호)

16. 교동리 취락(초기철기 환호)
17. 신화리 취락
18. 긴천리 취락(묘역지석묘)
19. 서동 취락
20. 발리 취락(환호)

그림 83 | 울산지역 청동기시대 중심취락

락은 8개소이며 거점취락간 거리는 약 6~10km, 거점취락의 공간적 범위는 약 3km로 파악하였다(李秀鴻 2012).

동천강 유역 전기의 중심취락은 천곡동 취락이다. 동천강 서안의 하천에 인접해 비교적 해발고도가 낮은 구릉에 조성된 현재의 천곡동(천곡동, 가재골, 달천유적)과 상안동 일대에 분포하고 있는 청동기시대 취락을 포함 한다.

전기에는 하나의 구릉에서 확인되는 주거지의 숫자나 분묘 등 유구의 수가 적은 관계로 개별 구릉에 위치한 하나의 취락을 중심취락으로 판단하기 보다는 인접하고 있는 구릉들을 하나의 중심취락으로 같이 검토해야 할 것으로 판단된다. 아울러 문산리 취락도 교통로라는 입지, 하천과 조망권, 전방의 넓은 평야를 감안한다면 전기 중엽부터 조성된 중심취락으로 판단된다. 천곡동 취락과 문산리 취락간의 거리는 약 3km 정도 떨어져 위치한다.

최근 조사가 이루어진 울산 서동 취락에서도 전기후엽~중기에 해당하는 주거지 196동, 인접한 장현동 취락에서도 66동이 조사되어, 울산지역에서 조사된 단일 취락 중에서 가장 많은 주거지가 조사되어, 중심취락으로 판단된다. 천곡동 취락에서 약 4km 정도 떨어져 위치한다.

동천강 지구 중기의 중심취락은 매곡동 취락과, 하류역에 위치한 연암동 취락이다. 연암동 환호유적, 연암동 산성, 연암동(울발연, 울산대), 상연암, 효문동유적, 효문동 죽전곡, 효문동 율동 유적 등 취락유적이 분포한다. 매곡동 취락에서 연암동 취락까지는 약 5km정도 떨어져 있다.

한편 동천강 지구 연암동 환호에서 최근 조사된 송정동 환호까지는 3km, 신현동 환호까지는 4km 정도 거리가 떨어져 있다.

아래는 필자가 구분한 동천강과 태화강유역의 중심취락이다.

동천강 상류 - 중심취락 4개소
〈전기〉
- 문산리(147동) : 문산리 + 석계리
- 천곡동(300동) : 천곡동(300동) + 천곡동 유물산포지

〈전기~중기〉

- 매곡동(113동) : 매곡동(82) + 신천동(31) + 중산동 유물산포지 일부
- 서동(196동) : 서동(196동) + 장현동(66동)

태화강 중류 - 중심취락 4개소

- 천상리(49동) : 천상리(44) + 평천(5)
- 구영리[56](179동) - 구영리(Ⅰ~Ⅲ지구 78동, Ⅳ~Ⅴ지구 88동,
  경남대 13동) + 구영리 유물산포지 4개소
- 무거동 옥현(124동) : 무거동 옥현(71) + 굴화리 장검(25) + 신정동(14)
- 야음동(44동)

태화강 하류(울산 서부, 언양) - 중심취락 2개소

- 신화리(214동) : 신화리(148) + 교동리(15) + 구수리(34) + 남천(7)
- 방기리(75동) : 방기리 창원대 · 부산대 조사(54) + 양산 신평유적(21)

회야강 - 중심취락 3개소

- 검단리 : 환호취락(주거지 94동)
- 명산리 : 환호 취락
- 발리 : 환호취락, 묘역지석묘

　　울산지역의 가장 남쪽에 위치하고 동해안에 인접한 명산리 환호취락에서
발리 환호취락은 약 6km, 검단리 환호취락은 약 16km, 발리 환호취락에서
검단리 환호취락은 11km, 검단리 환호취락에서 천상리 환호취락은 12km,
천상리 환호취락에서 연암동 환호까지도 12km 정도 떨어져 위치한다.
　　비환호 취락인 길천리 취락(묘역지석묘)에서 신화리 취락은 6km, 신화리

---

56) 구영리 취락은 태화강에 가장 인접하고 있는 Ⅴ지구(Ⅴ-1)부터 취락이 먼저 형성되어
　　확대되어 안쪽으로 취락이 확대되어 나간 것으로 보고 있다(울산발전연구원 2007).

에서 구영리 취락과 천상리 취락까지는 11km 정도 떨어져 위치한다.

이상에서 동해안지역 청동기시대 취락의 분포정형에 대해 살펴보았다.

동해안지역에서 현재까지 조사된 청동기시대 취락은 구릉 전체를 발굴조사한 유적이 드물다. 발굴지역이 한정적이고 부분적인 조사로 인해 확인되는 주거의 숫자나 분묘 등 유구의 수가 적은 관계로 개별 구릉에 위치한 하나의 단위취락을 중심취락으로 판단하기 보다는 인접하고 있는 취락들을 하나의 중심취락으로 같이 검토해야 할 것으로 판단된다.

영동지역 청동기시대 취락은 전기와 중기에는 소형과 중형규모의 단위취락들이 조성되고, 후기에는 소형취락을 이루다가, 점차 주거군이 결집되어 중형취락으로 발전하는 양상을 보인다. 그러나 각 시기별 취락 간 위계나 중심취락을 논하기에는 취락을 구성하는 구성요소나 위세품 등의 차이가 없어 어려운 상황이다.

남부동해안지역은 서쪽과 동쪽의 산악지역과 남쪽으로 곡류하는 하천에 의해 자연·지리적으로 구분되며, 취락의 배치정형은 강의 곡류와 구릉의 분절 등에 의해 군을 이루며, 일부 취락들은 강과 하천을 경계로 마주보고 형성되어 있다.

동천과 태화강유역을 포함한 울산지역의 중심취락은 환호취락과 장기간 동안 대규모로 조성된 취락으로 구분되며, 중심취락을 중심으로 하천 양방향에 일반취락들이 분포하고 있는 형태를 보인다.

취락 사이의 상호연계망은 단선론적 상호연계망과 다선론적 상호연계망이 형성되는데, 영동지역은 일반취락간의 일자형의 단선론적 상호연계망, 남부동해안지역은 중심취락을 중심으로 일반취락들이 연결된 다선론적 상호연계망이 형성된 것으로 판단된다.

V. 동해안지역 청동기시대 취락의 교류양상

1. 취락의 상호교류

개별 취락 내에서 자체적 혹은 독창적으로 제작된 유물이 아니면 인접하거나 멀리 떨어진 지역의 취락에서 동일 형태의 유물이 분포한다는 것은 양지역 간의 교류[57]관계가 이루어졌거나 물적·기술적 공유를 의미한다.

취락간의 거리[58]는 생업활동을 위한 농경지의 분포나 산맥이나 하천과

[57) 고고학 자료를 통하여 확인할 수 있는 물자 자체 혹은 기술정보의 이동을 포함하는 의미이다. 일본에서는 전파, 교역, 교환, 사람의 이동, 이주, 전쟁, 정보 등을 포괄하여 교류의 범위에 포함한다. exchange를 교환, trade를 무역, 이를 포괄하는 개념 exchange(trade)를 교역으로 번역하여 사용한다. 좁은 의미의 교환은 개인이나, 인접지역에 있는 소규모 집단 간에 이루어지는 물자의 교류, 무역은 원거리에 있는 큰 집단 간에 상업적으로 생산된 재화를 취득하거나 주는 행위, 집단내의 물자이동은 교환, 집단 간의 물자이동을 교역으로 판단한다.
교류와 유사한 개념으로 서구 고고학계에서는 interaction이라는 개념이 있는데, 우리나라 학자들은 이를 상호작용으로 번역하여 논의하고 있다(이청규 2002).
58) 대구지역의 청동기시대 지석묘 배치에 있어 모두 한 시기에 축조되었다고 인정할 경우 중심이되는 하나의 촌과 다수의 소촌으로 구성된 촌락으로 구성되며, 지석묘

같은 자연적인 지형에 따라 다양한 변수가 나타난다. 청동기시대 취락의 입지선정에 있어 중요한 요소 중 하나인 가시권은 취락의 경관과 밀접한 관련이 있으며, 이는 주변지역이 넓게 조망이 가능한 지형에 입지함에 따라 방어에 유리하면서 반대로 주변지역에서 취락의 입지상황을 쉽게 노출하여 자신들의 존재감을 나타내는 것을 의미한다.[59] 그 외에도 지석묘, 입석, 제단시설과 같은 거석기념물은 상징적인 의미로서 취락의 경계와 존재를 나타내며, 이러한 기념물을 통해 인접한 취락간의 다양한 문화적인 공감대의 형성을 통해 유기적인 교류관계를 유지하였을 것으로 판단한다(權承錄 2014).

청동기시대 인접한 지역과의 교역의 대상물은 자체적인 생산이나 소비가 부족한 물품인 원자재, 소금, 식량, 수공업 생산품 등 다양한 물품과 교환했을 것으로 판단되는데, 고고학자료로서 확인되는 것은 일부에 한정된다. 또한 원거리의 경우 비파형동검과 같은 위세품들은 취락간에 연결되는 관계망 또는 상호작용권이 형성되어 있는 집단간의 교류를 통해 유입되었을 것으로 판단한다(김권구 2005).

동해안지역은 현재 토기나 석기 제작 관련 공방과 같은 관련 유구가 확인되지 않는다. 청동기시대 유구나 유물의 복합체인 유형에 대한 논의를 통해 교류를 유형의 확산 및 소멸의 관점에서 문화변동 또는 접변의 양상으로 검토가 진행되고 있지만, 전반적으로 보면 고고자료를 통하여 교류에 대해 접근하기에는 어려움이 많다.

동해안지역 청동기시대 취락에서 출토되는 토기는 심(발)형, 발형, 호형

군을 통한 촌락의 공간적 범위 3~4km이며, 신천중류, 진천천, 가창면, 칠곡동명 일대의 지석묘 군집간의 거리는 8~10km 정도를 나타내고 있다(이희준 2001).
59) 청동기시대 중기의 대표적인 취락인 송국리, 검단리, 남산, 옥방유적을 지형정보시스템(GIS) 프로그램을 통해 수치고도모델(DEM)로 지형복원을 하면, 대체로 앞쪽으로 3~4km 이상의 넓은 가시권 영역을 가지고 있으며, 이는 멀리 떨어진 지역에서도 취락을 볼 수 있도록 위치하는 것으로 복원된다(김종일 2006).

토기와 적색마연토기, 대부토기, 원형점토대토기 등이며, 문양[60]은 이중구
연복합문, 공렬문, 구순각목, 단사선 등이며, 단사선(낟알문)과 횡선문은 남
부동해안지역 중기의 특징적인 문양이다.

동해안지역은 다른 지역과 달리 토기 태토의 산지, 생산 가마 등 토기 제
작관련 정보가 없으며, 조기~후기 취락에서 출토된 무문토기의 보편성은
토기의 유통이나 집단의 이주 등으로 설명된다.[61]

석기는 유단식석검, 석촉(삼각만입, 이단경, 일단경, 장릉형, 삼각형), 반
월형석도(장방형, 어형, 주형), 석부(합인, 유구), 검파두식 등으로 동일한
석기상을 공유한다. 동해안지역 주거지에서 출토되는 석기의 재질은 혼펠
스, 세일, 사암과 같은 퇴적암류로 취락 주변의 발달한 배후 산지와 하천 주
변에서 쉽게 구할 수 있는 석재이다. 주거지 내부에서 다수 출토된 석재, 미
완성석기, 지석 등으로 보아 취락 내에서의 자체적인 석기의 제작이 이루어
진 것으로 판단된다.

동해안지역 석기를 중심으로 취락간 교류에 대한 연구로는 황창한의 연
구가 있다. 울산지역의 편마암류 석부는 동북지방 루트와의 지속적인 교류
에 의한 산물로 보고, 석부가 주로 대형급 주거지에서의 출토되어, 특이한
재질의 도구를 소유하려는 위세적 성격 및 혼인, 의례 등과의 관련성을 상
정하였다.

---

60) 토기는 제작자에 따라 여러 가지 요소들의 조합이 다를 수 있기 때문에 태토의 산
지, 배합 방식, 첨가제 사용여부, 토기의 성형과 표면처리기법에 대한 정보를 통해
교류관계를 유추할 수 있다(李宗哲 2015).
61) 토기의 제속성은 그 집단이 영속적으로 그들의 생업활동과 생활패턴이 상호 부합하
여 이루어낸 생활과학의 결정체라고 할 수 있다. 그 시대 토기의 형태나 규격 등의
여러 속성은 그 집단이 선택한 최상의 기능과 용도 그리고 가치를 가진 것이라고 보
아야할 것이다. 따라서 토기는 집단의 정체성을 대변하는 것이므로, 쉽사리 그 형태
나 속성을 바꾸기는 쉽지 않다.
돌대문토기의 소멸이나 가락동계토기의 출현 그리고 송국리식토기의 제작 등은 그
시기에 새로운 생계의 변화를 암시하는 것으로 판단한다(안재호 2011).

편마암이 산출되는 평해, 울진지역과 울산지역과의 거리는 200km 내외인 점이 주목된다.[62] 한편 울진을 시작으로 영주-문경-상주-김천-대구-대구-청도-(양산)-울산 지역을 편마암류유물벨트로 구분할 수 있는데 청동기사회의 교류권으로 상정하였다(황창한 2010).

동해안지역 청동기시대 주거지에서 출토된 이단병식 석검은 병부의 홈을 제작하거나 혈구의 형성과 같은 공통점이 있다. 이단병식 석검은 동해안과 영남, 호남, 충청지역을 기반으로 하여 주로 제작된다. 대개 현지 유적 내 제작·조달되는데, 영동지역에서는 주거지에서만 출토되었고, 남부동해안지역은 울산 굴화리, 효문동 토광묘와 경주 월산리 석관묘, 덕천리 석관묘, 석장동 묘역지석묘 등 분묘에서도 출토되었다.

동일한 지리적 영역 내에서 몇몇 국지적 문화전통을 교차하는 일련의 거래·계약 체계인 상호작용망(interaction sphere)이 형성되어 있다[Molly Raymond Mignon(김경택 역) 2006]. 상호작용망은 국지적 문화들 사이의 지속적인 접촉의 증거를 제공하고, 종교적 의식과 관련된 의례용품처럼 그 성격을 암시해 주는 일단의 공유된 물질들의 존재로 규정된다.

동일한 형태의 마제석검이 여러 지역에서 출토되는 현상은 추론컨대 상호작용망을 통해 매장의례와 같은 무형의 정보가 여러 집단들에게 공유되고 있었음을 방증해 준다. 특히 석검의 공유현상은 종족구성원에 대한 지배권을 강화하고 내부 통합을 유도하면서 타 집단에 대한 정보수집과 물자교류의 결과물로 볼 수 있다. 아울러 매장의례를 통해 석검을 받은 사람은 동일 세대에서 개인적인 역량의 차이를 반영한다(平郡 達哉 2013).

---

62) 구석기시대의 수렵채집 집단 간에 사회적 네트워크를 구성하여 정보교환은 물론 동맹 관계를 확보하기 위해 기본적으로 혼인 파트너 관계가 형성되는 것은 기본이라고 한다. 또한 고고학연구에 따르면 구석기시대말의 경우 50~200km 정도가 비정규적인 접촉의 거리로 생각할 수 있고, 이로부터 희귀한 외래 자원이나 상징물이 조달된다고 한다(성춘택 2009).

표 20 | 영동지역 마제석검 출토현황

출토유적	유구	석검종류	시기	비고
양양 임호정리 1	주거지	이단병식석검 I	전기전엽	혈구
고성 사천리 5	주거지	유병식석검	전기전엽	
속초 조양동 3	주거지	이단병식석검 I	전기중엽	혈구
강릉 방내리 1	주거지	이단병식석검 I	전기중엽	
강릉 방내리 9	주거지	이단병식석검 I	전기중엽	
방내리(강문) 3	주거지	이단병식석검 I	전기중엽	
방내리(강문) 5	주거지	이단병식석검 I	전기중엽	병부편
방내리(강문) 5	주거지	이단병식석검 I	전기중엽	
방내리(강문) 1	주거지	이단병식석검 II	전기중엽	
방내리(강문) 14	주거지	이단병식석검 II	전기중엽	
강릉 입암동 1	주거지	이단병식석검 I	전기중엽	
강릉 입암동 2	주거지	이단병식석검 I	전기중엽	병부편
고성 대대리 5	주거지	이단병식석검 II	전기중엽	
고성 화포리	지표 채집	이단병식석검 I		검신편
양양 포월리 9	주거지	이단병식석검 I	중기전반	
양양 포월리 1	주거지	이단병식석검 II	중기전반	검신편
양양 포월리 1	주거지	일단병식석검	중기전반	검신편
양양 포월리 1	주거지	일단병식석검	중기전반	병부편
고성 죽정리	지표채집	일단병식석검 I		검신편

마제석검은 전기전반 이후에 본격적으로 제작된 것으로 추정된다. 석검은 대체적으로는 유병식→유경식, 유병식은 이단병식→일단병식으로, 이단병식은 연결부가 길고 좁은형태→짧은 홈→소멸(유절식)으로, 혈구는 폭이 넓은 것에서 좁은 것으로 변화하고 전기중엽 이후 유경식석검·석창류가 급증하는 양상을 보인다(홍주희 2012).

석검의 공유현상은 집단의 이주, 전세, 교환, 요역, 재교역, 분배(1차, 2차 등)와 같은 다양한 행위의 결과로 나타날 수 있다. 만약 그렇다고 한다면 무덤 내 부장된 유물의 실질적인 소유주나 제작자를 밝히는 것은 더욱 힘들어질 수도 있다. 더 나아가 사적의례나 공적의례 주체를 밝히는 것은 요원 해질 것이다.

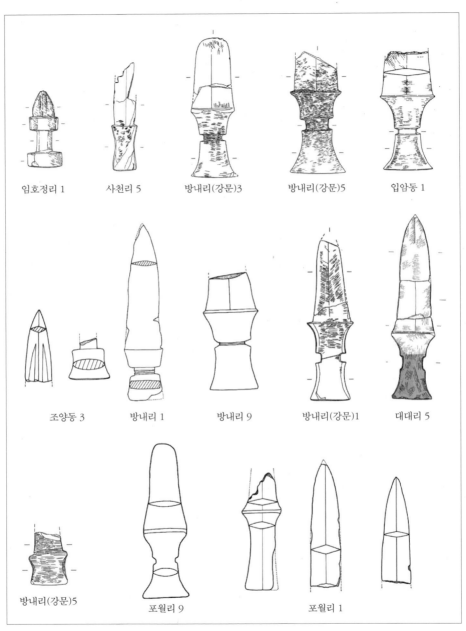

임호정리 1　　사천리 5　　방내리(강문)3　　방내리(강문)5　　입암동 1

조양동 3　　방내리 1　　방내리 9　　방내리(강문)1　　대대리 5

방내리(강문)5　　포월리 9　　포월리 1

그림 84 | 영동지역 출토 마제석검

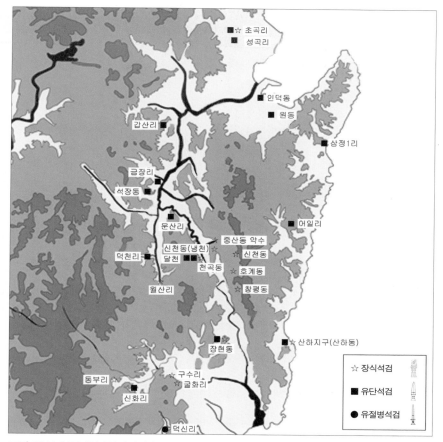

그림 85 | 남부동해안지역 마제석검 분포

특히 교역이 채무와 의무가 만들어지는 중요한 매개체이자 사회지위를 형성시키는 행위임을 감안한다면, 마제석검이 교역에 의해 획득된 물질적 보상물로 보기는 더욱 어렵다고 판단한다(平郡 達哉 2013).

장식석검은 병부(柄部)에 파두(把頭)가 있거나 이곳에 원형의 소혈(小穴)이 음각되어 있는 것이다. 장식석검의 조형에 대해서는 동검을 모방한 마제석검에 소혈의 장식적인 의미가 결합되어 발생한 것으로 지역색을 띠는 독특한 석검으로 추정한다. 장식석검은 청동기시대 전기의 비파형동검이 주로 한반도 서부에 분포하며 그 대용품으로 동검을 보다 충실히 모방한 석검이 영남지역에서 제작되었을 가능성이 제기되기도 하였다(中村大介 2007).

장식석검의 출토지는 주로 주거지와 무덤임을 알 수 있다. 이중에서 주거지에서는 검의 신부가 결실된 채 출토되며, 무덤에서는 완형으로 출토되나 2~3등분으로 훼기 후 매납 하는 양상이 확인된다. 모든 석검의 검신이 없거나 2등분 이상 파손되어 있다. 이러한 훼기양상은 청동기시대 전반에 걸쳐 석기, 토기 등에서 확인되는 것으로 기존의 견해와 같이 의례와 관련 있는 행위로 볼 수 있다(李相吉 2000).

장식석검은 모두 이단병식으로 청동기시대 전기후반부터 중기까지 포항, 경주, 울산, 청도, 부산 등의 영남지역에만 집중되어 출토된다. 황창한은 대부분 인위적 훼기의 양상을 보이고 있어, 의례와 관련된 것으로 추정하고, 암각화로 새겨진 장식석검의 확인으로 그것이 내포하는 의미가 숭배의 대상이라고 추정한다(黃昌漢 2008).

유절병식 석검은 병부 중간에 두 줄의 마디를 가지며, 검신의 양쪽이 심부에서 신부 선단가까이까지 거의 평행하고, 특정 부분에서 갑자기 가늘어지면서 뾰족한 선단부를 가지는 검신 형태의 공통성이 보인다. 주 분포권은 밀양과 청도 지역이다. 한편 울산 덕신리 572-6번지 1호 토광묘에서 출토된 유절병식 석검은 검신이 직선적으로 뻗고, 봉부 부근에서 각이 지며 뾰족하다. 전체적인 형태는 밀양 가인리 10호 석곽 유물과 유사하다.

최근 조사된 울주 발리 499-10번지 5호 묘역지석묘 매장주체부에서도 유절병식석검이 출토되었다.

황창한은 유절병식석검들이 혼펠스제 일색이라는 점에 주목하여 그 석재가 고령 의봉산에서 산출된 것으로 추정하였고, 제작과 유통은 산지와 밀접한 관련이 있다고 판단하여 고령과 대구를 중심으로 전개되었다고 보았다(황창한 2011).

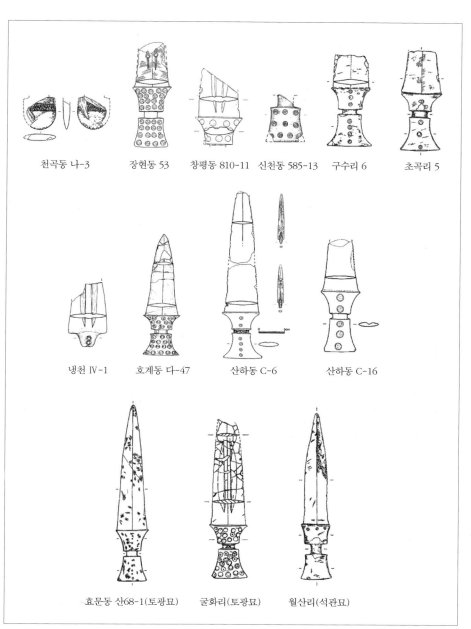

천곡동 나-3   장현동 53   창평동 810-11 신천동 585-13 구수리 6   초곡리 5

냉천 Ⅳ-1   호계동 다-47   산하동 C-6   산하동 C-16

효문동 산68-1(토광묘)   굴화리(토광묘)   월산리(석관묘)

그림 86 | 남부동해안지역 장식석검

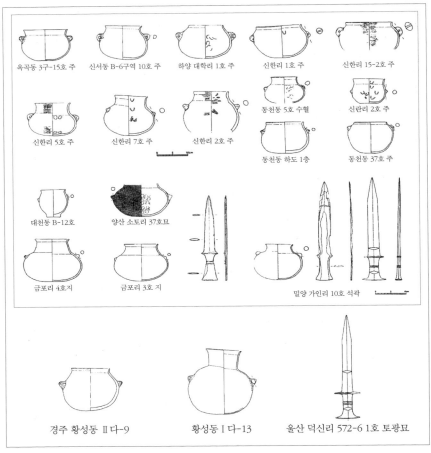

옥곡동 3구-15호 주   신서동 B-6구역 10호 주   하양 대학리 1호 주   신한리 1호 주   신한리 15-2호 주

신한리 5호 주   신한리 7호 주   신한리 2호 주   동천동 5호 수혈   신란리 2호 주

동천동 하도 1층   동천동 37호 주

대천동 B-12호   양산 소토리 37호묘   금포리 4호지   금포리 3호 지   밀양 가인리 10호 석관

경주 황성동 Ⅱ다-9   황성동 Ⅰ다-13   울산 덕신리 572-6 1호 토광묘

그림 87 | 금호강 · 낙동강 중하류역 출토 파수부호와 남부동해안지역과의 교류관련 유물

한편 경주 황성동Ⅱ다-9호 주거지에서 출토된 적색마연 양이부호[63]는 대구지역 출토 유물과 유사한 형태이며, 경주 황성동Ⅰ다-13호 출토 파수

---

63) 양이부호는 부여 송국리 취락에서 처음 출토된 기종으로 현재는 백두대간을 중심으로 부여와 보령지역, 대구와 경주, 울산지역의 주거지와 분묘에서 출토예가 증가하고 있다.

북청 토성리(선형동부 · 토시)

속초 조양동

춘천 중도(비교자료)

사진 10 | 동해안지역 출토 선형동부

부호는 밀양 지역 출토 유물과 유사한 형태를 보인다.

　따라서 상기의 유절병식 석검과 파수부호는 밀양과 대구지역에서 금호강 유역을 거쳐 교류에 의한 산물로서 각각 황성동 취락의 주거지와 울산 덕신리 토광묘와 발리 묘역지석묘에서 출토된 양상이라고 볼 수 있다.

　동해안지역에서 청동기[64]는 북평 토성리 선형동부와 토시, 속초 조양동

---

64) 청동기는 단순한 도구의 사용이라는 측면을 넘어 금속기의 사용을 통해 전문적인 기술의 발전, 교역, 사회분업, 생산력의 증대 등 사회전반에 있어 다양한 변화를 불

1호 지석묘에서 선형동부가 출토되었고, 경주 봉길리 지표채집, 국립경주박물관 소장 동검 등 2점이 확인된다.

선형동부는 대부분이 비파형동검과 함께 출토되는 것으로 알려져 있고 (윤무병 1988), 한반도에서는 북한지방의 미송리 출토품(김용간 1961), 함남 북청군 토성리 출토품(김용간·안영준 1986)이 알려져 있으며, 용범으로서는 영흥 출토품(서국태 1965)이 있다.

남한에서는 부여 송국리유적의 55지구 8호 주거지에서 용범(강인구 1979)이 출토되었으며 실물의 선형동부로서는 속초 조양동 지석묘 출토품과 중도 주거지 출토 유물이 있다. 조양동 1호 지석묘 출토품은 그 형태상 미송리, 토성리 출토품과 유사하기는 하나 세부적으로는 다소 차이가 있다. 즉 토성리 출토품은 몸통의 단면이 장방형인 주머니 모양이고 몸통에는 5줄의 비교적 굵은 돋을띠가 돌려져 있으나 조양동 출토품은 몸통 단면이 장

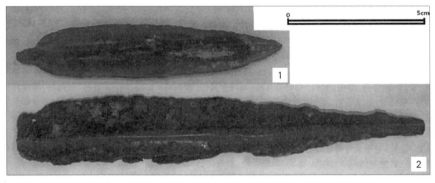

사진 11 | 경주 출토 동검(1 : 국립경주박물관 소장, 2 : 경주 봉길리 채집−이양수 2015 전재)

러왔던 물품이다. 사회경제적 측면에서 보면 정치적인 불평등 사회의 단면을 보여주는 도구로서 동일한 양식의 청동기문화화 유형의 분포를 통해 유통망을 추정할 수 있으며, 이러한 유통망은 정치적인 네트워크와 밀접한 관련이 있는 역사적 실체로서 정치체의 분포와 형성과정을 설명하는 중요한 요소이다(이청규 2005).

타원형인 주머니 모양이고 몸통에는 2줄의 가는 돋을띠가 돌려져 있다.

청동기시대 중기까지는 청동기 자체가 고조선에서 변진한으로 유입하게 되지만 후기부터는 동촉과 같은 소품의 제작이 시작되고 말기가 되면 변진한에서 고조선의 청동기 제작기술을 모방하여 재지적으로 발전시켜 나가는 과정을 통해 동검이 출현한다고 보았다. 이러한 지역색의 등장은 독자적인 청동기 제작기술의 확립을 뜻하는 것이며, 그 기술은 고조선의 청동기제작기술이 모방 등을 통해 한반도 남부 변진한지역으로 유입된 결과이다. 이러한 사실은 고조선이라는 세력에 의해 통제되던 청동기 제작기술과 그것을 얻어내려는 지역집단 간의 경쟁을 보여주는 것이며, 이러한 경쟁 속에서 변진한은 성장하였을 것으로 보았다(李陽洙 2015).

청동기의 경우 원자재 획득과 제조기술의 문제로 인해 일반적인 취락에서는 생산 및 유통이 어려워 다른 취락과의 정치 · 경제적인 관계망을 통해 극소수만이 독점적으로 반입했던 것으로 추정된다(이청규 2007).

2. 상위지역간의 교류

동해안지역 청동기시대 시기별 문화의 변화양상은 지역별로 시간에 따른 변화양상이 차이를 보인다. 이는 문화유형의 유입과 발전, 확산에 따른 변화양상이다.

동해안지역 조기의 취락유형은 조기에는 미사리유형, 전기전엽에는 미사리유형, 가락동유형, 전기중엽에는 역삼동 · 흔암리유형, 전기후엽에는 역삼동유형, 중기에는 원산만 일대는 금야유형, 영동지역에서 영덕까지는 포월리유형, 남부동해안지역은 검단리유형, 후기에는 수석리유형으로 분류된다. 각 취락유형들은 각 분기 마다 등장의 시차는 있지만, 일정 분포권을 유지하면서 타 유형 취락과 물질자료의 상호보완이나 접촉 등의 교류의 모습을

보인다.[65]

　남한지역 조기(전기) 이래 청동기시대 여러 문화집단은 아마도 점유가 불분명한 지역으로 단거리 혹은 장거리 이주를 통해 다양한 취락을 형성하였을 것이며, 각 지역집단 간 교류나 교환과정을 통해 문화요소가 전파, 확산되면서 다양한 문화요소의 양식적 차이를 양산하였을 것으로 추정한다(황재훈 2014).

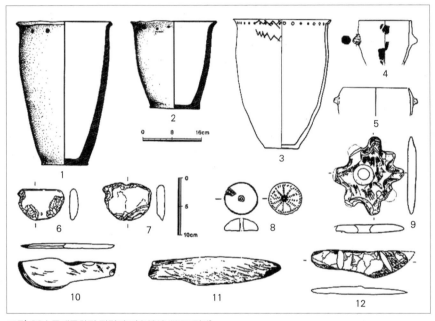

그림 88 │ 동해문화권 관련자료(裵眞城 2007 전재)
1·2 : 회령 오동 4호, 3·8 : 강릉 교동 1호, 4 : 울산 검단리, 5·9 : 울산 신정동.
6·7 : 진주 대평리 옥방3지구, 10 : 창효리 세곡, 11 : 나진 초도, 12 : 울산 굴화리 장검

---

65) 유형간 문화의 복합 양상은 중심지대(주 분포권역), 차단지대(지형과 취락유형에 의한 확산의 차단), 접촉지대(교류), 이행지대(시간의 흐름과 취락 간 영역의 회피에 따른 이동)로 구분되며, 중심지대의 외곽에서는 다양한 취락유형 간 접촉과 차단, 이행 등의 모습이 나타난다고 한다(許義行 2014).

동해안지역 청동기시대의 문화변동 양상[66]은 인구의 이동으로 인한 주민의 이주나 확산으로 설명된다. 조기에는 영동지역은 두만강유역과 동한만지역의 영향을 받았으며, 경주와 울산지역은 중부지역의 미사리유형 요소가 유입되어 형성된다.

동해안지역과 유사한 환경조건을 보유한 두만강유역은 공렬문토기와 적색마연토기의 기원지로서 주목받아 왔고, 최근에는 즐문토기에서 무문토기로의 전환기와 관련해서 주의를 끌고 있다. 한반도 전체는 물론이고 남한 무문토기문화의 성립과 전개를 논할 때에도 북한 무문토기에 대한 이해는 중요한 부분을 차지한다.

또한 각목돌대문토기와 요령식동검에서 드러나듯이 남한 무문토기문화의 성립과 전개과정에서 큰 영향을 끼친 곳은 요동지역을 포함한 서북지역이지만, 두만강유역은 영동·영남동부지역의 동해안일대에 꾸준히 영향을 주고 있었던 것으로 판단된다(裵眞城 2010).

동해안지역은 석호가 발달하고 산지가 해안 가까이까지 발달하는 등의 지형적인 조건도 유사하여 '석호문화'(최종규 1992)로 분류되기도 하였으며, 동북형석도의 분포와 더불어 동해안일대의 유사한 지형조건을 근거로 한 '동해문화권'으로 설정되기도 하였다(裵眞晟 2007).

동해안지역 청동기시대 취락에서는 교동 1호 외반구연 심발의 공렬문토기, 고성 사천리 7호 외반구연토기, 강릉 교동 1호, 양양 임호정리 3호, 고성 사천리 7호 주거지 출토 심발형토기, 고성 사천리 7호 파수부토기, 장방형석도, 원추형 방추차, 공구형석기(무추), 부리형석기, 성형석부, 동북형석도, 검단리 유형의 파수부 심발형토기 등 조기부터 중기까지 두만강유역과 유사한 유물이 출토되고 있다.

---

66) 문화접변이란 이주 집단과 기존 집단들이 새로운 형태의 물질문화 형성하거나, 서로 다른 문화사이의 상호작용을 통해 나타나는 문화변동을 의미한다(김종일 2010, 이형원 2014).

영동지역 교동 1호 주거지에서 확인되는 위석식 노지도 북부동해안 오동 1기의 1·2호 주거지에서도 역시 위석식 노가 설치되므로 가락동유형의 둔산식 주거지보다는 인접한 지역과의 연관성이 높을 것으로 판단된다(공민규 2014).

　　동해안지역 조기에는 중서부지역에서 금호강을 거쳐 형산강유역으로 이

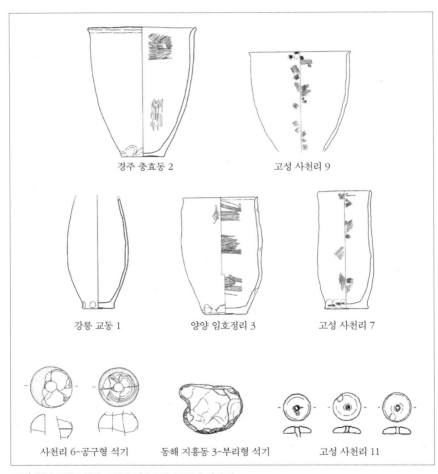

경주 충효동 2　　　　　　　　　고성 사천리 9

강릉 교동 1　　　　양양 임호정리 3　　　　고성 사천리 7

사천리 6-공구형 석기　　　동해 지흥동 3-부리형 석기　　　고성 사천리 11

그림 89 | 동해문화권 관련자료(裵眞城 2007 추가자료)

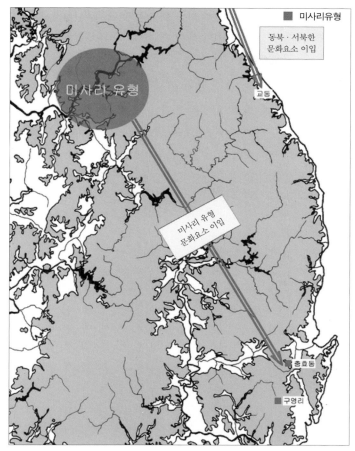

그림 90 | 동해안지역 청동기시대 조기 문화변동

입되는 미사리유형의 확산으로 인해 미사리유형이 성립된다. 현재 경주 충
효동에서만 취락이 확인되는데, 소규모로 조성된다. 강릉 교동 취락은 동·
서북한 문화요소가 전래되어 정착하는 양상을 보인다. 태화강변에 위치한
구영리 취락은 미사리식 주거요소에 미사리식 토기인 류상돌대문토기와 이
중구연토기가 출토되는 양상을 보인다.

전기전엽에 형산강유역은 미사리식 유형 전통이 지속되는 경주 충효동과 금장리 취락이 조성되고, 영동지역은 강릉 교동, 동덕리, 양양 임호정리, 고성 사천리 취락, 포항지역은 월포리유적, 동천강유역은 천곡동·상안동·신천동 취락 등 이중구연토기가 중심이 되는 가락동유형 취락이 조성된다. 조기와 마찬가지로 취락의 규모는 작다.

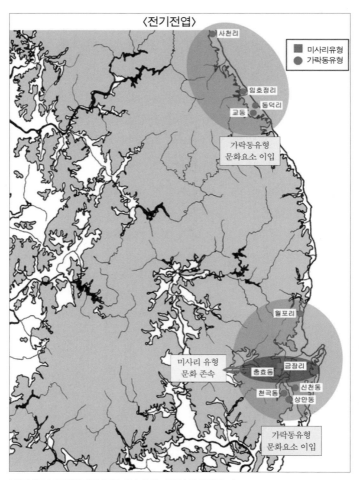

그림 91 | 동해안지역 청동기시대 전기전엽 문화변동

경주 충효동 3(미사리 유형) 경주 금장리 8(미사리유형)

양양 임호정리1(가락동유형)

포항 월포리D-4(가락동 유형)

울산 상안동358-47(미사리유형) 신천동594 A-13(가락동 유형)

울산 천곡동 나-1
(가락동유형)

그림 92 | 전기전엽 취락유형 교류 유물

김현식은 영남지방 청동기시대 전기 문화는 호서지방의 가락동유형이 확산되어 형성된 문화이며, 한강유역의 역삼동유형도 같은 맥락으로 생각된다. 영남내륙지역 전기I단계 말 정도에 동남해안지역으로 확산된 것으로 추정된다. 또한 영남내륙지역I단계는 호서지방 가락동II단계와 토기문양, 주거지의 형태가 거의 동일하다. 따라서 영남내륙지역 전기 문화는 호서지방 가락동유형II단계 문화가 확산되어 출현된 것으로 보고 있다(金賢植 2008).

형산강유역에서는 전기전엽에는 조기와 마찬가지로 충적대지에 미사리식 주거가 축조되나, 형태상으로 변화가 보인다.[67] 금장리 8호 주거지도 돌대문토기, 유상돌대문토기등의 미사리식 토기에 동북지방 토기요소인 심발형토기, 발, 적색마연토기, 구순각목토기, 석검이 출토되었다. 포항 월포리 D-4호 주거지는 장방형 주거에 석상위석식 노가 설치되고, 유물은 이중구연거치문과 외반구연토기, 적색마연토기 등이 출토된다. 6호 주거지는 장방형 주거에 주초석이 설치되었다.

동천강유역은 신천동 594 A-13호는 대형의 세장방형 주거에 위석식 노, 이중구연토기가 출토되었다. 천곡동 나-1호는 대형 장방형 주거에 위석식 및 토광식 노와 저장공이 확인되며, 이중구연구순각목단사선, 이중구연단사선, 이중구연거치문, 이중구연거치문공렬단사선, 석기는 장방형석도, 유단식 석검이 출토된다. 달천 5호에서는 세장방형 주거에 초석이 확인된다. 중형의 방형 주거지인 상안동 385-47번지 1호에서도 위석식 노, 이중구연단사선토기가 설치되었다.

전기중엽에는 한강유역을 중심으로 하는 역삼동·흔암리문화유형이 북한강유역의 강원영서지역과 영동지역으로 확산되고, 중서부지역을 통하여 형산강유역에도 확산된다. 한편 영동지역에서부터 점차 해안을 따라 동북

---

67) 경주 충효동 3호주거지는 장방형의 소형 주거지로, 돌대문토기가 출토되는 방·대형, 장방·대형 주거지와는 다른 형태를 보인다.

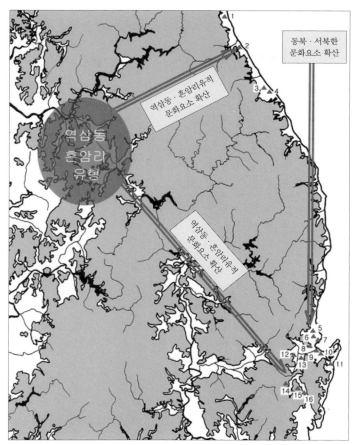

동북·서북한 문화요소 확산

역삼동·흔암리유적 문화요소 확산

역삼동·흔암리 유형

역삼동·흔암리유적 문화요소 확산

그림 93 | 동해안지역 청동기시대 전기중엽 문화변동

한지역 문화요소가 남부동해안지역으로 확산된다. 취락의 규모는 전기전 엽 보다 확대된다. 영동지역은 이중구연 복합문인 흔암리식 토기요소를 보 이는 조양동 단계와 가락동·역삼동 주거 결합양상과 역삼동식 토기요소가 보이는 대대리 단계에 해당하는 역삼동·흔암리유형이 성행한다.

역삼동유형은 장방형 주거지에 상면식 노 1~3개, 주공이 설치되는 주거 형태로, 고성 대대리 5호, 지흥동 3호 등이 대표적이다. 한편 가락동식 주거

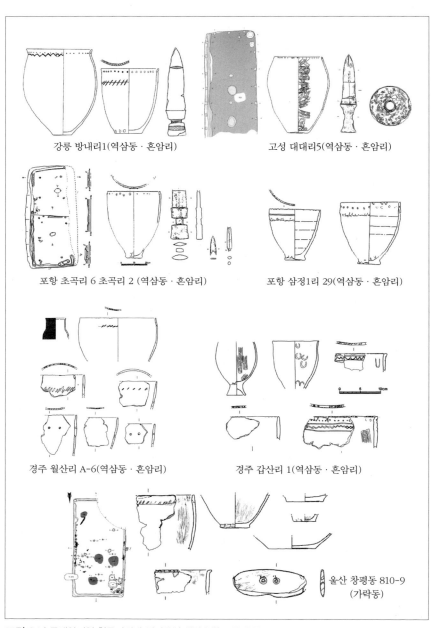

강릉 방내리1(역삼동 · 흔암리)

고성 대대리5(역삼동 · 흔암리)

포항 초곡리 6 초곡리 2 (역삼동 · 흔암리)

포항 삼정1리 29(역삼동 · 흔암리)

경주 월산리 A-6(역삼동 · 흔암리)

경주 갑산리 1(역삼동 · 흔암리)

울산 창평동 810-9
(가락동)

그림 94 | 동해안지역 청동기시대 전기중엽 취락유형 교류 유물

지의 노인 위석식 노가 2개 설치된 고성 대대리 8호, 강릉 입암동 1호, 가락동식과 역삼동식 주거요소의 결합형태인 위석식과 상면식 노 축조(고성 대대리 6호, 강릉 입암동 2호-위석식+무시설식 노) 등 가락동과 역삼동식 주거 양상이 결합된 양상도 확인된다. 토기는 역삼동식토기(공렬, 적색마연토기, 대부토기)만 확인되는 양상을 보인다.

남부동해안지역은 흔암리식 주거가 주류를 이루는데, 대형과 중형의 장

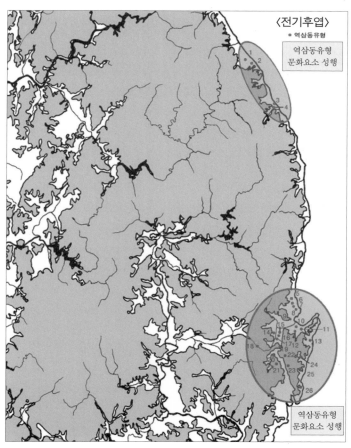

그림 95 | 동해안지역 청동기시대 전기후엽 문화변동

방형, 세장방형의 주거와 일부 소형의 방형 주거도 확인된다. 토기는 퇴화이중구연, 이중구연 복합문인 퇴화이중구연단사 · 거치 · 이중구연단사선구순각목(거치) · 이중구연단사선공렬, 구순각목단사선, 구순각목공렬문 등의 흔암리식 토기가 성행하며, 석기는 유단식석검, 삼각만입촉, 이단경식석촉이 출토된다. 한편 경주 갑산리 취락 1호 주거지에서는 구순각목 횡대구획문, 경주 월산리 B-28호 주거지에서는 횡대구획 공렬문이 출토되었다.[68]

전기후엽에는 전기중엽에 확산되어 정착된 역삼동 · 흔암리유형 문화요소가 자체의 지역적인 확산으로 인해 취락의 규모가 확대된다. 흔암리유형 요소인 이중구연요소는 점차 소멸되고, 역삼동유형 문화요소가 성행하며, 남부동해안지역에서는 울산식 주거가 축조된다.

중기에는 전기의 전통을 이어 받아 형성된 영동지역의 포월리유형과, 남부동해안지역 검단리유형의 취락이 조성된다. 영동지역은 현재 조사가 많이 이루어지지 않아 정확한 취락양상은 알 수 없지만, 동한만지역의 금야유형의 영향도 받았을 것으로 판단된다. 울진지역의 덕천리, 봉산리 취락과 지석묘군도 포월리유형의 문화양상을 보이고 있어, 포월리유형의 확산양상을 살펴 볼 수 있다.

남부동해안지역은 태화강주변에서 형성된 중기의 검단리 유형 문화요소는 울산 해안지역, 경주 형산강유역, 포항 해안지역으로 확산된다.[69]

---

68) 배진성은 가장 다양한 횡대구획문과 외반구연(대부)옹의 신기종이 호서지역을 중심으로 한 중서부지역이 남한전기에 요동반도계 토기를 수용한 주체로 보고, 영남지역과 중북부지역은 중서부지역을 거친 후 횡대구획문이 채용되었다고 보았다. 이지역은 횡대사선문, 횡대공렬문 등 재지계의 심발형토기에 공렬과 구순각목이 재지계 문양과 결합되는 양상을 보인다고 한다(裵眞晟 2007).

69) 원주 문막리 1호 수혈에서는 파수부공렬문토기 1점이 출토되었다. 기존 검단리식토기로 알려진 파수부공렬문토기는 안동 저전리 1호 저수시설에서 횡선문과 공렬문이 시문된 완형토기가 출토되어, 검단리식토기의 분포권이 확장되었지만, 중부지역에서는 처음으로 확인되었다. 현재 한 점만 출토되어 기존 검단리식토기와의 직접적인 비교가 어렵지만, 공렬은 관통되었고, 기면은 전체적으로 마연한 상태로 차이가 보인다.

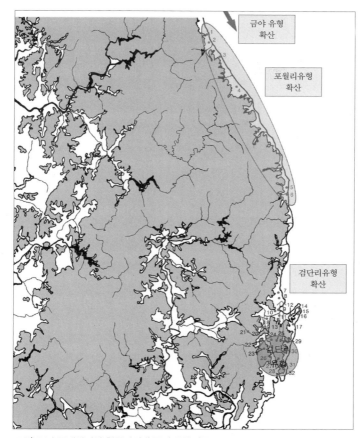

그림 96 | 동해안지역 청동기시대 중기 문화변동

원산만 일대의 청동기시대 중기는 금야 유형 해당한다. 북청 중리유적에서는 3기의 주거지가 확인되는데 3호 주거지는 소형 장방형으로서 벽면 안쪽을 따라 초석이 확인되고 평지식노가 설치되어 있다. 금야유적에서는 10기의 주거지가 확인되는데 전반적인 평면형태는 장방형을 나타내고 있다. 주거지의 규모는 대체적으로 장축 3~11m, 단축 2~7m 내외이며 수혈식노가 2 · 10호주거지에서 확인된다.

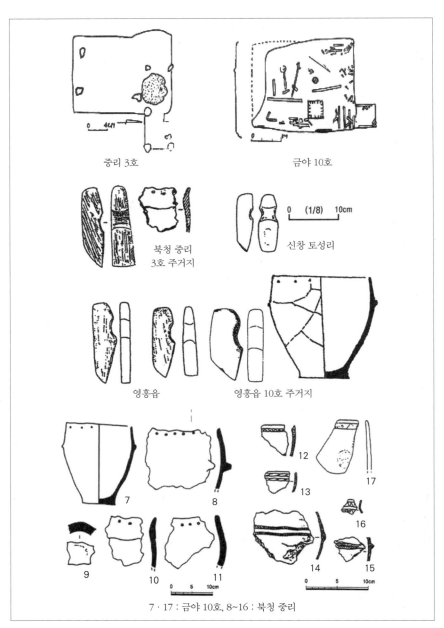

중리 3호

금야 10호

북청 중리
3호 주거지

신창 토성리

0 (1/8) 10cm

영흥읍

영흥읍 10호 주거지

7

8

9

10

11

12

13

14

15

16

17

0 5 10cm

0 5 10cm

7 · 17 : 금야 10호, 8~16 : 북청 중리

그림 97 | 금야유형 주거지와 출토유물

동해안지역 후기에는 중기의 청동기문화인 영동지역 포월리유형과 남부
동해안지역 검단리유형의 무문토기문화 전통을 보유한 재지집단과의 접촉
과 교류를 통하여 초기에는 소형취락으로 조성되다가, 점토대토기문화의
확산에 따라 점차 취락의 규모가 중형취락으로 확대되어가면서 정주취락의

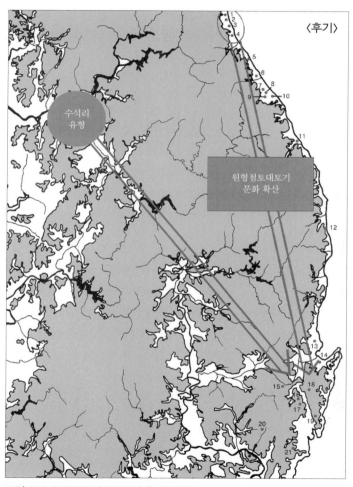

그림 98 | 동해안지역 청동기시대 후기 문화변동

형태를 보인다. 남부동해안지역은 원형점토대토기단계 취락의 형태는 대부분 단기간에 형성되어진 소형취락의 형태에서 삼각형점토대토기단계에 들어가면서 환호 등 취락구성요소가 다양해지면서 취락의 규모가 확대되고, 정착되어 가는 양상을 보인다.

남부동해안지역 점토대토기문화의 유입은 중부지역에서 영남내륙과 동해안을 통해 동남해안 지역으로 유입된 것으로 판단되는데, 박진일은 울산지역의 점토대토기 문화는 사천 방지리가 위치한 영남해안 지방에서의 전파를 상정하였다(朴辰一 2013).

영동지역 후기의 원형점토대토기의 상한은 기원전 5세기대로 편년되는데, 고성 사천천 지구 송현리B 취락, 화진포호 지구 초도리 취락, 강릉 사천천 지구 강릉 방동리 취락, 남대천 지구 입암동 취락 등 소규모로 취락이 조성된다. 점토대토기문화가 영동지역에 처음 유입되는 단계로 원산만을 통해 육로를 통해 영동지역에도 비슷한 시기에 정착한 것으로 여겨진다. 이는 기존 영동지역 중기로 편년되는 노지가 장축방향 중앙에 위치하는 장방형의 주거지가 축조되며, 재지계의 공렬문토기, 외반구연토기, 장릉형석촉과 함께 원형점토대토기, 환상파수 등의 유물구성을 보았을 때 박진일의 중서부지역 편년 1기와 같은 시기이다. 재지의 토착 포월리유형이 자리 잡고 있던 영동지역에 외래계의 점토대토기집단이 새롭게 들어오면서, 외래주민이 주체가 되어 기존 주거와 토기 등의 재지요소를 수용한 것으로 판단된다. 이러한 양상은 상대방 집단의 특징적인 유물을 공유하는 '교류'관계에서 비롯되었으며, 외래문화의 최초 이입시점에는 정보를 통한 모방 또는 물건의 이동이 먼저 이루어졌을 것이며, 그 다음 단계에 사람이나 기술의 이동이 진행되었을 가능성이 높다고 보았다(이형원 2009).

한편 영동지역 청동기시대 후기에 해당하는 고성 송현리, 철통리, 초도리 유적에서는 말각방형의 주거지, 동해 지흥동유적에서는 원형의 송국리식 주거지가 조사되었는데, 주거지에서는 점토대토기와 함께 외반구연호 및 직립구연토기, 적색마연토기가 공반되고 있다. 이러한 호형토기 요소는 외

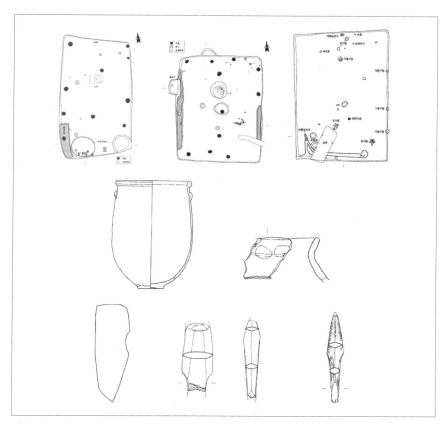

그림 99 | 영동지역 후기 취락 교류 관계 주거와 유물

부로부터 전래된 것이 아니라, 중기의 포월리 단계[70]부터 존재하고 있었던 영동지역 재지주민들의 무문토기 요소들로, 자체적인 변화양상을 거쳐 원형점토대토기 단계로 이어진다. 이러한 점은 남부동해안지역에서도 검단리

---

70) 영동지역의 무문토기 편년에서 중기는 단순 공열토기와 무문토기 호가 동반되는 포월리단계 는 중기 전반, 무문토기 호만 출토되는 방동리A 단계(무문토기 호, 유구석부, 일체형석촉)는 중기 후반으로 편년된다.

유형에서부터 이어지는 무문토기문화의 전통이 점토대토기문화와 공반되는 양상을 보인다.[71]

영동지역은 점토대토기가 영동지역에 이입된 이후에도 재지의 장(방)형 평면형태에 주축방향의 중심 축선에 노지가 조성된 주거가 지속적으로 존속하고 있으며, 부분적으로 송국리식 주거 형태, 벽부형노지의 선택적 채용 양상이 확인된다. 중서부지역에서는 원형의 송국리식 주거지에서만 원형점토대토기가 출토되며, 경기남부를 비롯하여 호서지역의 방형 휴암리식 주거지에는 점토대토기가 출토되지 않는다.

영동지역에서는 방형과 원형의 송국리식 주거지에서 모두 원형의 점토대토기가 출토된다. 방형의 송국리식 주거지에서는 토광식 노, 원형의 주거지에서는 벽부 노가 축조된다. 방형 주거지인 송현리 B-10호에서는 환상파수가 출토되며, 대부분 방형 주거지에서는 원형점토대토기와 함께 공렬문토기(송현리 C-23호)를 비롯하여 외반구연토기가 공반된다. 한편 지흥동 4호 방형 주거지에서도 점토대토기와 함께 외반구연호가 출토되었다. 지흥동 원형주거지에서는 원형점토대토기만이 출토되어, 영동지역의 경우 방형 주거지가 원형 주거지보다 시기가 앞선 것으로 보인다. 한편 충청, 전라지역에서 확인되는 방형의 주거지는 중앙 수혈내에 주혈이 위치하는 전형적인 형태는 1기에 불과하고(송현리 B-10호), 수혈 바깥에 위치하는 형태, 중심주혈 2개만 확인하는 형태(동천동형) 등 영남지역에서 확인되는 송국리식 주거지의 형태이다. 지흥동에서 확인된 원형 주거지도 원형 수혈 바깥에 주혈이 위치하고 있는 양상을 보인다. 아직 원형주거지는 1기밖에 조사예가 없지만, 영동지역으로의 송국리문화가 이입되는 다양성을 제시해주는 예라고

---

71) 강원 영서지역에서도 중기에 해당하는 시기에 호형토기, 소형 호, 유구석부, 일체형 석촉, 점토다짐구역의 특징을 가진 천전리유형이 존재하고 있고, 이후 춘천 현암리 유적의 원형점토대토기 단계 주거지에서 외반구연토기가 출토되어 같은 양상을 보이고 있다.

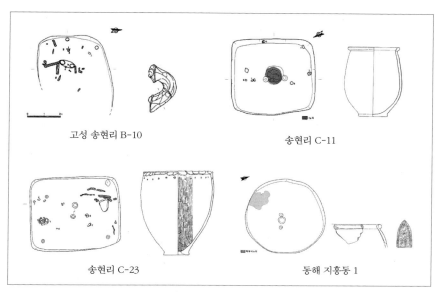

고성 송현리 B-10

송현리 C-11

송현리 C-23

동해 지흥동 1

그림 100 | 송국리식 주거와 출토유물

할 수 있으며, 추후 자료의 증가를 기대해 본다.

　남부동해안지역 울산 매곡동Ⅰ지구 4호 주거지, 매곡동Ⅱ지구 청 3호 주거지, 검단리 70호 주거지 등에서는 청동기시대 중기 말의 유물들과 원형점토대토기와 관련된 유물이 출토되었는데, 주거지는 울산식 주거지와 유사한 형태이다. 이러한 현상은 울산을 중심으로 하는 동남부지역은 원형점토대토기문화의 파급이 상대적으로 미약한 곳이며, 이것은 중기문화를 영위한 재지민들의 문화가 삼각형점토대토기가 발생할 때까지 지속적으로 이어진 것으로 판단하고 있다(이수홍 2012). 한편 영남지방 점토대토기 단계의 재지 무문토기문화와 점토대토기문화는 원형점토대토기가 유입된 이후부터 삼각형점토대토기가 유입되거나 발생한 이후까지 공존하면서 상호 접촉과 교류를 통한 문화접변으로 이해한다. 재지집단은 장식성이나 상징성이 강한 이주 집단의 청동제품이나 무기류를 수용하고 이주 집단은 주로 실생활과 관련된 유물을 수용한 것으로 파악하였다(신영애 2011).

표 20 | 동해안지역 청동기시대 문화변동

시기	유구/유물	분포정형	문화변동		
			상위지역	중위지역	하위지역
조기	마사리식 주거 위석식 노, 조석, 돌대문토기, 외반구연토기(동부) 강릉 교동 : 장방형 주거, 위석식 노, 주공 이중구연토기, 장경호, 골립문토기 (동북한·서북한 문화)	경포호지구(교동) 매전지구(중효동) 태화강지구(구영리)	-상위지역간 교류(문화변동) -취락유행의 확산 교동은 원산만지역을 통해 동북한, 서북한 문화요소 확산 중효동은 중서부지역에서 태전을 통해 마사리유행 확산		
전기 전엽	가락동식 주거 장방형 주거 위석식 노 조석 가락동식 유물 (이중구연) 유행구이단병식석검 삼각만입촉	지경호지구(임호정리) 연곡천지구(동덕리) 경포호지구(교동) 월화천지구(월포리D) 매전지구(중효동) 형산강유류지구(금장리) 동천강지구(천곡동, 신천동)	-상위지역간 교류(문화변동) -취락유행의 확산 영동지역과 남부동해안지역으 로 가락유 유행 확산	동해문화권 문화요소 북부동안지역에서 영동지역으로 확산	마사리유행 형산강유역에만 일부 존속
전기 중엽	역삼동/흔암리식 주거 장방형 주거 토광식 노 주공 (이중구연복합문) 이단병식석검 이단경식석촉 공구형석기	청초호지구(조양동) 연곡천지구(방내리) 초곡천지구 (성국리, 초곡리) 매전지구(현동) 형산강하류지구(잠산리) 형산강중류지구(두산리) 형산강상류지구(월산리) 동천강지구(장평동) 태화강지구(구영리)	-상위지역간 교류(문화변동) -취락유행의 확산 영동지역과 남부동해안지역으 로 역삼동·흔암리 유행 확산	동해문화권에서 남부 영동지역에서 남부 동해안지역으로 확산	하위지구별 따라 역삼동·흔암리유행 취락 확산 정착

시기	유구/유물	분포정형	문화변동		
			상위지역	중위지역	하위지역
전기 후엽	역삼동식 주거 (공렬문 요소) / 일단병식석검 / 일단경식석촉 / 공구형석기	연곡천지구(방내리) / 남대천지구(입암동, 병산동) / 주수천지구(성곡리, 초곡리, 대진리) / 맹방천지구(원동, 인덕동) / 가계천지구(내진리) / 형산강중류지구(동산리) / 형산강상류지구(덕천리) / 감포해안 지구(어일리) / 동천강 지구(장명동) / 울산 태화강 지구(천상리)		동해문화권문화요소 영동지역에서 남부 동해안지역으으로 확산	역삼동 유형 취락 확대
중기	춘암리식 주거 / 울산식 주거 / 연암동식 주거 / 역삼동식/검단리식유물 / 구순각목/공렬문 / 남일문 / 횡선문 / 적색마연토기 / 파수호(발) / 정동형석촉 / 유구석부	화진포호 지구 지석묘군 / 북천지구(대대리) / 남대천지구(포월리) / 경포호주변 지석묘군 / 울진 지석묘군 / 포항냉천지구(호동, 인동) / 기계천지구 지석묘군 / 구룡포 해안지구 취락 / 감포지구(어일리) / 동천강지구(매곡동, 호계동, 연암동) / 울산 산하동 해안지구 취락 / 화야강 지구(발리)		원산만 일대 금아 아형이 영동지역으로 확산 / 포항일대 유형의 확산 -해안을 따라 울진, 영덕지역까지 확산	검단리 문화요소 동천강, 태화강지구에서 산 전역과 경주, 포항 지역으로의 확산 / 지석묘군을 중심으로 등의적으로 취락 조성 / 묘역지석 축조 (분묘별토 확대)-친족집단)
후기	장방형계 주거 / 토광식, 삼면식 노 주공 / 암사방형(장방형) 방형 / 원형	사천천지구(송현리) / 화진포호지구(초도리) / 사천천 지구(방동리) / 대진지구(회진리, 모랑리) / 동천강지구(천곡동, 매곡동) / 태화강지구(교동리, 신화리)	상위지역간 교류(문화변동) -취락유형의 확산 남부동해안지역으로 중부지역의 수석리 유형 확산	원산만 일대의 점토 대토기문화 요소 영동지역으로 확산 / 영동지역에서 해안을 따라 남부동해안지역으로 이으로 원형점토대토기 문화 확산	제작문화요소(주거, 노) 전통에 외래 토기 요소 유입(문화접변) / 하천 지구를 경계로 인접한 단위취락으로 확대 / 공동의례(환호, 환구)

동해안지역 원형점토대토기문화의 전개양상에 있어서 영동지역으로 전파된 점토대토기문화는 재지의 무문토기문화와의 교류를 통한 정립과정을 거쳐 영동지역 전역 및 남부동해안지역으로 확산된 것으로 판단된다. 물론 남부동해안지역 점토대토기문화가 동해안지역으로만 전파된 것은 아니고, 중부지역에서 영남내륙과 동해안을 통해 동남해안 지역으로 유입된 것으로 보거나(이정은 2011), 영남해안 지방에서의 전파가 상정(박진일 2013)되는 등 다양한 경로를 통해 성립된 것으로 판단된다.

청동기시대 후기에는 재지문화요소(주거, 노) 전통에 외래 토기요소 유입되는 문화접변을 통해, 하천 지구를 경계로 인접한 단위취락으로 확대되며, 취락에서는 공동의례(환호, 환구)가 이루어진다.

이상에서 동해안지역 청동기시대 취락의 교류와 문화변동 양상에 대해 살펴보았다.

영동지역은 태백산맥 서쪽에서 동쪽으로 흐르는 하천 주변에 위치한다. 따라서 해안을 따라 구릉에 인접한 취락간에 교류가 이루어졌을 것으로 판단된다. 반면 남부동해안지역은 해안에 위치한 구룡포, 감포, 산하동 해안지역의 해안단구에 조성된 취락들은 해안을 따라 인접한 취락과 교류가 진행되고, 형산강유역과 동천강유역, 태화강유역에 조성된 취락들은 하천가의 교통로상에 입지함에 따라 이를 통해 인접한 취락과 사회·경제적인 교류가 이루어졌을 것으로 판단된다.

동해안지역은 현재 토기나 석기 제작 관련 공방과 같은 관련 유구가 확인되지 않는다. 청동기시대 유구나 유물의 복합체인 유형에 대한 논의를 통해 교류를 유형의 확산 및 소멸의 관점에서 문화변동 또는 접변의 양상으로 검토가 진행되고 있지만, 고고자료를 통한 교류양상에 대한 분석은 어려움이 많다.

동해안지역은 서쪽은 태백산맥, 동쪽은 동해에 접해 있어 교통시설이 발달하지 못한 선사시대에는 동서 간의 교류가 원활하지 못했다. 반면에 청동기시대 조기부터 형성된 동북지역과의 교류관계가 계속 이어지면서 검단리

유형이 성립되는 배경이 되었을 것으로 판단한다.

동해안지역 청동기시대 시기별 주거문화와 토기와 석기 등의 물질문화의 변화양상은 지역별로 시간에 따른 변화양상의 차이를 보인다. 각 취락유형들은 각 분기 마다 등장의 시차는 있지만, 일정 분포권을 유지하면서 타 유형 취락과 물질자료의 상호보완이나 접촉 등의 교류의 모습을 보인다. 이는 문화유형의 유입과 발전, 확산에 따른 변화양상이다. 이러한 문화변동 양상은 인구의 이동으로 인한 주민의 이주나 확산으로 설명된다.

조기에는 영동지역은 원산만지역을 통해 동북한, 서북한 문화요소가 확산되며, 남부동해안지역은 중서부지역에서 대천을 통해 형산강유역으로 미사리유형이 확산된다.

전기에는 영동지역과 남부동해안지역으로 가락동유형, 역삼동 · 흔암리유형이 확산되며, 동해문화권 문화요소가 북부동해안지역에서 영동지역으로 확산되어 점차 남부동해안지역으로 확산된다. 전기후반에는 하천 지구를 따라 역삼동유형 취락이 공간의 확산 및 대규모 취락으로 조성된다.

중기에는 원산만 일대 금야 유형의 문화요소가 영동지역으로 확산된다. 영동지역의 포월리 유형은 해안을 따라 울진, 영덕지역까지 확산된다. 검단리 문화요소는 동천강, 태화강지구에서 울산 전역과 경주, 포항지역으로의 확산된다. 남부동해안지역에는 묘역지석묘가 축조되어 친족집단을 중심으로 하는 분묘밸트가 소규모로 조성된다.

후기에는 재지문화요소(주거, 노) 전통에 외래 토기요소 유입되는 문화접변을 통해, 하천 지구를 경계로 인접한 단위취락으로 확대되며, 취락에서는 공동의례(환호, 환구)가 이루어진다.

VI. 동해안지역 청동기시대 사회상

1. 동해안지역 청동기시대 생계상

동해안에는 해안선을 따라 해안단구, 하안단구들이 곳곳에 분포하므로, 이곳에서 경지와 주거지를 획득하여 선사시대부터 사람들이 거주하였다.

선사·고대인의 주거지 및 경지 입지 가운데는 구릉지가 가장 많다. 이것은 배후산지에서 얻을 수 있는 기회 즉, 수렵, 견과와 핵과의 채집, 연료를 용이하게 공급받을 수 있으며, 구릉지 아래의 충적지에서는 경지를 얻을 수 있다. 산지와 구릉지 아래의 충적지가 만나는 곳에서는 물을 얻을 수 있으므로, 농사에 대단히 유용한 장소를 제공할 수 있다. 그리고 하천의 범람으로부터 안전하다. 따라서 분지의 분수계 아래 분포하는 선상지는 거주지와 경지로서 이상적이라 할 수 있다. 이와 같은 입지선정은 농업생산이 생업구조 가운데 주체적 위치를 차지하게 되는 고대로 오면서도 결코 수전도작과 쌀에 의존적이지 못했고, 전작이 주체를 이루는 농업경영상의 전통이 형성되어 왔음을 반증하는 것으로 볼 수 있다(황상일·윤순옥 2001).

청동기시대의 농경만으로 생계를 꾸려나가기에 자연 재해는 물론이고 기술적 측면에서도 식량생산력의 안정성은 낮았을 것이며, 영양소 섭취에 있어서도 불균형을 이루게 된다. 이러한 식량생산력의 불안정성이나 영양소의 불균형은 수렵이나, 채집, 어로라는 자연자원의 활용으로 보완하였을 것으로 판단된다.

1) 농경

농경은 이미 신석기시대로부터 중요 식량생산부분으로 되어 있으며, 청동기시대에는 보다 더 발전된 농경기술이 보급되어 식량생산이 증대되었다. 청동기시대에 들어와서 대규모의 취락유적과 두터운 문화층이 발견되는 것, 또 이러한 청동기시대 유적 가까운 곳에 지석묘군이 나타나는 것은 당시 인구가 증가했음은 물론, 정착생활이 더욱 공고화되었다는 것을 말하여 준다. 또한 인구가 증가되고 정착생활이 공고해졌다는 것은 식량생산의 증대와 결부되는 것이다.

청동기시대의 가장 큰 특징은 농경[72]의 본격적인 시작이라 할 수 있다. 청동기시대 농사의 양상은 전기에는 밭농사의 비중이 논농사보다 컸고, 중기로 가면서 논농사의 비중이 커져 갔다.

농경의 존재를 직접적으로 증거 할 수 있는 자료는 토기바닥에 남아 있는

---

72) 한반도에서 이루어진 화분분석결과로 벼농사에 대한 자료를 검토해 보면, 대체로 2,500BP를 전후해서 벼科(Gramineae)가 크게 증가 하고 있다. 동해안의 경우 방어진에서는 2,400BP, 포항에서는 약 1,900BP, 주문진에서는 포항보다 늦은 시기로 약 1,700BP, 속초에서는 그보다 늦은 시기에 벼과가 급증한다(曹華龍 1979).

재배식물의 흔적이나[73] 탄화된 곡물 등의 식물유체,[74] 또는 논[75] · 밭 등의 농경유구이다.[76] 농경도구는 벌채구, 굴지구, 가공구, 수확구, 식량처리구 등이 확인되는데 농경에 필요한 기본적인 도구체계는 완성된 것으로 보인다. 다만 석기조성비에서 보면 상대적으로 벌채구, 굴지구, 식량처리구의 비율이 높은데, 이는 논 경작 보다는 밭 경작이 중심이 되며, 나아가 수렵과 채집활동도 활발했던 것으로 볼 수 있다.

청동기시대 전기의 농경은 신석기시대 보다는 다양한 양상으로 전개되지만 아직 성숙한 단계의 농경활동은 이루어지지 못한 것으로 보인다. 또한 대부분의 경작활동도 소규모로 이루어진 것으로 생각되며, 화전경작이 중요한 경작방법으로 사용되었을 가능성이 높다. 따라서 농경활동에 의한 식량생산량은 많지 않았던 것으로 보이며, 소비는 외부로 유통하기 보다는 취락 내에서 주로 이루어졌을 것으로 보인다. 또한 농경활동만으로는 충분한 식량을 확보가 어렵기 때문에 수렵이나 채집, 어로활동도 중요한 수단이었을 것으로 보인다(윤호필 2014).

---

73) 하남 미사리 030호 주거지, 서산 휴암리 A6호 주거지, 안면도 고남리 B1호 패총, 부여 송국리 50-2, 54-2호 주거지, 이리 부송동 2호 주거지, 여천 월내동 8호 지석묘, 승주 대곡리 40-1호 주거지, 창원 산포 21호 지석묘, 울주 검단리 2호 주거지와 합천 봉계리, 산청 강루리, 진양 대평리, 부안 소산리 등에서 볍씨자국 토기가 보고되고 있다.

74) 동북지방의 무산 호곡동과 회령 오동유적에서는 기장, 수수, 콩, 팥이 서북지방의 평양 남경유적에서는 벼, 기장, 수수, 기장, 콩이, 송림 석탄리유적에서는 팥과 조가 출토되었다. 흔암리유적에서는 벼, 조, 수수, 보리 등이 검출되었다.

75) 논산 마전리유적에서는 주거지, 무덤, 우물, 수로, 보시설, 논 밭 등으로 농촌취락유적의 일면을 볼 수 있게 되었고, 송국리 문화단계로 설정되고 있는 시기의 농경생활 모습 전반을 살 필수 있는 자료로 여겨진다.

76) 청동기시대 전기에는 계단식 논과 소구획 논이 확인된다. 논의 외부에는 관개시설인 수로와 취수구가 설치된다. 청동기시대 전기의 논은 대체적으로 소규모로 경작된 것으로 보인다. 밭은 토양 및 지형조건이 까다롭지 않아 다양한 지형에 입지한다. 청동기시대 전기는 주로 주거지 주변에 배치되면서 대부분 소규모 텃밭이나 화전경작을 하였을 것으로 추정된다.

동해안지역에서는 수전 등의 경작유구는 전기에는 확인되지 않고, 울산지역에서 중기에만 일부 확인된다. 논농사의 경우, 대체로 완만한 지형경사를 가진 구릉 사이 골짜기를 막아 개간하여 논을 조성하였다. 울산지역에서 청동기시대 논은 야음동, 화정동유적은 계단식 논이 조사되었고 옥현, 발리, 서부리 남천, 굴화기 생기들유적은 바둑판식 논이 조사되었다.[77] 형태의 차이는 있지만 서부리 남천유적을 제외하고는 구릉사면 말단부나 곡부를 이용하였다는 점에서 동일하다. 옥현유적의 경우에도 하천용수를 이용하기보다는 곡부로 유입되는 용수를 이용하였던 것으로 볼 때 하천변 충적지가 발달하지 못한 울산지역은 곡부를 이용한 소규모 경작이 이루어졌을 것으로 판단한다(李秀鴻 2012). 경주 충효동 100-14 A지구에서 추정 경작유구층이 확인되었고, 중기에 해당하는 포항 이인리 취락에서도 구릉 하단부에 경작유구가 조성되었다. 이인리 취락에서 확인된 경작유구는 입지상 구릉 말단에 위치하고 있고, 하천의 배후습지에 조성된 부정형의 소구획된 논이다. 평면형태는 '∩'자형이며 중간부분이 끊어진 지점은 입수시설로 추정된다. 경작유구의 상단에는 수리시설로 추정되는 11호 구상유구가 길게 지나간다. 내부에는 사람의 발자국, 식물뿌리의 부식흔적 혹은 경작흔으로 추정되는 부정혈 수혈이 확인된다.

울산 서부리 남천유적의 경우처럼 하천변에 조성하거나 온양 발리유적과 같이 구릉 사면에 조성된 경우도 있다. 울주 입암리유적에서는 청동기시대 밭 유구가 확인되었는데, 이랑의 방향은 등고선과 직교하게 설치되었으며 폭은 60cm 내외이다.

탄화미는 강릉 교동, 고성 사천리, 울산 천곡동, 가재골 · 천곡동 산173-1

---

77) 울산을 중심으로 한 동해안은 내륙보다는 하천이 짧고 가팔라서 하안충적지가 발달하지 못한 동해안지역에서 오히려 청동기시대의 논유적이 가장 많이 발굴되는 이유는, 수렵어로채취의 생계형태에서 부족한 곡물을 보충하기 위한 수단으로, 다른 지역보다 더욱 적극적으로 수용했기 때문으로 판단하고 있다(안재호 2014).

그림 101 | 청동기시대 논－1. 발리 2. 서부리 남천 3. 화정동 4. 무거동옥 5. 야음동 6. 포항 이인리
李秀鴻 2010 전재 및 수정

번지 · 달천유적 등에서 출토되었다.

교동 1호 주거지 출토 탄화미는 평균 길이 4.3mm, 폭 2.5mm, 장폭비 1.6 의 단립형으로 남경유적[78]과 비슷하다. 공반출토된 토기는 서북한지방의 이중구연토기와 공열토기, 직립구연호, 부대장경호, 발과 반월형석도, 敲石 (6호 주거지) 방추차, 어망추, 등의 석기가 공반되고 있다.

사천리 5호와 8호 주거 출토 탄화미는 평균 길이 4.3mm, 폭 2.3mm, 장 폭비 1.4~2.0의 단립형으로 교동유적과 유사하다.

흔암리는 탄화미 평균 크기가 길이 3.72mm, 폭 2.23mm로 작은데 사천 리에서도 이 크기가 상당히 높은 빈도로 나타난다. 남강과 울산 다운동 청 동기시대 주거지에서 출토된 탄화미의 평균치도 길이 3.6mm, 폭 2.2mm, 두께 1.6mm로 흔암리와 유사하다. 한편 부여 송국리 54-1호 주거지 탄화 미는 길이 4.02mm, 폭 2.34mm, 두께 1.59mm로 길이와 폭의 평균값이 사 천리 탄화미와 동일하다(안승모 2007).

탄화곡물은 울산 다운동 7호와 벼, 콩, 팥, 조, 수수 울산 상연암 III-1호 팥, 콩, IV-3호 수혈에서는 벼, IV-4호 수혈에서는 벼, 팥, 함정유구에서는 팥, 기장 등의 다량의 탄화곡물이 출토되었다.

전체적으로 보면 전기후엽에서 중기에 벼, 보리, 기장, 조 등이 재배된 것 으로 판단된다.

울산 굴화리 생기들유적에서는 탄화목재와 탄화곡물이 출토되었는데, 분 석결과 침엽수인 적송, 낙엽활엽수인 졸참나무, 상수리나무, 개옻나무, 단풍

---

78) 평양 남경유적은 대동강연안의 충적지에 위치하는 신석기시대와 청동기시대의 유 적으로 탄화미는 36호 주거지에서 조, 콩, 기장, 수수 등이 반월형석도와 연석과 함 께 반출되었다. 유적의 시기는 전형적인 팽이형토기와 함께 미송리형토기가 보이 고 있어 팽이형토기 유적 중에서는 약간 늦은 시기에 속한다. 이곳의 탄화미는 길이 4.5mm, 폭 2.5mm에 장폭비가 1.8에 해당되는 낟알이 크고 굵은 것으로 평균 길이 3.72mm, 폭 2.20mm, 장폭비 1.68의 短粒形인 흔암리의 것과는 다른 모습을 보여주 고 있으나 역시 같은 단립형이다.

나무의 5종이 확인되었다, 탄화곡물은 보리, 조가 출토되었다. 화분과 식물 규산체들에 대한 분석 결과 쇠풀, 갈대, 기장, 얼룩조릿대, 잔디, 기장, 벼 등이 관찰되었다. 경주 덕천리 11호에서는 탄화콩, 화천리 9호에서는 벼, 조, 기장, 팥 등의 작물과 강아지풀, 개기장, 기장족 등의 잡초류가 탄화된 상태로 출토되었다.

한편 농업생산의 증대로 인구가 증가되고 정착적 취락이 광범위하게 형성되었음은 짐작할 수 있으나 당시 농업이 어떠한 기술수단에 의하여 영위되고 있었는지를 파악할 수 있는 자료는 아주 적다.[79] 다만 농경과 관계된 도구[80]의 출토를 통하여 당시의 농경상황을 추정해 볼 수 있다.

교동유적 이후의 영동지역 주거지에서는 저장용 구덩이가 여러 개 남아있고, 수확용 석기인 반월형석도와 낫, 조리도구인 갈돌(砥石)과 갈판(碾石) 등이 출토되어 전형적인 청동기시대 농경민의 주거지 유적임을 말해 준다.

2) 어로

청동기시대는 벼농사를 비롯한 오곡의 생산이 증대되고 가축의 사육도 발전되며, 식용을 위한 어로와 수렵은 주민들의 중요 생업의 일부분이었을 것으로 여겨진다.[81]

---

79) 신석기시대에는 작은 규모의 화전 농업이 이루어져, 땅을 일구는 연모로 돌괭이(곰배괭이)가 주로 쓰였고 농토를 개간하는 데는 돌도끼를 이용하였고, 청동기시대가 되면서 농사의 규모가 커지고 괭이농사는 보습농사로 바뀌게 되었다고 보았다(박영초 1988).

80) 농사용 도구로는 청동기시대 후기가 되면서 돌도끼, 돌괭이, 돌보습 등 돌 연모가 줄어들고 나무 연모가 많이 쓰인다. 도끼, 끌, 대패, 자귀 등 나무를 다루는 연모가 많아지는 것은 농경 도구에서 나무를 많이 쓴 사실이라고 보고 있다(황기덕 1984).

81) 일부지역에 생존하고 있는 수렵채집인들에 대한 인류학적 조사와 농경의 발생지역에 대한 고고학적 연구의 결과를 살피면서 수렵채집의 식생활이 영양적인 면이나 음식의 다양면에서 결코 뒤떨어지지 않고 식량획득에 드는 노동 시간도 많지 않다는 것이 밝혀져 농경은 밀집된 인구의 대규모의 사회적 단위를 부양시킬 수 있는 식

영동지역은 신석기시대 이래로 강과 하천뿐만 아니라 바다에서도 어로나 해초류의 채취에 종사하였을 것이다. 특히 영동지방에는 석호(潟湖, Lagoon)가 발달하여 10여 개가 넘는 바닷가 호수가 있는데, 이러한 바닷가 호수는 물고기가 많을 뿐 아니라 낚시나 투망을 이용한 고기잡이가 용이한 호 조건을 갖춘 곳이기도 하여 어로가 성행하였을 것이다.

영동지역에서 출토된 토제 어망추는 강릉 교동 16점, 속초 조양동 2점, 양양 포월리 유적에서 2점과 석제 어망추는 교동 3점, 조양동 2점, 포월리에서 2점 등이 출토되었다.

교동 유적 1호 주거지에서는 주거지 북벽 모서리에서 토제 어망추 16점이 한곳에서 집중되어 출토되었고,[82] 석제품만 아니라 토제 어망추를 이용한 작은 그물을 이용하여 어로행위가 이루어졌음을 알 수 있다. 이러한 토제 어망추는 주로 민물고기용으로 사용된 것으로 여겨진다. 이와 같은 사실은 농경뿐만 아니라 어로도 중요한 생업의 일부분이었음을 알 수 있다.[83]

어로는 신석기시대에 비해 낚시바늘의 출토가 적고 어망추가 많이 출토된다. 어망추는 단추형, 구슬형, 원통형이 출토되는데, 원통형은 남부동해안지역에서만 출토된다. 포항 초곡천 주변[84]의 대련리 유적에서는 어망추

량의 증가를 허용하는 대신 음식의 질을 감소시키고 식량의 안전성을 떨어트렸으며 노동시간도 단축시켜주지 못하였다. 따라서 농경의 도입이 결코 수렵체제에 비해 우월한 생존체계라고도 볼 수 없다고 보았다(안승모 1998).

82) 영동지역의 신석기시대 유적인 지경리 4호 주거지에서도 석제 어망추가 한 곳에서 16개가 출토된 바 있어 그물을 이루는 어망추의 최소한의 수는 16개가 아닌가 여겨진다.

83) 청동기시대가 되면 신석기시대에 사용했던 어구들은 대부분 모습을 감추 고, 소형의 토제 어망추라고 하는 새로운 형태의 어구가 내륙부를 중심으로 분포하게 된다. 대신 패총이 감소하고, 낚시 바늘 등 외해에서 사용 되는 도구들 또한 감소하는 양상을 보이게 된다. 이와 같은 새로운 어구의 출현과 기존 어구의 감소는 어법의 등장과 소멸을 말하며, 단순한 어구의 변화가 아닌 생업활동의 장인 어장의 전면적인 변화에 기인한 생업 및 사회 전반의 변화를 의미한다(김성욱 2008).

84) 포항 초곡천 주변은 대부분 산악지와 산록경사지, 구릉지로 구성되어 있고, 선상지

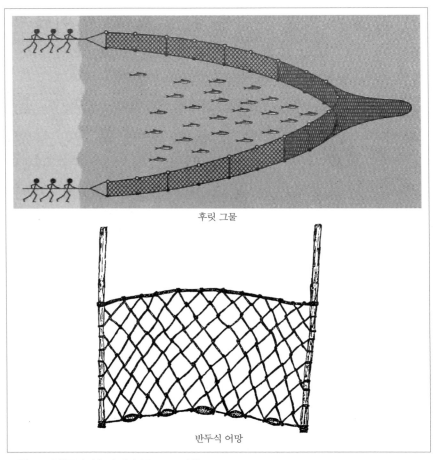

후릿 그물

반두식 어망

그림 102 | 청동기시대 어구(김성욱 2008 전재)

326점(1호 주거지 71점), 경주 어일리 C-52호 34점, B-62호 57점, 울산 입암리유적에서는 70여 점 등 다량의 어망추가 출토되어 근처 하천에서 그물

와 내륙평탄지는 크게 발달하지 못하여, 저구릉지나 구릉지 일대에 밭을 개간하여 제한적으로 농경이 이루어졌을 것이며, 초곡천 일대에서 어로활동이 성행하였음을 추정할 수 있다.

을 이용하여 어로활동을 했음을 알 수 있다.

청동기시대의 어망추는 내륙의 하천변이나 바닷가를 중심으로 나타나는데 형태, 크기, 무게에 있어서도 다양하고 유적의 입지환경도 서로 달라 다양한 종류의 어망이 사용되었을 것으로 판단된다.

청동기시대에 활용되었을 것으로 추정되는 망어구는 크게 후릿그물, 반두, 투망으로 나눌 수 있다.

포항지역에서 출토된 어망추는 637점으로 형태상으로는 원통형(429점), 구슬형(194점), 단추형(14점) 순으로 확인된다. 하천에 인접한 유적에서는 구슬형이, 해안에 인접한 유적에서는 원통형이 우세적으로 출토되었고, 해안에 인접한 주거지에서 출토된 어망추의 중량이 더 무거운 편이다. 한편 청동기시대 그물은 별다른 시설 없이 상부에는 부표, 아래에는 어망추만 설치하면 되는 간단한 구조인 유자망으로 추정하고 있다. 어망추의 형태 및 중량차이가 나는 점은 해안어로 보다는 하천 어로 성행 혹은 어로 방식의 차이로 여겨진다.[85]

신석기시대 중부 동해안지역에서 출토된 어로구는 결합식작살과 석촉, 결합식낚시, 어망추 등이다. 그리고 동해안 하천에 소상하는 연어나 송어 등은 이 지역의 어로에 많은 비중을 차지했으며(이영덕 2014), 청동기시대[86]에도 동일했을 것으로 판단된다.

한편 포항 이인리 취락에서는 경작유구에서 얻은 곡식 뿐만 아니라 추정 건조시설을 이용하여 생선을 장기간 건조하여 식량(건어포?)으로 활용하였을 것으로 판단되어, 어로의 비중이 높았던 것으로 판단된다.

---

85) 유자망은 조류에 자유로이 떠밀리게 함으로서 유영도중에 부딪힌 물고기나 그물망에 걸려어획하는 방식이다. 낮에는 조기, 학꽁치, 밤에는 꽁치, 오징어, 송어, 고등어, 방어, 삼치, 상어 등을 주로 잡는다고 한다(이동주·장호진 2012).

86) 청동기시대 중기 서해안 지역에서는 봄~가을에는 도미를 중심으로 하는 어로활동이, 가을~이듬해 봄에는 조개의 채집이 중점적으로 이루어 졌는데 패류채집의 대상은 굴이 대부분을 차지한다(김성욱 2008).

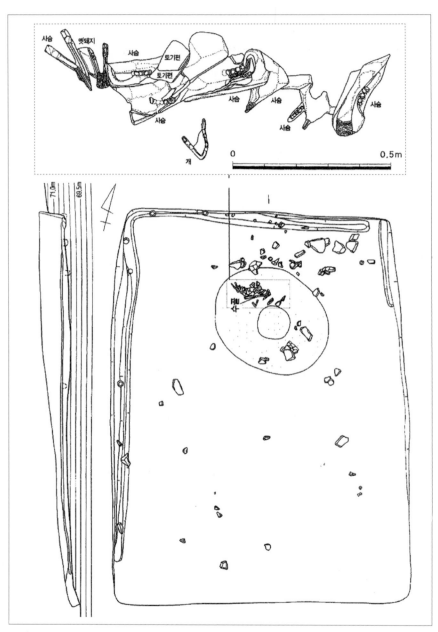

그림 103 | 포항 인덕동 10호 주거지 출토 수골

3) 수렵

수렵은 사람에게 양질의 단백질을 주고, 뼈, 뿔, 이빨, 가죽 등은 일상생활에 필요한 다양한 용구를 만드는 재료가 된다. 수렵의 증거는 주거지에서 출토된 석촉과 석창, 석구,[87] 짐승을 포획할 수 있는 사냥용 함정 유적에서 확인된 동물유체 등으로 알 수 있다. 장거리용 수렵도구인 활, 근거리용으로는 창 등을 주로 이용했을 것으로 추정된다.

활수렵은 상처에 약한 사슴과 노루 등을 비롯하여 소형동물을 대상으로, 창수렵은 멧돼지처럼 활로 수렵하기 어려운 동물을 비롯하여 비교적 크기가 큰 중대형동물을 대상으로 이루어졌을 것이다.

포항 인덕산유적 청동기시대 10호 주거지에서는 8개체의 수골이 출토되었다. 이러한 수골의 집적 현상은 수렵이나 농경의 풍요를 바라는 뜻에서 이루어진 의례행위로 추정한다. 인덕산유적의 사례는 청동기시대에 멧돼지를 대상으로 한 수렵이 활발하였음을 뒷받침하는 하나의 근거가 될 수 있을 것이다.[88]

수렵공간인 함정은 울산 태화강변의 울산 옥동유적, 입암리, 동천강 유역 상연암유적 등 울산지역에서만 확인된다.

함정은 크게 두 형태로 구분하는데, 평지형 함정은 취락의 내·외부에 배치하여 경작지를 보호하지만, 구릉형 함정은 이동로에 배치하면서 동물을 포획하는 목적이 강하다. 대체적인 시기는 평지형이 빠르고 구릉형이 느린 것으로 판단하며, 기능은 방어의 목적에서 순수 수렵의 목적으로 변하는 것으로 이해한다(김권중 2012).

함정수렵은 수렵이 가지는 포획(수확)의 불확실성 때문에 발생하는 노동

---

87) 중산동 약수, 덕신리 오산, 교동리 192-37유적에서 출토되었다.
88) 김도헌, 2008, 「청동기시대의 수렵과 채집」『청동기시대 생계와 사회경제』, 한국청동기학회 제2회 학술발표요지, 한국청동기학회.

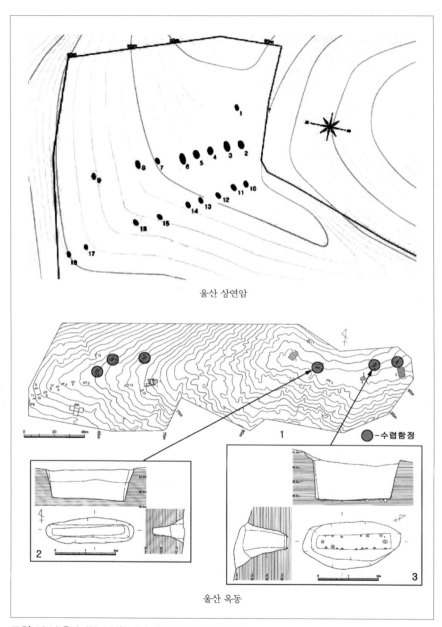

울산 상연암

울산 옥동

●─수렵함정

그림 104 | 울산지역 수렵함정(김도헌 2008 전재 및 수정)

력 손실을 감소시키는 효과와 수렵에 분배하는 노동시간을 자유롭게 조절할 수 있는 장점이 있다. 다른 생계 형태에 투입되는 노동력이 많아지면서 수렵에 분배할 수 있는 노동력이 감소되었고 이러한 상황 때문에 노동력을 절감하는 방향으로 수렵방법이 변화하였던 것으로 추정할 수 있다.

수렵함정의 장타원형과 타원형은 입지와 구조에서 차이를 보이기 때문에 수렵의 대상이 달랐을 가능성이 있다. 멧돼지가 저지대인 취락 주변의 산지에 서식하는 반면, 사슴은 주로 고지대에 서식한다는 점과 수렵함정의 구조와 입지를 고려하면 장타원형은 사슴, 타원형은 멧돼지의 수렵을 목적으로 설치하였을 가능성이 있다(김도헌 2008).

농경의 발생과 사회변화 양자 간의 유기성을 입증하는 것은 쉬운 일이 아니다. 다만 수렵, 채집단계를 벗어나 생산물에 대한 항상적 공급의 담보는 인간의 활동반경과 노동시간을 연장시켰으리라 추정된다. 수렵채집의 취락과 관개농경 취락 양자를 상호 비교한 결과 수렵채집을 중심으로 하는 취락이 훨씬 더 안정된 생계구조와 영양상태, 풍족한 여가를 즐긴다고 한다. 청동기시대의 농경의 확산은 수렵의 어려움과 잦은 실패로부터 에너지원의 안정적인 공급이 확보되었다는 점으로 이해할 수 있다(김도헌 2009).

표 21 | 영동지역 석기 출토 양상

	狩獵具			木工具		收穫具		食糧處理具		磨研具	紡錘車	漁網錘
	石鏃	石劍	石槍	石斧	石鑿	半月形石刀	石刀	碾石捧	碾石	砥石		
교동	4			1	3	4			3	30	13	18
임호 정리	10	1	1	6		3		1	1	3	5	1
사천리	17	1	2	19		13				25	22	6
조양동	1	1	5	8	5	16		1	6	6	13	4
방내리	8	2		14	4	11		2	1	4	7	
방내리(강문)	12	4	1	21		10				11	10	
대대리	4	1		13		3			8		3	1
입암동	10	2	2	6		7			1	2		
지흥동	5			5					1	21		
포월리	8	4	3	19	4	6			1	4	7	

한편 취락간 석기조성비 차이를 보이는 것은 생활양식의 차이로, 취락이 입지한 지리적 위치가 생활양식을 결정하는 하나의 요소로 작용했음을 보여준다. 농경과 관련된 수확구와 식량처리구의 출토량을 전체 석기 출토량을 대비하면 어로 및 수렵에 비해 농경이 생업활동에서 차지하는 비중이 적었던 것으로 판단된다.

영동지역 각 취락에서 출토된 석기의 공반상은 교동은 숫돌·어망추, 조양동은 석도·방추차, 방내리는 석도·석부, 포월리는 석부·석촉 등이며, 방내리에서는 어망추, 포월리유적에서는 방추차가 확인되지 않는다. 이러한 현상은 생활양식의 차이로 보이며, 유적이 입지하고 있는 주변환경[89]과도 밀접한 관계가 있다고 판단된다.

포항지역 청동기시대 취락에서는 어로에 사용되었던 토제 어망추가 가장 많이 출토되어, 어로의 비중이 높았던 것으로 판단된다. 한편 취락이 입지한 지역이 산림으로 둘러싸여 있어 주거지에 사용할 자재제작을 위한 목공구 및 수렵을 위한 수렵구가 다음으로 많다. 농경과 관련된 수확구와 식량처리구의 출토량을 전체 석기 출토량을 대비하면 어로 및 수렵에 비해 농경이 생업활동에서 차지하는 비중이 적었던 것으로 판단된다.

표 22 | 포항지역 석기 출토 양상

	수렵구			목공구		수확구		식량 처리구		마연구	방추차	어망추	합계
	석촉	석검	석창	석부	석착	반월형석도	석도	연석봉	연석	지석			
草谷川	81 (11.5%)			60 (8.5%)		18 (2.5%)		7 (1%)		49 (7%)	14 (2%)	478 (68%)	707
冷川	57 (12.2%)			86 (18.4%)		42 (9%)		10 (2.1%)		33 (7.1%)	20 (4.3%)	219 (46.9%)	467
海岸	62 (13%)			87 (18.3%)		34 (7.1%)		53 (11.1%)		46 (9.7%)	19 (4%)	175 (36.8%)	476

89) 강릉 교동 취락은 경포호 주변, 속초 조양동 취락은 청초호 주변, 강릉 방내리 취락은 연곡천 주변, 중기의 양양 포월리 취락은 다른 유적보다는 하천에서 멀리 떨어져 있고, 주변은 산림이 울창한 지역이다.

형산강유역에서는 취락이 입지한 지역이 산림으로 둘러싸여 있어 주거지에 사용할 자재제작을 위한 목공구 및 수렵을 위한 수렵구가 다음으로 많다. 취락에서는 어로에 사용되었던 어망추 출토량이 적은편이다.[90) 어망추는 단추형, 구슬형, 원통형, 장방형의 형태가 출토되는데, 하천주변에서는 단추형이, 해안에서는 원통형이 가장 많이 출토되는데, 어일리 C-52호에서는 34점, B-62호에서는 57점이 출토되었다.

동해안지역 주거지에서 출토되는 석기의 재질은 혼펠스, 세일, 사암과 같은 퇴적암류로 취락 주변의 발달한 배후 산지와 하천 주변에서 쉽게 구할 수 있는 석재이다. 주거지 내부에서 다수 출토된 석재, 미완성석기, 지석 등으로 보아 취락 내에서의 자체적인 석기의 제작이 이루어 진 것으로 판단된다.

2. 동해안지역 청동기시대 사회상

청동기시대 사회의 특성과 그 변동과정을 이해하려면 생업의 유형, 사회조직과 주거유형과 규모, 마을 사위의 위계관계, 부장품의 양과 종류 그리고 무덤 크기와 입지의 차별성과 같은 사회적 에너지의 소비행위, 전쟁, 장거리 교역과 사회적 네트워크, 인간에 의해 계속적으로 변형되고 창조되는 문화적이고 자연적인 요소를 가지고 있는 환경, 대규모 마을의 출현과 마을간의 위계화 등에 따른 새로운 규범의 필요성을 반영하는 의례와 이념, 개인또는 집단간의 경쟁과 사회적 전략 등 많은 변수들을 검토해야 한다(김권구 2005).

동해안지역에서는 남한지역의 다른 지역과 마찬가지로 청동기시대 조기, 즉 돌대문토기단계에 속하는 무덤은 아직 확인되지 않았고, 청동기시대 전

---

90) 포항지역에서는 초곡천 주변과 해안에 입지한 취락에서 다량의 어망추가 출토되어, 양 지역간 차이가 보인다.

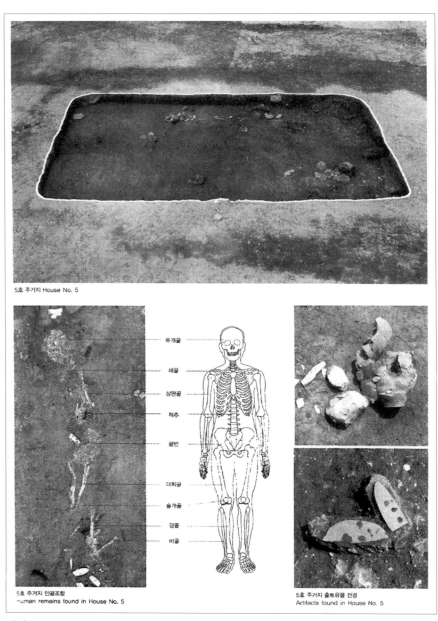

5호 주거지 House No. 5

두개골
쇄골
상완골
척추
골반
대퇴골
슬개골
경골
비골

5호 주거지 인골조합
Human remains found in House No. 5

5호 주거지 출토유물 전경
Artifacts found in House No. 5

사진 12 | 경주 천군동 5호 주거지 가옥장(兪炳琭 2010 재인용)

기의 무덤이 간헐적으로 발굴되고 있지만, 조사된 주거지 숫자에 비해 분묘 공간의 조성이 매우 미약하다.[91]

청동기시대에는 전기에 무덤이 적게 조성되고, 중기단계에도 모든 사람들이 무덤에 매장된 것은 아니라고 한다.[92] 이러한 점은 사회조직이 복잡하고 위계화된 집단에서 더 확실하게 구분되는데, 주거와 분묘의 상관관계는 분묘가 주거에 비해 상대적으로 적게 나타난다(이형원 2014).

남부동해안지역의 묘제가 매우 제한적인 것은 취락 내의 대형가옥에 거주한 유력개인만이 매장될 수 있었던 것으로 추정하고, 산림을 배경으로 수렵채집생활을 중심으로 영위했던 집단들은 그들의 영혼을 그들의 삶의 공간인 자연속에 귀화시키는 방법으로써 중·소형가옥의 구성원은 특별한 묘를 만들지 않고 가옥장을 선택하였을 가능성도 제기되었다(安在晧 2013).

남부동해안지역 전기 후반에는 주구식 구획묘(주구묘)와 석관묘가 일반적인 묘제로, 포항 호동유적이나 경주 천군동처럼 소규모 단위취락에서 확인되는 가옥장[93]은 비록 전통적인 장제라고 해도 거점취락의 영향을 받았고, 그에 따라서 전통적인 구획묘를 채용하지 못하고 피장자의 삶의 연장으로서 사후세계를 가옥에 재현한 것으로 생전의 주거지를 사후의 묘와 동일시하는 사회적 관념속에서 가옥장이 자연스럽게 받아들여졌을 것으로 판단

---

91) 청동기시대 전기의 농경이 논농사 보다는 화전이나 밭농사 중심으로 이루어졌을 경우 화전농경의 지력소모로 인한 휴경기간의 영향으로 당시 취락의 동일지역에 대한 정주도가 약해지면서 취락단위의 이동은 매우 빈번했기 때문에 전기 취락에 분묘공간이 조성되지 않은 이유로 생각하고 있다(이형원 2011).

92) 청동기시대 전기 사회의 계층은 ①위세품(검)을 부장할 수 있는 계층, ②위세품은 없지만 분묘를 축조하는 계층, ③분묘를 축조할 수 없는 하위계층 등 3계층으로 구분하고 있다(裵眞晟 2006).

93) 남부동해안지역은 수전과 환호가 발견되어 농경사회의 면모를 무시할 수 없지만, 함정유구, 저형석기, 동북형석도, 구상어망추, 대형노지 등은 어로와 수렵의 증거이고 특히 산악과 해안을 끼고 있는 지리적 환경에 기인한 결과이다. 그러므로 이 지역은 송국리문화가 분포하는 내륙지역에 비하여 수렵 채집의 경제활동이 컸을 것이다. 가옥장은 이러한 배경에서 탄생했다고 본다(安在晧 2013).

한다(安在晧 2010).

한편 울산지역에 무덤이 적은 이유는 무덤을 조영할 수 있는 계층이 적었을 가능성과 현재의 일반적인 입지보다 특수한 곳에 매장하였을 가능성을 제시하였다(황창한 2010). 이수홍은 지상식 혹은 얕은 수혈식 구조가 삭평되었을 가능성과 가옥장과 관련해서 주거지 내 적석된 화재주거지가 일부

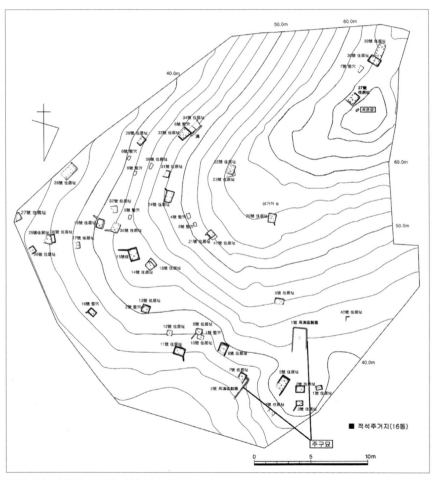

그림 105 | 천곡동 가재골Ⅲ취락 분묘 관련 유구

무덤으로 전용되었을 가능성을 제시하면서, 두 가지 가능성 모두 화장이나 풍장, 세골장과 같은 이차장의 장법이 원인이 된다고 보았다(이수홍 2012).

천곡동 가재골Ⅲ취락에서는 41기의 주거지 가운데 가옥장과 관련 가능성이 높은 적석 주거지 16기가 조사되었다. 분묘인 석관묘는 구릉 정상부, 주구묘는 동쪽 구릉 사면에 등고선과 직교하여 위치한다. 주구묘는 평면형태는 장방형의 'ㄷ'자형으로 잔존하고 있으며 매장주체부는 토광묘로 판단되고, 주구 내부에서 단사선공렬문토기가 출토되어 주구묘는 전기후엽에 축조된 분묘로 판단되며, 석관묘는 출토유물이 없어 축조 시기는 알 수 없다. 가옥장과 관련된 적석주거지는 구릉 정상부에 위치한 38호를 제외하면 대부분(15동) 구릉 하단부에 위치한다.

안재호는 적석주거지는 대체로 전기후엽에 일반화된 주거지 폐기의례로 판단한다. 주로 산림을 배경으로 생업을 영위한 취락을 중심으로 하고 있으며, 중·소형주거에서 발견되며, 그 수효도 적기 때문에 취락단위의 의례가 아니라 세대공동체 단위의 혹은 씨족단위의 개인적 의례로 판단하고 있다(安在晧 2013).

한편 최근 조사된 울산 덕신리(572-6, 8번지)유적에서는 지석묘 2기, 석관묘 14기, 토광묘 1기, 솟대유구 3기 등, 동해안지역에서 가장 많은 분묘가 조사되었다. 가장 입지가 좋은 구릉 정상부에 지석묘와 토광묘가 입지하고, 남북으로 뻗어 내려온 구릉의 정선부를 따라 솟대유구가 20m 간격으로 설치되어 있다. 석관묘는 구릉 정상부에는 산발적으로 6기가 분포하고, 구릉 하단부 서편에는 3기, 동편에는 6기가 열상으로 분포하고 있다.

동해안지역 청동기시대 무덤의 분포양상은 전기~후기까지 취락 내에서 독립된 형태로 분포한다. 최근 대구, 경남, 호남지역에서 조사예가 증가하고 있는 묘역지석묘가 일부 확인되었지만, 청동검, 옥 등의 부장유물 등은 확인되지 않고 있다. 이러한 원인은 동해안지역이 청동기시대 전기의 전통이 지속되는 가운데 송국리문화의 부재에 따른 지역성과 밀접한 관련성이 있는 것으로 해석할 수 있다. 또한 동해안지역은 넓은 충적지가 형성되지 못

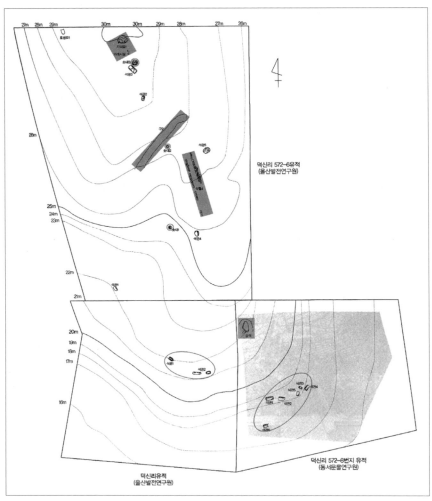

그림 106 | 울산 덕신리 취락(분묘)

한 지리적 특성으로 인해, 도작문화가 성행되지 못했고, 대규모 취락이 형성
될 수 있는 지형적인 공간, 즉 개별 구릉의 규모가 작은 관계로, 단일 취락의
규모가 작을 수밖에 없다. 따라서 농경사회에서 장송의례가 사회적 위치나
신분을 나타내는 것 외에 집단의 결속을 강화하고자 하는 목적도 동시에 있

었다는 의견(이상길 2000)을 고려해 보면 울산지역을 포함한 동해안지역은 이러한 집단의 결속(농경문화)을 보여주는 무덤의 축조 및 무덤을 조영할 수 있는 계층이 적음으로 인한 사회적 위치나 신분을 나타내기 위한 대형구 획묘의 축조가 상대적으로 불필요했던 것으로 이해(황창한2010)하는데 동 감한다.

동해안지역 청동기시대 분묘 출토유물로는 선형동부, 세형동검, 조문경 등의 청동기, 마제석검과 마제석촉, 석창, 검파두식, 석부 등의 석기류, 적색 마연토기, 무문토기 등의 토기류, 관옥 등 옥기류가 있다.

양양 송전리 토광묘에서는 무경식석촉 9점, 포항 삼정리 토광묘에서는 적색마연토기 장경호 2점, 방추차 1점, 울산 굴화리 Ⅱ-2호 토광묘에서는 유혈구이단병식석검(장식석검)과 무경식석촉, 울산 효문동 산 68-1번지 토 광묘에서는 이단병식석검(장식석검)과 일단경촉, 경주 동산리 토광묘에서 는 관옥 1점과 적색마연토기, 방추차가 출토되었다.

석관묘 출토품은 강릉 방내리 석관묘에서는 대부소호, 문산리 Ⅱ가-2호 적색마연토기, 삼각만입의 무경식석촉 7점, 경주 월산리 산 137-1번지 석관 묘에서는 이단병식 1점(장식석검), 삼각만입석촉 17점, 환옥 4점, 포항 마산 리는 삼각만입촉이 출토되었다. 울산 조일리 유적 72호, 교동리 수남유적의 활석석관묘는 적색마연토기와 이단병식석검, 일단경촉, 경주 덕천리 석관 묘 에서는 석촉 3점(무경식 2점, 일단경촉 1점), 석검 검신편 1점이 출토되 었다.

표 23 | 동해안지역 분묘 출토유물

유적	묘제	부장품						시기
		청동기	적색마연토기	석검	석촉	옥	기타	
양양 송전리	토광묘				○			전기중엽
강릉 방내리	석관묘		○					전기후엽
속초 조양동 1	지석묘	○			○			후기

유적	묘제	부장품						시기
		청동기	적색마연토기	석검	석촉	옥	기타	
속초 조양동 2	지석묘				○			후기
고성 송현리	석관묘				○			후기
양양 정암리	?	○						후기
포항 삼정리			○				방추차	전기중엽
포항 마산리	석관묘			○	○			전기후엽
포항 초곡리	석관묘				○			전기후엽
포항 학천리	석관묘				○		석창 검파두식	후기
포항 원동II	지석묘						석창	후기
경주 동산리	토광묘		○			○	방추차	중기전반
경주 방내리	토광묘						무문토기	중기전반
문산리II가 2	석관묘		○					중기후반
문산리II나 2	석관묘		○		○			전기중엽
월산리산 137-1	석관묘			◆		○		전기중엽
덕천리	석관묘		○	○	○			전기후엽
문산리	석곽묘			○				중기후반
석장동	묘역지석묘			○				중기전반
전촌리	묘역지석묘		○				횡선문	중기후반
울산 굴화리	토광묘			◆	○			전기중엽
효문동(대동)	토광묘			◆	○			전기후엽
효문동(영문)	토광묘				○		석창	전기후엽
덕신리57-6	토광묘			◇	○			중기후반
신천동A-1	토광묘		○					중기전반
조일리	석관묘		○	○				전기후엽
교동리 수남	석관묘			○		○		전기후엽
상연암III	석관묘						석창	중기전반
덕신리 1	석관묘			○				전기후엽
덕신리572-6 3	석관묘		○					중기후반
중산동 약수	주구묘						석부	전기후엽
천곡동가재골III	주구묘						무문토기	전기후엽
호동	주구						토기	중기전반
어일리A-III-1	주구		○					중기후반
어일리A-III-2	주구		○			○		중기후반

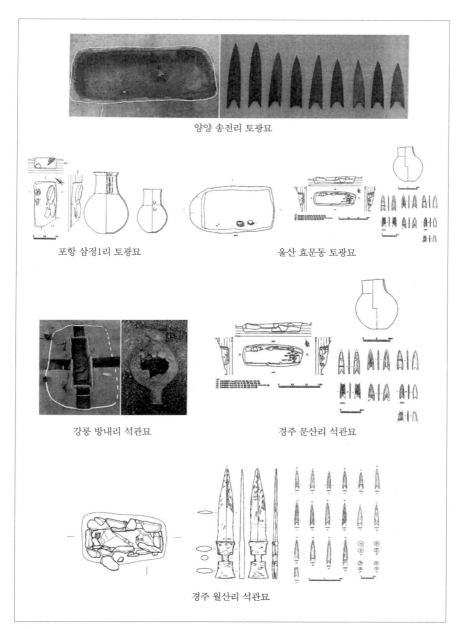

양양 송전리 토광묘

포항 삼정1리 토광묘

울산 효문동 토광묘

강릉 방내리 석관묘

경주 문산리 석관묘

경주 월산리 석관묘

그림 107 | 전기 분묘 출토유물

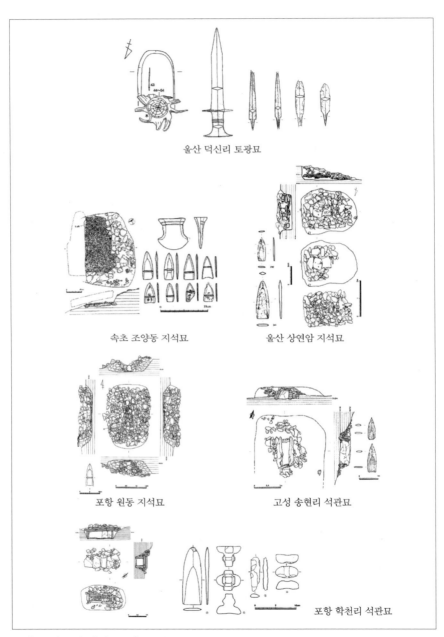

울산 덕신리 토광묘

속초 조양동 지석묘

울산 상연암 지석묘

포항 원동 지석묘

고성 송현리 석관묘

포항 학천리 석관묘

그림 108 | 중기~후기 분묘 출토유물

후기의 송현리B 석관묘에서 무경식석촉 2점이 출토되었고, 포항 학천리 석관묘에선 석창, 석착, 검파두식이 출토되었다.

주구형유구는 호동I지구에서는 구순각목단사선, 산하동 4호 횡선문, 9호에서는 공열문과 단사선(낟알문), 산하동 37번지에서는 공열, 일단경촉, 환상석부, 어일리 A-Ⅲ-1호 주구안에서는 적색마연토기편, 2호에서는 적색마연토기편과 대롱옥이 출토되었다.

묘역지석묘에서는 울주 길천리에서는 마제석검과 일단석촉, 경주 석장동에서는 일단병식 석검편 1점, 경주 전촌리 2호에서는 횡선문파수부발, 적색마연토기 등이 출토되었다.

동해안지역 청동기시대 분묘 유물의 출토양상으로 볼 때 청동기시대 전기부터 부장유물의 차이는 무덤 사이에 나타나며 청동기시대 후기로 가면서 부장유물의 차이가 보다 명확해지는 경향이 있다.

집단에 따라서는 자신들이 활용할 수 있는 특정유물을 가지고 사회 위계화를 과시하고 관리했기 때문에 비파형동검이나 옥장신구의 유무만을 가지고 사회위계화와 수장의 존재여부를 따지는 것은 위험하다. 그러나 적어도 비파형동검이나 옥이 부장된 무덤은 다른 무덤과는 부장품의 희귀성의 측면에서 다른 무덤과 차별된다. 하지만 사회적 위계를 표현하는 기준이나 전략은 집단, 시기, 지역 그리고 맥락에 따라 차별화될 수 있음으로 그러한 다양성을 인정하면서 출토유물상의 위계를 검토해야 한다.[94]

전기 분묘에서 가장 대표적인 부장품은 마제석검[95]과 석촉이다. 마제석

---

94) 남한의 지석묘축조집단은 평등사회에서 계층사회로 이행하는 과도기 단계에 위치하며, 그 무덤에 묻힌 사람은 우월한 지위에 있는 사람이나, 개인성향의 지배자로 완전히 이행하지 못한 집단성향의 지배자로서 chiefdoms의 chief라 하더라도 아직 그 면모를 충분히 갖추지 못한 실력자라 판단한다(이청규 2011).

95) 마제석검이 가지는 상징성은 사회적 지위 뿐만 아니라 의례적으로도 중요한 부분을 차지하고 있다. 청동기시대의 무덤에서 석검과 석촉이 세트를 이루는 경우가 많은 이유도 그 중요성과 상징성을 시사하는 바가 크다.

검은 단순한 모방행위로 제작될 수 있는 석기가 아니다. 청동기시대에 제작되는 석기 중 대칭성이 뛰어나 미적으로 아름다울 뿐 아니라. 큰 원석을 사용해서 직접타격, 마연, 고타, 찰절 기법과 같은 석기제작에 사용되는 모든 제작기술이 사용되는 제작과정에서 정교함을 요구한다.

표 24 | 장식석검 출토 현황(黃昌漢 2008 전재 및 수정)

연번	출토유적	출토유구	출토상태	시기
1	울산 장현동 53	주거지	검신 1/2 이상 결실	전기중엽
2	창평동 810-11	주거지	병일부와 검신일부 잔존	전기중엽
3	신천동 585-13	주거지	병부 일부만 잔존	전기중엽
4	중산동 약수	주거지	병부 일부만 잔존	전기후엽
5	울주 구수리 6	주거지	검신 1/2 이상 결실	전기후엽
6	포항 초곡리 5	주거지	검신 1/2 이상 결실	전기후엽
7	냉천 Ⅳ-1	주거지	병일부와 검신일부 잔존	중기전반
8	호계동 다-47	주거지	완형, 검신 3등분 이상 됨	중기전반
9	산하동 C-6	주거지	검신 일부 결실	중기전반
10	산하동 C-16	주거지	검신 1/2 이상 결실	중기전반
11	양남 하서리	수혈	병일부와 파두만 잔존	
12	언양 동부리	분묘	완형, 검신 3등분 이상 됨	
13	울산 굴화리	분묘(토광묘)	검신 3등분 됨	전기후엽
14	울산 효문동 산68-1	분묘(토광묘)	완형	전기후엽
15	경주 월산리 산137-1	분묘(석관묘)	완형, 3등분 됨	전기후엽
16	이양선 수집유물	추정 분묘	완형, 3등분 이상 됨	
17	이양선 수집유물	추정 주거지	병부일부만 잔존	
18	계명대학교 소장	추정 주거지	검신 1/2 이상 결실	
19	의창 평성리유적	추정 분묘	완형, 검신 2등분 됨	
20	의창 평성리유적	추정 분묘	완형, 검신 2등분 됨	
21	청도 진라리유적	주거지	병부일부만 잔존	
22	경산 옥곡리	주거지	검신 1/2 이상 결실	

울산 굴화리 Ⅱ-2호 토광묘와 울산 효문동 산68-1번지 토광묘, 경주 월산리 산137-1번지 석관묘에서 장식석검이 출토되었다. 장식석검이란 병부(柄部)에 파두(把頭)가 있거나 이곳에 원형의 소혈(小穴)이 음각되어 있는 것이다. 장식석검의 조형에 대해서는 동검을 모방한 마제석검에 소혈의 장식

적인 의미가 결합되어 발생한 것으로 지역색을 띠는 독특한 석검으로 추정한다.

장식석검의 출토지는 주로 주거지와 무덤임을 알 수 있다. 이중에서 주거지에서는 검의 신부가 결실된 채 출토되며, 무덤에서는 완형으로 출토되나 2~3등분으로 훼기 후 매납하는 양상이 확인된다. 모든 석검의 검신이 없거나 2등분 이상 파손되어 있다. 이러한 훼기양상은 청동기시대 전반에 걸쳐 석기, 토기 등에서 확인되는 것으로 의례와 관련 있는 행위로 볼 수 있다(李相吉 2000).

장식석검은 모두 이단병식으로 청동기시대 전기후반부터 중기까지[96] 포항, 경주, 울산, 청도, 부산 등의 영남지역에만 집중되어 출토된다. 대부분 인위적 훼기의 양상을 보이고 있어, 의례와 관련된 것으로 추정하고, 암각화로 새겨진 장식석검의 확인으로 그것이 내포하는 의미가 숭배의 대상이라고 추정한다(黃昌漢 2008). 병부에 표현되는 문양은 개인이 임의적으로 새긴 것이라기보다는, 그 이면에 전쟁의 승리를 기원하거나 그와 관련된 제의의 흔적, 전쟁을 기념하는 상징 등 공통된 관념과 집단적인 행위가 있었음을 암시한다고 판단하기도 하며, 출토예가 주로 영남지역에 한정되어 있어, 지역화 된 표현방식일 가능성과(裵眞晟 2007), 청동기시대 전기의 비파형동검이 주로 한반도 서부에 분포하며 그 대용품으로 동검을 보다 충실히 모방한 석검이 영남지역에서 제작되었을 가능성이 제기되었다(中村大介 2007).

장식석검이 출토되는 주거지나 무덤이 다른 유구보다 입지나 규모면에서 차별성이 뚜렷하다. 울산 장현동 53호 주거지는 세장방형 주거지로 구릉 하단부 평탄면에 단독으로 조성된 대형 주거지로, 장현동 취락에서는 가장 규모가 크고, 장식 석검과 마제석검이 출토되어 가장 위계가 높은 주거지로

---

96) 울산 산하동과 호계동 다-47호 주거지에서 출토된 장식석검은 검단리 단계인 중기로 편년되어, 중기에도 장식석검이 제작된다.

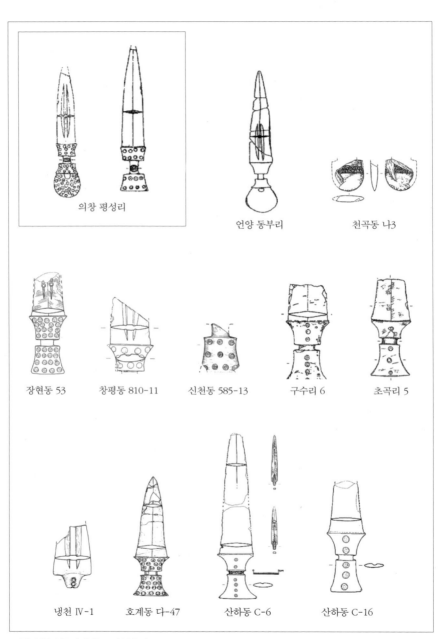

의창 평성리

언양 동부리

천곡동 나3

장현동 53

창평동 810-11

신천동 585-13

구수리 6

초곡리 5

냉천 IV-1

호계동 다-47

산하동 C-6

산하동 C-16

그림 109 | 주거지 출토 장식석검

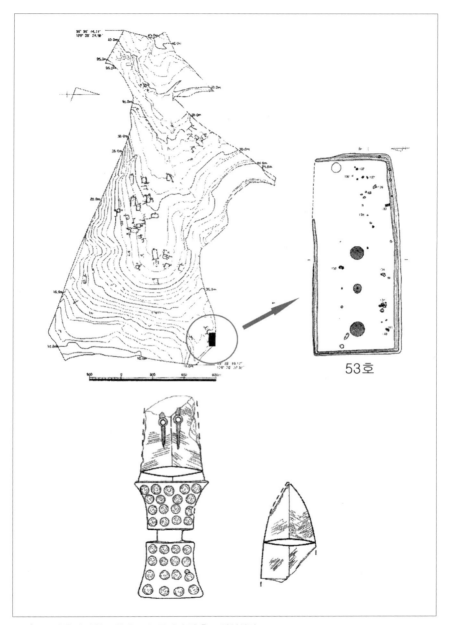

그림 110 | 울산 장현동 취락 53호 주거지 및 출토 장식석검

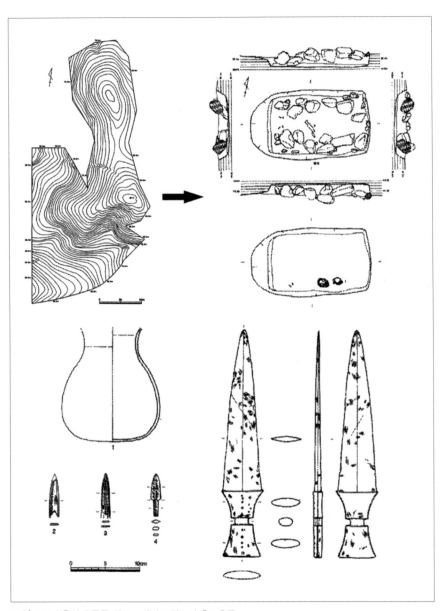

그림 111 | 울산 효문동 산68-1번지 토광묘와 출토유물

판단된다.

울산 효문동 산68-1유적 I구역 토광묘는 구릉 최상부에 단독적으로 조성되었다. 토광묘의 입지는 주변지역에서 단연 탁월하다. 이러한 분묘 공간의 분리가 뚜렷한 이유를 신성한 공간으로서의 특수한 기능이 있었을 것으로 추정한다(배진성 2014).

월산리 산137-1번지 석관묘는 주변에 주혈군이 조성되어 있는데, 아마도 석관묘를 보호하기 위한 어떤 시설이 있었던 것으로 판단된다.

한편 덕신리 572-6번지 1호 토광묘에서는 유절병식 석검이 출토되었다. 검신이 직선적으로 뻗고, 봉부 부근에서 각이 지며 뾰족해진다. 유절병식 석검은 병부 중간에 두 줄의 마디를 가지며, 검신의 양쪽이 심부에서 신부 선단가까이까지 거의 평행하고, 특정 부분에서 갑자기 가늘어지면서 뾰족한 선단부를 가지는 검신형태의 공통성이 보인다. 주 분포권은 밀양과 청도 지역이다(平郡 達哉 2013).

동해안지역 청동기시대 중기[97]는 영동지역의 포월리유형과 남부동해안지역의 검단리유형에 해당하는데, 호서지역과 남강유역의 송국리유형의 문화와는 질적·양적인 차이를 보인다. 전체적으로 보면 전기문화의 전통이 지속되는 경향이 크다.

경주 어일리와 울산 산하동 취락에는 주거의 수가 증가하고, 굴립주건물, 수혈유구, 주구형 유구 등 취락 공간구성요소는 늘어났지만 역시 거점취락의 증거로 볼 수 있는 유구는 확인되지 않았다. 형산강유역 중기 취락에서도 주거 이외에 경작유구 등 생산유구와 저장관련 유구[98]와 분묘 관련 유구

---

97) 청동기시대 중기는 크게 3개의 문화권역을 형성하였던 것으로 판단하고, 경기·강원지역을 중심으로 한 역삼동유형, 호서·호남·영남북부와 남서부를 중심으로 한 송국리유형, 영남 남동부 일대의 검단리 유형으로 구분하였다(朴性姬 2015).

98) 증가된 잉여를 저장하는 시설이 주거의 외부에 위치하는 것이 권력에 의한 잉여의 전용이고 권력과 사회적 위계의 형성과정이라면 송국리문화 분포권이 동남해안지역보다 위계화가 먼저 또 빠른 속도로 진행되었다고 보고, 대표적인 위신재인 비파형동검이 청동기시대 후기에 동남해안지역에서 출토되지 않는 것도 같은 맥락이라고 판단한다(이수홍 2014).

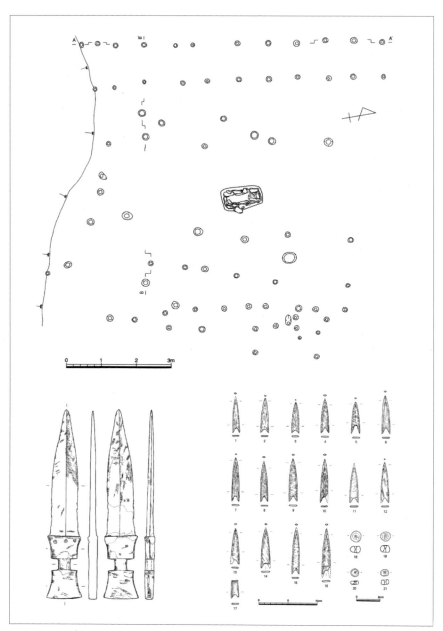

그림 112 | 경주 월산리 산137-1번지 석관묘와 출토유물

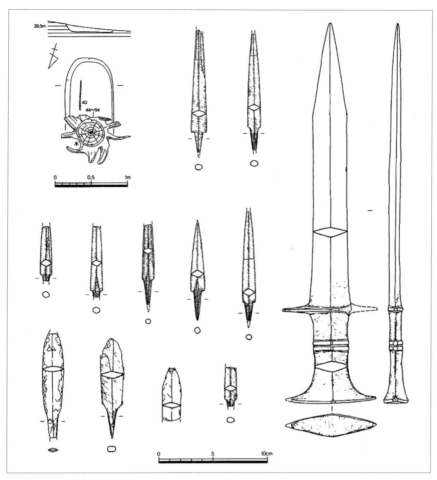

그림 113 | 덕신리 572-6번지 1호 토광묘 출토유물

들이 희소하다.

경주 황성동과 석장동에서 구획묘가 축조되었지만 주거 이외에는 다른 유구들이 확인되지 않는다. 주거지의 형태 및 규모, 주거지의 배치, 출토유물 등에서 차이가 나지 않기 때문에, 공동체 간의 위계는 어느 정도 인정될 수 있지만, 취락간에 계층성이 존재하였는지에 대한 의문이 남는다.

표 25 | 동해안지역 청동기시대 취락구조

	영동지역	남부동해안	형산강유역	태화강유역	동천강유역
취락공간	주거	주거	주거/매장	주거/생산	주거/매장
취락규모	소규모	소규모/대규모	중규모	대규모	대규모 개별단위취락
취락성격	개별단위				
취락	개별단위취락	개별단위취락	환호취락		
중심취락	환호취락				
중심취락					
취락위계	일반	일반	중심/일반	중심/일반	중심/일반

청동기시대 취락은 중기 무렵에 중·대형취락이 출현하면서 위계와 기능을 달리하는 취락들이 중층 구조를 이루면서 일정한 연계망을 구성하였다고 한다. 가장 상위의 위계를 가진 취락은 보다 하위 위계를 가진 취락에 비해 대규모 노동력이 투여된 공공시설물의 존재, 광역의 취락민을 결속시키는 제의공간과 공공의 농업생산물을 보관하는 창고[99]의 존재에서 구별된다고 한다.

거점취락에서 나타나는 영역화는 공간적 분할에 의한 전문화와 분업화를 의미할 뿐만 아니라 영역화를 가능하게 하는 취락의 설계가 위계에 의한 결정일 가능성이 크다. 송국리형 취락에서 확인되는 주거영역·저장·보관영역·생산영역·매장영역·의례영역은 개별적으로 혹은 복합적으로 구획되어 나타난다. 취락사회가 대규모이면서 복합적인 성격을 가질수록 영역화가 다양해지고 공간적으로 독립화 되는 경향이 높다고 판단한다(李宗哲 2015).

한편 방어 목적의 환호취락이나 대규모 분묘군이 부재한 중부지방은 남

---

99) 송국리문화분포권이 굴립주나 저장혈 등을 이용한 개별 주거 외 저장방법을 채택하였다면 비분포권인 동남해안지역은 유력개인이 관리하는 대형주거 내 대형토기에 잉여생산물을 저장한 것으로 파악하고, 이러한 저장방식의 차이 역시 수도작의 확산 정도의 차이에서 구하고 그에 따라 위계화의 정도도 차이가 있다고 판단한다(이수홍 2014).

부지방에 비해 결속을 유도할 만한 사회적 불만 요소들이 적었거나 적어도 집단간의 알력이 많지 않았음을 의미한다고 보았다(宋滿榮 2010).[100]

동해안지역 청동기시대 후기에는 중기의 청동기문화인 영동지역 포월리 유형과 남부동해안지역 검단리유형의 무문토기문화 전통을 보유한 재지집 단과의 접촉과 교류를 통하여 초기에는 소형취락으로 조성되다가, 점토대 토기문화의 확산에 따라 점차 취락의 규모가 중형취락으로 확대되어가면서 정주취락의 형태를 보인다. 남부동해안지역은 원형점토대토기단계 취락의 형태는 대부분 단기간에 형성되어진 소형취락의 형태에서 삼각형점토대토 기문화에 들어가면서 환호 등 취락구성요소가 다양해지면서 취락의 규모가 확대되고, 정착되어 가는 양상을 보인다.

동해안지역 원형점토대토기 단계 취락은 고지성 취락에 해당하는 방동리 C 유적을 제외하면 대부분 하천이나 호수 주변의 낮은 구릉에 입지하는 구 릉성 취락이다. 또한 고성 화포리, 강릉 입암동, 동해 지흥동, 경주 화천리, 모량리 등 전기와 중기에 주거지가 축조된 동일 구릉에 점토대토기 단계 주 거지가 조성된다.

원형점토대토기 단계인 취락 공간구성은 주거, 수혈, 환호, 구상유구, 주 구형유구, 분묘 등이 조성되지만, 주거만이 조성된 취락이다. 주거지의 형 태는 초기에는 중기 주거지 전통인 장방형 및 울산식 주거지의 변형 형태 가 축조되고, 점차 말각방형, 방형 등의 방형계가 축조되며, 일부 원형 주거 지도 축조된다. 주거지의 배치양상은 능선상에 동심원 및 열상으로 배치되 며, 사면에도 일부 배치된다. 주거지는 초기에는 3~5동이 1~2개의 주거군 을 이루며 소형취락을 이루다가, 점토대토기문화의 확산에 따라 취락의 규

---

100) 춘천 중도유적의 자료를 통해 볼 때 방어 목적의 환호취락이나 대규모 분묘군이 부재한 중부지방은 남부지방에 비해 결속을 유도할 만한 사회적 불만 요소들이 적 었다고 보거나, 취락간 관계가 호혜적이거나 상호 협력적인 관계로 본 견해는 재 고되어야 할 것으로 보인다.

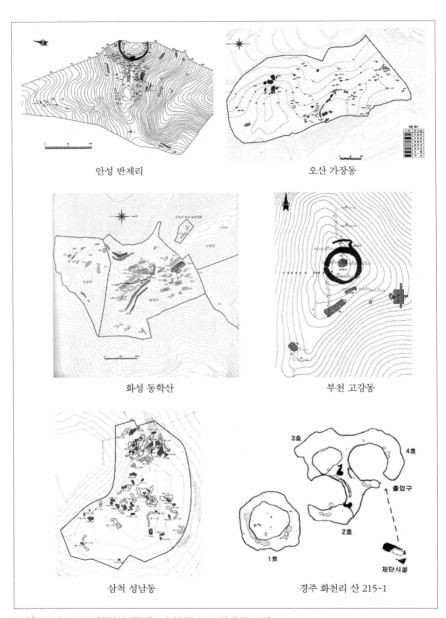

안성 반제리   오산 가장동

화성 동학산   부천 고강동

삼척 성남동   경주 화천리 산 215-1

그림 114 | 고지성 취락(의례공간) – (김권구 2012 전재 및 수정)

모도 3~4개의 주거군이 결집되어 중형취락(주거지 12~18동)으로 확대되어가지만, 단위취락의 규모는 중기 보다 축소된다.

강릉 방동리C 취락은 고지성 환호마을의 구릉 정상부에 유구가 확인되지 않은 부분이 동시기 유적에서의 공간사용방식을 고려할 때 제의공간으로 추정되며, 안성 반제리 유적은 공지로 남겨진 산정상부 평탄면을 감싸고 환호가 둘러진 형태이고, 주거지는 방사상의 주거배치를 보이며, 모두 환호외부에 위치하여 제의공간과 생활공간이 구분된다.

삼척 성남동유적에서도 의례유구로 판단되는 환구가 조사되었다. 성남동 환구는 구릉 정상부와 정상부 사면에 위치하며, 평면형태는 부정형에 가깝고, 내부로 출입이 가능하도록 단절된 것과 연속된 것, 노두 주변에 짧은 구를 다수 배치한 부정형이 확인된다. 또한 환구와 관련된 제단시설로 추정되는 적석유구 2기가 조사되었다.

고지성 환구유구가 산 정상부에 입지하고 환구로 그 영역을 둘러싸며 주변과 구분되고 있다는 점에서 천신(天神)숭배의례와 관련이 있고, 조상숭배의 유형도 지석묘를 중심으로 한 '구체적 조상숭배'에서 '추상화 또는 신격화되는 조상숭배'로의 변화와 관련되어 있을 가능성이 있다고 판단한다(김권구 2012).

영동지역은 원형점토대토기단계 3기인 기원전 3세기 후반 이후부터 경질무문토기가 등장하는 기원전 1세기까지 초기철기시대에 해당하는 유적이 조사된 예는 현재까지 없다. 이러한 양상은 남한지역 점토대토기문화 전개 양상에서 확인되는 원형점토대토기와 철기의 공반 및 삼각형점토대토기단계 취락들이 영동지역을 포함한 강원도 지역에서 아직 확인되지 않기 때문이다. 한편 강릉 포남동 출토 이단동촉과 철기유물 鐵錐(송곳)를 통해 초기철기시대로 편년하기도 하고(이형원 2010), 송현리 B지구 석관묘에서도 후대에 반입된 일부 철편들이 출토되고 있는 점으로 보아 영동지역에도 초기철기시대 관련 유적이나 유물들이 조사될 가능성이 많다. 추후 자료의 증가를 기대해본다.

이러한 현상에 대해 중부지역의 서해 도서지역과 이와 연해 있는 내륙에만 삼각형점토대토기 단계 유적이 조사되는 것은 원형점토대토기의 취락입지와는 구별되고, 역사적인 맥락도 다르다고 보고 있는 견해가 제시되었고, 반면에 중도식무문토기의 출현시점을 기원전 3~2세기로 상향하는 연구자들도 있다(송만영 2011).

반면 남부동해안지역은 원형점토대토기단계는 짧으며, 이후 삼각형점토대토기문화를 거쳐, 와질토기문화로 진행된다. 분묘양상은 영동지역은 원형점토대토기단계의 석관묘를 제외하면 이후의 무덤은 확인되지 않으나, 남부동해안지역은 석관묘를 거쳐 삼각형점토대토기 단계부터 목관묘로 대체된다.

이상에서 동해안지역 청동기시대 취락구조 및 생계양상에 대한 검토를 통해 사회상을 조명해 보았다. 동해안지역은 태백산맥이라는 거대한 산지의 동쪽에서 안전하게 자연환경의 보호를 받으며 백두대간의 지형 지리, 생태 체계와 환경에 순응하고 형세에 부응하여 취락이 형성된 것으로 판단되는데. 이를 백두대간 문화유형으로 설명하고 있다.[101]

동해안지역은 서쪽 백두대간의 산악지형과 동쪽의 해안선 사이의 공간에 형성된 구릉지역과 하안·해안단구면에 취락이 조성된다. 남부동해안지역은 비교적 넓은 하천 유역의 구릉지역이 발달하나, 영동지역은 소하천과 석호 주변의 구릉에 취락이 조성된다.

동해안에는 해안선을 따라 해안단구, 하안단구들이 곳곳에 분포하므로, 이곳에서 경지와 주거지를 획득하여 선사시대부터 사람들이 거주하였다. 지질구조선이나 해안을 따라 나 있는 남-북 방향의 교통로와 이에 교차하

---

101) 백두대간이동으로 도래한 종족집단은 평저토기문화집단, 공렬토기문화집단, 그리고 철자형주거지집단이고, 백두대간이서로부터 확산한 집단은 첨저토기문화집단, 각형토기문화집단(가락리유형), 점토대토기문화집단으로 파악하였다(노혁진 2013).

여 동-서 방향의 교통로가 있으나, 대부분 내륙의 주요 거점까지 거리가 멀고 고개가 대단히 높아 남북으로 긴 해안지역을 통합할 수 있는 구심점이 빈약하였으며, 동-서 간의 왕성한 교류는 거의 불가능했던 것으로 판단된다. 이처럼 한 집단이 자연 조건이나 혹은 사회문화적 요인으로 주변의 집단으로부터 고립되어 있을 때, 그 집단은 자신의 생존을 위하여 사회조직과 집단의 성원을 보다 효율적으로 조직하게 된다. 이러한 현상을 환경적 포위라고 한다(이선복 1998).

한편 동해안이라는 공간[102]에 대한 점유방식은 결국 인간집단의 거주양식의 문제와 직결되는 것으로, 주어진 지역 내에서의 집단과 집단사이의 경쟁 · 협력관계, 자원이용방식의 효율성, 자연자원의 분포[103]와 생산성, 개개 집단의 사회적 복합도 등등의 제반요소에 의해 결정된다. 단순사회는 보다 넓은 공간을 점유하며 복합사회는 상대적으로 좁은 공간에서 보다 집약적 생활양식을 영위하는 경향이 있다.

청동기시대 취락 내 대규모 노동력이 동원되어 축조된 묘역지석묘나 환호, 고상건물, 인위조성면 등은 단순한 취락 내 구성요소가 아닌 분명한 목적과 집약적인 노동력의 결과이다. 청동기시대 중기 농경문화의 정착과 함께 취락의 정형화 과정에서 묘역이나 대규모 방어시설, 공동 시설물 등 대규모 토목공사가 필요한 취락의 등장은 청동기시대 중기의 중요한 사회성격을 대변하는 요소로 판단하고 있다(俞炳琭 2014).

취락사회가 대규모이면서 복합적인 성격을 가질수록 영역화가 다양해지

---

102) 공간의 단위는 문화적 변화상과 지속상이 공간에 어떻게 걸쳐 어떻게 나타나는가를 측정하는 단위이다. 즉 공간의 단위는 유물과 유적이라는 고고학적 문화의 실체가 분포하는 바에서 엮어 낼 수 있는 공간적 문화단위를 뜻한다.
103) 가용자원확보지역은 한 집단이 집단의 유지에 필요한 식량을 비롯한 각종 필수자원을 사용하기 위하여 확보하여야만 하는 공간적 범위를 지칭한다. 규모는 필요자원의 자연적 분포상과 경쟁 집단의 존부 및 상호관계에 따라 결정될 것이며, 이것과 한 집단의 일상적 점유공간과의 관계는 여러 양상일 수 있다.

고 공간적으로 독립화 되는 경향이 높으며, 호서지역과 남강유역의 송국리유형 분포지역은 농경의 발달로 안정적인 사회가 이루어지면서 정주취락이 형성되고, 취락의 규모도 대형화된다. 또한 대규모의 무덤군과 지석묘의 축조, 대규모의 밭과 수전의 경작, 취락 내의 전문적인 분업화가 이루어지면서 점차 전기의 평등사회에서 복합사회로 발전해 나간 것으로 본다(李宗哲 2015).

반면 동해안지역은 넓은 평야나 충적지가 거의 없고 좁은 곡간 평야들로 이루어진 지형적 특성으로 인해, 청동기시대 취락의 공간구성에서는 주거공간과 분묘공간 등으로 단순하게 이루어져 대규모 복합취락은 조성되지 못했다. 또한 서부가 태백산맥, 동쪽이 동해에 접해 있어 교통시설이 발달하지 못한 관계로 주변지역과의 교류가 원활하지 못했다.

대형 지석묘축조, 굴립주 건물지(대형건물지), 논과 밭 등의 경작유구, 생산유구 등의 존재는 소규모로 확인되며, 비파형동검 등의 청동기나 옥 등의 위세품 등은 출토되지 않았다. 따라서 동해안지역은 사회 계층화의 정도나 복합사회로의 진행 정도가 상대적으로 낮았을 것으로 판단된다.

VII. 맺음말

본 연구는 최근 활발하게 이루어지고 있는 지역단위의 무문토기 편년과 취락연구 작업의 일환으로, 동해안지역 청동기시대 취락의 분포정형과 교류양상을 통해 취락상을 검토하고, 사회상을 조명해 보는 것을 목적으로 하였다.

동해안지역 청동기시대 취락은 주거 형태 및 내부구조(노, 기둥, 저장공, 벽구, 외부돌출구)와 이중구연요소 성행, 공렬문 전통 지속 등의 토기양상, 유단식 석검, 동북형 석도 등의 석기 양상 등 출토유물의 유사성이 확인된다. 한편 영동지역과 남부동해안지역은 자연지리적 환경의 차이로 인해 취락의 규모, 교류, 생계상 등에서 상이성이 확인된다.

다음에서는 본 연구에서 검토한 동해안지역 청동기시대 취락양상의 전개과정에서 영동지역과 남부동해안지역 청동기시대 취락의 입지와 규모, 공간구성 및 구조, 분포정형, 교류, 생계양상 등에서 확인되는 차이점을 정리하였다.

취락의 입지 및 규모 : 동해안지역 청동기시대 취락은 하천과 바다가 합수되는 지역과 호안의 구릉에 위치하고 있어 해안선을 따라서 확산·정착되었다. 영동지역은 대부분 하천이나 호수 주변의 구릉에 위치하나, 남부동해안지역은 하천 주변의 구릉과 충적지에 위치한다. 해안에 위치한 취락은 구릉과 해안단구에 조성되는 양상을 보인다.

영동지역 취락의 규모는 개별 구릉의 규모가 작은 관계로, 단일 취락의 규모가 작을 수밖에 없다. 전기와 중기에는 7~15동 정도의 소형과 중형규모의 단위취락들이 조성되고, 후기에는 소형취락을 이루다가, 점차 주거군이 결집되어 중형취락으로 발전하는 양상을 보인다. 남부동해안지역은 하천주변에 인접한 취락에서는 동일한 구릉과 충적대지 내에서 시간차이를 두고 대규모로 장기간 점유되는 양상을 보인다. 해안에 입지한 취락은 전기에 해당하는 취락의 수가 적고, 주거는 소규모로 축조되다가, 울산식 주거가 중심이 되는 중기부터 주거가 증가하고, 대규모 취락이 조성된다.

취락의 공간구성 및 구조 : 동해안지역 청동기시대 취락구조는 조기에는 주거 1~2동으로 구성된 소규모 점상취락의 형태이다. 전기취락은 주거지에 한정되어 있고, 분묘가 일부 확인되고 있으나, 농경 관련 유구들은 확인되지 않는다. 주거지는 2~3동이 구릉을 따라 일렬, 병렬, ㄱ자형으로 배치되는 병렬구조(점상취락)의 양상을 보이고 있어 전기에는 취락구조의 차이가 확인되지 않는다.

중기는 송국리문화가 확인되지 않은 지역으로, 각각 영동지역은 포월리유형, 남부동해안지역에는 검단리유형의 문화가 전개되고 있다. 영동지역에서 현재까지 조사된 중기취락은 소수에 해당하는데, 주거공간과 분묘공간으로 이루어진 소규모 취락이 조성된다. 취락의 구조는 주거지 3~4동이 능선상에 열상으로 배치되어, 일정한 거리를 두고 주거공간이 조성되는 면상취락의 형태이다. 남부동해안지역은 청동기시대 중기가 되면 취락 내에 주거 공간 이외에 논과 밭 등의 경작유구, 저장공간인 굴립주건물지, 수렵공간인 함정, 묘역지석묘, 환호 등 취락 공간구성요소가 증가하며, 경주 어일리, 울산 산하동 등 해안지역에 울산식 주거가 중심으로 축조되는 대규모 취락이 형성된다. 주거는 구릉 정상을 비우고 양사면에 등고선을 따라 열상으로 배치된다. 묘역에는 주구형 유구가 군집을 이루고 조성되며, 구릉 중앙부는 공지로 남겨져 광장이 조성되는 형태를 보인다.

후기에는 중기의 청동기문화인 영동지역 포월리유형과 남부동해안지역 검단리유형의 무문토기문화 전통을 보유한 재지집단과의 접촉과 교류를 통하여, 영동지역은 주거, 저장, 분묘, 의례공간 등 다양한 공간 구성으로 이루어진 취락이 조성된다. 초기에는 소형취락으로 조성되다가, 점토대토기문화의 확산에 따라 점차 취락의 규모가 중형취락으로 확대되어가면서 정주취락의 형태를 보인다. 아울러 주민의 이주로 인해 송국리식 주거지가 조성되는 송국리유형과의 문화접변 양상도 확인된다.

남부동해안지역 취락의 형태는 대부분 주거로 이루어진 소형취락의 형태에서 삼각형점토대토기문화에 들어가면서 환호 등 취락구성요소가 다양해지면서 취락의 규모가 확대되고, 정착되어 가는 양상을 보인다.

분묘조성 : 동해안지역에서는 구릉의 정상부 및 능선부에 독립적으로 배치되거나 구릉 사면에 소수의 분묘가 입지하는 경우가 대부분이다. 다른 지역처럼 분묘가 군집을 이루거나 열상으로 배치되는 양상은 드물다.

전기에 해당하는 분묘는 토광묘와 석관묘이다. 대부분 취락에서 1기만이 조성되는 특징을 보인다. 전기후반에는 남부동해안지역에서 주구묘가 일부 조성된다.

중기에는 영동지역은 지석묘만 축조된다. 반면에 남부동해안지역에는 지석묘와 함께 형산강유역(경주 황성동, 석장동)과 태화강유역(울주 길천리), 회야강유역(울산 발리), 감포해안지구(경주 전촌리)의 일부 취락에 묘역지석묘가 조성된다. 복수의 취락을 대표하는 강력한 세력을 보여주는 분묘인 묘역지석묘는 수장의 등장과 관련되는데, 영동지역과 남부동해안지역과의 분묘양상과 사회 위계화 정도의 차이를 보여주는 대표적인 분묘로 판단된다.

한편 남부동해안지역의 특징적인 의례 유구인 주구형 유구는 동천강유역과 해안지구에 집중 조성된다. 아울러 일부 취락에서는 가옥장과 주거지내 집석이 묘제로 이용되는 양상이 확인된다. 후기에는 양 지역 모두 소형의 석관묘가 축조되고, 남부동해안지역의 일부 취락에서는 옹관묘도 축조된다.

한편 분묘에서 출토되는 유물 양상은 영동지역은 전기에 석촉과 대부토기, 중기에는 석촉, 후기에는 선형동부, 세형동검, 다뉴경, 석촉 등이 출토된다. 남부동해안지역에서는 전기에는 특징적인 장식석검과 석촉, 적색마연토기, 옥, 중기에는 마제석검(유절병석검)과 적색마연토기, 석촉, 후기에는 석촉과 석창, 검파두식 등이 출토된다.

영동지역 분묘에서는 후기에 청동기가 출토되는 양상이 특징이며, 울산 효문동 산68-1번지 토광묘에서 장식섬검 1점, 적색마연토기 1점, 석촉 3점, 경주 월산리 산137-1번지 석관묘에서 장식석검 1점, 석촉 16점, 옥 4점 등이 출토되어 다른 분묘보다 입지적인 차이성(특수성)과 아울러 위세품의 차이가 확인된다.

분포정형 : 영동지역 청동기시대 취락은 해안에 인접한 구릉에 전기 취락이 조성되고, 점차 산지 쪽으로 가면서 중기에 해당하는 지석묘와 취락 및 후기의 취락들이 인접한 상태로 밀집도가 높게 조성된다.

영동지역 취락 분포정형은 하천지구와 호수지구로 대별되는데, 하천지구에서는 동~서로 흐르는 하천을 경계로 마주 보는 구릉에 전기~후기까지 취락이 조성된다. 호수지구에서는 호수의 남쪽 구릉에 먼저 취락이 조성되고, 시간이 흐름에 따라 취락이 조성되는 공간이 변하게 된다. 후기에는 하천과 호수지구 모두 해안에서 멀리 이격되어 취락이 조성되는 양상을 보인다. 영동지역은 하천 지구의 경우에는 자연지리적인 환경적인 이유로 인접한 일반취락간의 일자형의 단선론적 상호연계망이 형성되었던 것으로 판단된다.

남부동해안지역은 하천유역을 따라 대형취락과 소형취락들이 일정한 간격을 두고 떨어져 유기적인 관계망을 형성하면서 배치되며, 취락간의 네트워크는 하천을 매개 채로 한 교통망의 구축과 연관성이 있는 것으로 판단된다. 동천강과 태화강유역을 포함한 울산지역의 중심취락은 환호취락과 장기간 동안 대규모로 조성된 취락으로 구분되며, 중심취락을 중심으로 하천 양방향에 일반취락들이 분포하고 있는 형태를 보인다. 남부동해안지역은 중심취락을 중심으로 일반취락들이 연결된 다선론적 상호연계망이 형성된 것으로 판단된다.

교류양상 : 동해안은 해안선을 따라 해안단구, 하안단구들이 곳곳에 분포하므로, 이곳에서 경지와 주거지를 획득하여 선사시대부터 사람들이 거주하였다. 지질구조선이나 해안을 따라 나 있는 남-북 방향의 교통로와 이에 교차하여 동~서 방향의 교통로가 있으나, 대부분 내륙의 주요 거점까지 거리가 멀고 고개가 대단히 높아 남북으로 긴 해안지역을 통합할 수 있는 구심점이 빈약하였으며, 대천을 통해 교류가 이루어진 형산강유역을 제외하면 동~서 간의 왕성한 교류는 거의 불가능했던 것으로 판단된다.

영동지역은 서쪽으로는 태백산맥이 위치하여 지형적인 이유로 동~서로 연결되는 교류는 어려울 것으로 판단된다. 해안을 이용하여 원산만을 포함한 북부동해안지역과의 교류가 상정되는데, 전기에는 동북지역의 토기문화, 중기에는 원산만 일대의 금야유형의 토기와 청동기, 후기에는 점토대토기문화가 유입되는 것으로 판단된다.

남부동해안지역은 하천가의 교통로상에 입지함에 따라 이를 통해 인접한 취락과 사회 · 경제적인 교류가 이루어졌을 것으로 판단된다. 서쪽으로는 넓은 평야 지대가 위치하는데, 이곳을 통해 조기부터 미사리문화, 전기의 가락동, 흔암리 · 역삼동문화, 중기의 토기와 석기, 묘역지석묘 등의 묘제, 후기의 점토대토기문화가 유입된 것으로 판단된다. 물론 해안을 따라 지속적으로 동북지방 문화요소가 유입된다.

중기에는 전기의 전통을 이어 받아 형성된 영동지역의 포월리유형과, 남부동해안지역 검단리유형의 취락이 조성된다. 영동지역은 현재 조사가 많이 이루어지지 않아 정확한 취락양상은 알 수 없지만, 동한만지역의 금야유형의 영향도 받았을 것으로 판단된다. 울진지역의 덕천리, 봉산리 취락과 지석묘군도 포월리유형의 문화양상을 보이고 있어, 포월리유형의 확산양상을 살펴 볼 수 있다.

남부동해안지역은 태화강주변에서 형성된 중기의 검단리 유형 문화요소가 울산 해안지역, 경주 형산강유역, 포항 해안지역으로 확산된다.

생계상 : 동해안지역 청동기시대 생계는 농경, 어로, 수렵등으로 구분된다. 농경과 관련된 논과 밭 등의 경작유구는 전기에는 확인되지 않고 중기에 태화강유역을 중심으로 구릉사면과 곡부에 소규모로 조성된다.

어로와 관련해서는 남부동해안지역에서 다양한 형태와 많은 수의 어망추가 출토되어 어망추를 이용한 하천어로가 성행한 것으로 판단된다.

수렵은 전기에는 활과 석창을 이용한 수렵, 남부동해안지역은 중기에 함정을 이용한 수렵활동이 이루어졌다.

영동지역은 경작유구 등 생업 관련유구가 확인되지 않아, 취락에서 출토되는 석기조성비를 통해 생계 활동을 유추할 수밖에 없다. 남부동해안지역은 송국리문화권에 비하면 소규모이지만 수전 등의 경작활동이 이루어졌고, 하천유역을 중심으로 어로 활동, 함정을 이용한 수렵활동 등이 이루어져 영동지역 보다 조직적이고 체계적인 생계활동을 영위한 것으로 판단된다.

동해안지역은 넓은 평야나 충적지가 거의 없고 좁은 곡간 평야들로 이루어진 지형적 특성으로 인해, 청동기시대 취락의 공간구성에서는 주거공간과 분묘공간 등으로 단순하게 이루어져 대규모 복합취락은 조성되지 못했다. 또한 서부가 태백산맥, 동쪽이 동해에 접해 있어 교통시설이 발달하지 못한 관계로 주변지역과의 교류가 원활하지 못했다.

표 26 | 영동지역과 남부동해안지역 취락 비교

	영동지역	남부동해안	형산강유역	태화강유역	동천강유역
취락입지	구릉	구릉/해안단구	구릉/충적지	구릉/충적지	구릉
취락점유	단기	장기	장기	장기	장기
취락공간	주거	주거	주거/분묘	주거/생산	주거/분묘
취락규모	소규모	소규모 대규모	중규모	대규모	대규모
취락성격	개별단위 취락	개별단위취락	개별단위 취락	환호취락 중심취락	환호취락 중심취락
취락위계	일반	일반	중심/일반	중심/일반	중심/일반
취락 교류	해안교류 (단선론적 상호연계망)	해안교류 (단선론적 상호연계망)	하천교류 (단선론적 상호연계망)	하천교류 (단선론적 상호연계망)	하천교류 (단선론적 상호연계망)
공동체	소규모 단위공동체	소규모 단위공동체	대규모 단위공동체	대규모 단위공동체	대규모 단위공동체
분묘	토광묘 지석묘 석관묘	지석묘 묘역지석묘 (주구형유구)	지석묘 석관묘 묘역지석묘	토광묘 지석묘	지석묘 주구묘 (주구형유구)
위세품	마제석검 선형동부(후) 세형동검(후)	장식석검 마제석검	장식석검 마제석검	장식석검 마제석검	장식석검 마제석검
환호	있음(후기)	없음	없음	있음	있음

동해안지역 청동기시대 취락에서는 대형 지석묘축조, 굴립주건물(대형건물지), 논과 밭 등의 경작유구, 생산유구 등의 존재는 소규모로 확인되며, 비파형동검 등의 청동기나 옥 등의 위세품 등은 출토되지 않았다. 단순사회는 보다 넓은 공간을 점유하며, 대규모이면서 복합적인 성격을 가질수록 영역화가 다양해지고 공간적으로 독립화 되는 경향이 높은 것으로 분석되고 있다. 결국 호서지역과 남강유역의 송국리유형 분포지역 보다 사회 계층화의 정도나 복합사회로의 진행 정도가 상대적으로 낮았을 것으로 판단된다.

참고문헌

강원도, 1975, 『江原總攬』, 江原日報社.

강영환, 1997, 「한국선사인들의 집짓기 -울산지역 무문토기시대 주거지유적의 건축사적 의의-」 『울산연구』 제2집, 울산대학교박물관.

강병학, 2013, 「서울·경기지역의 조기~전기문화 편년」 『한국 청동기시대 편년(Ⅰ)』, 한국청동기학회 학술총서 2, 서경문화사.

姜仁旭, 2005, 「한반도 동북한지역 청동기문화의 지역성과 편년 -토기의 변천을 중심으로-」 『강원지역의 청동기문화』, 2005년 추계 학술대회, 강원고고학회.

_____, 2007, 「두만강유역 청동기시대 문화의 변천과정에 대하여 -동북한 토기의 편년 및 주변 지역과의 비교를 중심으로-」 『韓國考古學報』 62, 韓國考古學會.

高東淳, 1995, 「강원영동지방의 지석묘에 관한 고찰」 『韓國上古史學報』 18, 韓國上古史學會.

高旻廷, 2003, 「南江流域 無文土器文化의 變遷」, 慶北大學校大學院 碩士學位論文.

_____, 2009, 「남강유역 각목돌대문토기문화와 북한지역과의 병행관계 -무문토기시대 조·전기를 중심으로」 『동북아 관점에서 본 북한의 청동기시대』, 제2회 청동기학회 학사분과 발표회, 한국청동기학회.

孔敏奎, 2003, 「무문토기문화 가락동유형의 성립과 전개」, 숭실대학교 석사학위논문.

_____, 2005, 「中部內陸地域 可樂洞類型의 展開」 『송국리문화를 통해 본 농경사회의 문화체계』, 고려대학교 고고환경연구소 학술총서, 서경문화사.

孔敏奎, 2012, 「금강 중류역 청동기시대 전기 취락의 검토」『韓國靑銅器學報』第八
　　號, 韓國靑銅器學會.

_____, 2013, 「충청 남동지역의 조기~전기편년」『한국 청동기시대 편년(Ⅰ)』, 한국
　　청동기학회 학술총서 2, 서경문화사.

_____, 2013, 『靑銅器時代 前期 錦江流域 聚落 硏究』, 숭실대학교 박사학위논문.

_____, 2014, 「취락의 입지와 구성 -주거지의 형식과 변천-」『청동기시대의 고고
　　학 3 -취락-』, 한국고고환경연구소 학술총서 12, 서경문화사.

공봉석, 2004, 「영남지역 청동기시대 일우수구부수혈주거지에 대한 연구」, 동아대
　　학교 석사학위논문.

_____, 2007, 「嶺南東海岸地域 靑銅器時代 住居址의 外部突出溝 一檢討」『慶文論
　　叢』創刊號, 慶南文化財硏究院.

權承錄, 2014, 「密陽江流域 靑銅器時代 聚落硏究」, 嶺南大學校大學院 碩士學位論文.

宮里修, 2010, 『한반도 청동기의 기원과 전개』, 사회평론.

金圭正, 2000, 「湖南地方 靑銅器時代 住居址 硏究」, 木浦大學校大學院 碩士學位論文.

_____, 2007, 「청동기시대 중기설정과 공간」『韓國靑銅器學報』創刊號, 韓國靑銅器
　　學會.

_____, 2013, 『湖南地域 靑銅器時代 聚落 硏究』, 慶尙大學校大學院 博士學位論文.

金廣明, 2003, 「경북지역의 지석묘」『지석묘 조사의 새로운 성과』, 제30회 한국상고
　　사학회 학술발표대회, 한국상고사학회.

金權九, 1995, 「住居址 考古學 資料分析 方法의 몇가지 例와 문제점의 一考察」『韓
　　國上古史學報』46, 韓國上古史學會.

_____, 2001, 「영남지방 청동기시대 마을의 특성과 지역별 전개양상」『한국 청동기
　　시대 연구의 새로운 성과와 과제』, 충남대학교박물관.

_____, 2005, 『청동기시대 영남지역의 농경사회』, 학연문화사.

_____, 2012, 「청동기시대~초기철기시대 고지성환구에 관한 고찰」『韓國上古史學
　　報』76, 韓國上古史學會.

_____, 2014, 「총설」『청동기시대의 고고학 3 -취락-』, 한국고고환경연구소 학술총
　　서 12, 서경문화사.

金權中, 2005, 「北韓江流域 靑銅器時代 住居址 硏究』, 檀國大學校大學院 碩士學位
　　論文.

金權中, 2007,「강원지역 청동기시대 무덤과 고인돌」『아시아 거석문화와 고인돌』, 제2회 아시아권 문화유산(고인돌) 국제심포지엄 자료집, 東北亞支石墓硏究所.

_____, 2009,「춘천지역의 청동기시대 중심취락과 취락간 관계」『청동기시대 중심취락과 취락 네트워크』, 한국청동기학회 취락분과 2회 워크숍 발표자료집, 한국청동기학회.

_____, 2010,「청동기시대 중부지방의 시·공간적 정체성」『중부지방 고고학의 시·공간적 정체성(Ⅰ)』, 2010년 중부고고학회 정기학술대회, 중부고고학회.

_____, 2013,「강원영서지역 조기~전기문화 편년」『한국 청동기시대 편년(Ⅰ)』, 한국청동기학회 학술총서 2, 서경문화사.

김나영, 2013,「울산지역 삼한시대 취락의 전개양상」『三韓時代 文化와 蔚山』, 2013년 울산문화재연구원 학술대회, 蔚山文化財硏究院.

金度憲, 2004,「울산지역 청동기시대 취락의 입지에 대한 검토 -생업과 관련하여」『嶺南考古學』35, 嶺南考古學會.

_____, 2005,「청동기시대 영남지역의 환경과 생업」『영남의 청동기시대 문화』제14회 영남고고학회 학술발표회.

_____, 2009,「청동기시대 농경의 확산과 사회변화에 대한 시론 -영남지역을 중심으로-」『영남학』제15호.

김민구, 2012,「植物의 고고학, 食物의 고고학」『움직이는 세상, 움직여야 하는 고고학』, 서경문화사.

金範哲, 2006,「錦江 중·하류역 松菊里型 聚落에 대한 家口考古學的 접근」『韓國上古史學報』第51號, 韓國上古史學會.

_____, 2011,『쌀의 고고학 -한국 청동기시대 手稻作과 정치경제-』, 민속원.

金炳燮, 2003,「韓半島 中南部地域 前期 無文土器에 대한 一考察 -二重口緣土器를 中心으로-」『慶尙考古學』第3輯, 慶尙考古學硏究會.

_____, 2009,「남한지역 조·전기 무문토기 편년 및 북한지역과의 병행관계」『韓國靑銅器學報』第四號, 韓國靑銅器學會.

金承玉, 2006,「청동기시대 주거지 편년과 사회변천」『韓國考古學報』60, 韓國考古學會.

_____, 2006,「분묘 자료를 통해 본 청동기시대 사회조직과 변천」『계층사회와 지배자의 출현』, 한국고고학회.

金壯錫, 2001,「혼암리 유형 재고 : 기원과 연대」『嶺南考古學』28, 嶺南考古學會.

金壯錫, 2007, 「청동기시대 취락과 사회복합화과정 연구에 대한 검토」『湖西考古學』17, 湖西考古學會.

_____, 2008, 「무문토기시대 조기설정론 재고」『한국고고학보』69, 한국고고학회.

김정기, 1996, 「청동기 및 초기철기시대의 수혈주거」『韓國考古學報』34, 韓國考古學會.

金在胤, 2004, 「韓半島 刻目突帶文土器의 系譜와 編年」『韓國上古史學報』第46號, 韓國上古史學會.

金載昊, 2005, 『保寧 寬倉里 住居遺蹟 研究』, 동아대학교 박사학위논문.

金鐘一, 2006, 「경관고고학의 이론적 특징과 적용 가능성」『韓國考古學報』58, 韓國考古學會.

_____, 2007, 「계층사회와 지배자의 출현을 넘어서」『韓國考古學報』63, 韓國考古學會.

金漢植, 2003, 「경기지역 청동기시대 문화유형재검토 -전기를 중심으로-」『고고학』제2권 제1호, 서울경기고고학회.

_____, 2006, 「경기지역 역삼동유형의 정립과정」『고고학』5-1, 서울 · 경기고고학회.

_____, 2010, 「경기지역 청동기시대 전기 토기양상 검토」『전기 무문토기의 지역양식 설정』, 한국청동기학회 토기분과 워크숍 발표자료집, 한국청동기학회.

金賢植, 2006, 「蔚山式 住居址 研究」, 釜山大學校大學院 碩士學位論文.

_____, 2007, 「청동기시대 조기-전기의 文化史的 意味」『考古廣場』2, 釜山考古學研究會.

_____, 2008, 「蔚山式 住居址의 復元」『韓國青銅器學報』第二號, 韓國青銅器學會.

_____, 2008, 「호서지방 전기무문토기 문양의 변천과정 연구」『嶺南考古學』44, 嶺南考古學會.

_____, 2010, 「蔚山地域 青銅器時代 聚落과 共同體」『青銅器時代의 蔚山太和江文化』, 울산문화재연구원 개원10주년 기념논문집, 울산문화재연구원.

_____, 2013, 「동남해안지역(경주-포항-울산지역)청동기시대 편년」『한국 청동기시대 편년(Ⅰ)』, 한국청동기학회 학술총서 2, 서경문화사.

_____, 2013, 「남한 청동기시대 서북한양식 주거지에 대한 고찰」『嶺南考古學』66, 嶺南考古學會.

羅建柱, 2009, 「송국리유형 형성과정에 대한 검토」『고고학』8-1, 서울 · 경기고고학회.

羅建柱, 2010,「호서지역 청동기시대 전기의 유형에 대한 검토」, 한국청동기학회 토기분과 워크숍 발표자료집, 한국청동기학회.

_____, 2013,「충청 북서지역의 조기~전기편년」『한국 청동기시대 편년(Ⅰ)』, 한국청동기학회 학술총서 2, 서경문화사.

_____, 2013,『靑銅器時代 前期聚落의 成長과 宋菊里類型 形成過程에 대한 硏究 - 韓半島 中西部地方 資料를 中心으로-』, 忠南大學校大學院 博士學位論文.

盧爀眞, 2001,「점토대토기문화의 사회성격에 대한 일고찰」『韓國考古學報』45, 韓國考古學會.

노혁진, 2013,「백두대간의 관점에서 본 강원도 선사시대 취락의 형성과정」『고고학』제12권 제2호, 중부고고학회.

도영아, 2007,「경주지역 청동기시대 취락의 입지와 생업에 대한 검토」『문화사학』27호, 문화사학회.

董眞淑, 2003,「嶺南地方 靑銅器時代 文化의 變遷」, 慶北大學校大學院 碩士學位論文.

朴性姬, 2006,「청동기시대 취락유형에 대한 고찰 -중서부지역 유적을 중심으로-」『韓國上古史學報』第54號, 韓國上古史學會.

_____, 2009,「영남지방 청동기시대의 지역적 전개」『고고학』제8권 2호, 서울경기고고학회.

_____, 2015,『南韓 靑銅器時代 住居 硏究』, 高麗大學校大學院 文化財學協同課程 博士學位論文.

朴淳發, 1993,「한강유역의 청동기·초기철기문화」『한강유역사』, 민음사.

_____, 2003,「美沙里類型 形成考」『湖西考古學』9, 湖西考古學會.

_____, 2004,「遼寧 粘土帶土器文化의 韓半島 定着過程」『錦江考古』創刊號.

朴洋震, 1996,「韓國 支石墓社會 "族長社會論"의 批判的 檢討」『湖西考古學』14. 湖西考古學會.

朴榮九, 2004,「嶺東地域 靑銅器時代 住居址 硏究」『江原考古學報』3輯, 江原考古學會.

_____, 2005,「嶺東地域 靑銅器時代 聚落構造」『江原地域의 靑銅器文化』江原考古學會 秋季學術大會 發表要旨, 江原考古學會.

_____, 2007,「嶺東地域 靑銅器時代 聚落構造의 變遷」『古文化』第69輯, 韓國大學博物館協會.

_____, 2007,「嶺東地域 前期無文土器文化의 展開樣相」『환동해지역 선사시대 사회집단의 형성과 문화교류』제35회 한국상고사학회 학술발표대회, 韓國上古史學會.

朴榮九, 2008,「嶺東地域 無文土器文化의 展開樣相」『江原考古學報』11輯, 江原考古學會.

_____, 2009,「南部東海岸地域 無文土器文化 展開樣相 -浦項地域을 中心으로-」『嶺南考古學』51, 嶺南考古學會.

_____, 2010,「嶺東地域 圓形粘土帶土器文化의 展開樣相」『韓國青銅器學報』第七號, 韓國青銅器學會.

_____, 2011,「東海岸地域 青銅器時代 무덤의 變遷」『韓國青銅器學報』第九號, 韓國青銅器學會.

_____, 2011,「南漢江流域 孔列土器文化 小考」『인류학고고학논총』, 영남대학교 문화인류학과 개설40주년 기념논총, 학연문화사.

_____, 2012,「中部地域 突帶文土器文化의 展開樣相 -江原嶺西地域을 中心으로」『韓國上古史學報』第75號, 韓國上古史學會.

_____, 2012,「東海岸地域 孔列土器文化 小考」『韓國青銅器學報』第十一號, 韓國青銅器學會.

_____, 2013,「南部東海岸地域 青銅器時代 聚落」『韓日聚落研究』, 韓日聚落研究會, 서경문화사.

_____, 2013,「南部東海岸地域 青銅器時代 聚落의 變遷」『韓國上古史學報』第79號, 韓國上古史學會.

_____, 2013,「慶州地域 青銅器時代 聚落의 編年과 變遷樣相」『嶺南考古學』66호, 嶺南考古學會.

_____, 2013,「영동지역의 조기~전기 편년」『한국 청동기시대 편년(Ⅰ)』, 한국청동기학회 학술총서 2, 서경문화사.

_____, 2014,「東川江流域 青銅器時代 聚落의 變遷」『江原考古研究』, 고려출판사.

_____, 2014,「江原道 青銅器時代 文化의 展開樣相 -江原 嶺西地域 青銅器時代 聚落을 中心으로-」『강원도의 역사와 민속』, (사)한국대학박물관협회 71회 추계학술발표회 발표요지, 한국대학박물관협회.

_____, 2014,「취락의 지역상 -동해안지역 취락-」『청동기시대의 고고학 3 -취락-』, 한국고고환경연구소 학술총서 12, 서경문화사.

_____, 2015,「東海岸地域 青銅器時代 後期 聚落의 構造와 展開」『牛行 李相吉 教授 追慕論文集』, 진인진.

朴辰一, 2007,「粘土帶土器, 그리고 青銅器時代와 初期鐵器時代」『韓國青銅器學報』創刊號, 韓國青銅器學會.

朴辰一, 2013, 『韓半島 粘土帶土器 文化 研究』, 釜山大學校大學院 博士學位論文.

_____, 2013, 「울산지역 점토대토기문화의 등장과 전개」『삼한시대 문화와 울산』, 2013년 울산문화재연구원 학술대회, 蔚山文化財研究院.

裵德煥, 2005, 「청동기시대 영남지역의 주거와 마을」『영남의 청동기시대문화』제14회 영남고고학회 학술발표회.

_____, 2007, 「청동기시대 환호취락의 전개양상」『석당논총』39, 동아대학교 석당학술원.

_____, 2008, 『영남 남부지역 청동기시대 주거지 연구』, 동아대학교대학원 박사학위논문.

_____, 2008, 「GISを用いた韓國慶南地方の靑銅器時代 前期-後期の集落」, 『日韓の先史時代集落-GIS分析の可能性』, 立命館大學 グローバルCOEプログラム國際シンポジム.

_____, 2014, 「취락과 사회 -중심취락과 주변취락-」『청동기시대의 고고학 3 -취락-』, 한국고고환경연구소 학술총서 12, 서경문화사.

裵眞晟, 2005, 「檢丹里類型의 成立」『韓國上古史學報』第48號, 韓國上古史學會.

_____, 2007, 「東北型石刀에 대한 小考 -東海文化圈의 設定을 겸하여-」『嶺南考古學』40, 嶺南考古學會.

_____, 2007, 「豆滿江流域 無文土器의 實相」『嶺南考古學』42, 嶺南考古學會.

_____, 2007, 『무문토기문화의 성립과 계층사회』, 서경문화사.

_____, 2010, 「靑銅器時代의 蔚山과 豆滿江流域」『靑銅器時代의 蔚山太和江文化』, 울산문화재연구원 개원10주년 기념논문집, 울산문화재연구원.

_____, 2011, 「墳墓 築造 社會의 開始」『韓國考古學報』80, 韓國考古學會.

_____, 2011, 「한반도 청동기시대 개시기의 이해」『한국 선사시대 사회와 문화의 이해』, 중앙문화재연구원 학술총서 2, 서경문화사.

_____, 2014, 「태화강유역 청동기시대 분묘의 성격」『태화강인의 삶과 죽음』, 울산박물관.

白弘基, 1992, 「江原嶺東地方의 無文土器文化」『江原嶺東地方의 先史文化研究』Ⅱ, 江陵大學校 博物館.

서길덕, 2006, 「원형점토대토기의 변천과정 연구 -서울·경기지역을 중심으로」, 세종대학교 석사학위논문.

宋滿榮, 1995, 「中期 無文土器時代 文化의 編年과 性格」, 숭실대학교 석사학위논문.

宋滿榮, 2001, 「남한지방 농경문화형성기 취락의 구조와 변화」『한국 농경문화의 형성』제25회 한국고고학전국대회 발표요지, 한국고고학회.

_____, 2006, 「남한지방 농경문화형성기 취락의 구조와 변화」『계층사회와 지배자의 출현』, 한국고고학회 창립 30주년 기념 한국고고학전국대회, 한국고고학회.

_____, 2010, 『韓半島 中部地域 聚落의 發展과 政治體의 形成』, 崇實大學校大學院 博士學位論文.

_____, 2011, 「中部地方 粘土帶土器 段階 聚落構造와 性格」『韓國考古學報』80, 韓國考古學會.

_____, 2013, 「흔암리식 토기 발생의 재검토」『韓國上古史學報』第79號, 韓國上古史學會.

_____, 2013, 『중부지방 취락고고학 연구』, 서경문화사.

_____, 2014, 「취락의 입지와 구성 -취락구조와 변천-」『청동기시대의 고고학 3 -취락-』, 한국고고환경연구소 학술총서 12, 서경문화사.

孫晙鎬, 2006, 『韓半島 靑銅器時代 磨製石劍 硏究』, 高麗大學校大學院 博士學位論文.

_____, 2007, 「송국리유적 재고」『古文化』69, 韓國大學博物館協會.

손준호, 2011, 「청동기시대 식물 연구를 위한 새로운 분석법 -토기 압흔 및 잔존 녹말 분석」『청동기시대 農耕을 생각한다』, 한국청동기학회 생업분과 제4회 워크숍, 한국청동기학회.

손호성·전상욱, 2010, 「청동기시대 주거지 연구 -경주권역 주거지의 분류와 시기 설정-」『盛林考古論叢』創刊號, 盛林文化財研究院.

宋榮眞, 2006, 「한반도 남부지역의 적색마연토기 연구」『嶺南考古學』38號, 嶺南考古學會.

_____, 2012, 「남강유역 마연토기의 변화와 시기구분」『嶺南考古學』60號, 嶺南考古學會.

申英愛, 2011, 「嶺南地方 粘土帶土器 段階 文化接變」, 慶北大學校大學院 碩士學位論文.

심현용, 2002, 「동해안지방 지석묘 시론-경북 울진군을 중심으로」『향토문화』17, 대구향토문화연구소.

_____, 2003, 「울진군 문화유적 지표조사 보고(1)」『蔚珍文化』第17號, 蔚珍文化院.

_____, 2007, 「울진군 문화유적 지표조사 보고(2)」『蔚珍 史香』창간호, 울진문화원 향토사연구회.

庄田愼矢, 2009, 『청동기시대의 생산활동과 사회』, 學研文化社.

安承模, 1998, 「선사농경의 득과 실」 『동아시아 선사시대의 농경과 생업』, 학연문화사.

_____, 2008, 「한반도 청동기시대의 작물조성 -종자유체를 중심으로-」 『湖南考古學報』 28, 湖南考古學會.

安在晧, 1990, 「前期 無文土器의 編年」, 慶北大學校大學院 碩士學位論文.

_____, 1992, 「松菊里類型의 檢討」 『嶺南考古學』 11輯, 嶺南考古學會.

_____, 2000, 「韓國 農耕社會의 成立」 『韓國考古學報』 43, 韓國考古學會.

_____, 2001, 「中期 無文土器時代의 聚落 構造의 轉移」 『嶺南考古學』 34, 嶺南考古學會.

_____, 2006, 『靑銅器時代 聚落研究』, 釜山大學校大學院 博士學位論文.

_____, 2007, 「編年을 위한 屬性配列法-蔚山 靑銅器時代 土器 文樣의 變遷」 『考古廣場』 創刊號, 釜山考古學研究會.

_____, 2009, 「韓國 靑銅器時代 研究의 成果와 課題」 『동북아 청동기문화 조사연구의 성과와 과제』, 學研文化社.

_____, 2010, 「韓半島 靑銅器時代의 時期區分」 『考古學志』 第16輯, 國立中央博物館.

_____, 2011, 「屬性配列法에 따른 東南海岸圈 無文土器 文樣의 編年」 『韓國上古史學報』 第73號, 韓國上古史學會.

_____, 2012, 「묘역식지석묘의 출현과 사회상」 『湖西考古學』 26, 湖西考古學會.

安在晧 · 千羨幸, 2004, 「前期無文土器의 文樣編年과 地域相」 『福岡大學考古學論集 -小田富士雄先生退職記念-』.

오규진, 2011, 『곡교천유역 역삼동유형 취락 연구 -자연과학적 분석을 중심으로-』, 고려대학교 대학원 문화재학협동과정 박사학위논문.

우명하, 2012, 「영남지역 묘역지석묘의 전개」, 영남대학교 석사학위논문.

엄윤정, 1999, 「울산지역 무문토기시대 취락과 주거의 건축적 특성에 관한 연구」, 울산대학교 석사학위논문.

俞炳珠, 2008, 「蔚山 檢丹里 마을유적의 제검토」 『韓國靑銅器學報』 創刊號, 韓國靑銅器學會.

_____, 2010, 「竪穴建物 廢棄行爲 研究 1 -家屋葬-」 『釜山大學校 考古學科 創設20周年 記念論文集』, 釜山大學校 考古學科.

_____, 2014, 「靑銅器時代 聚落造成에 適用된 大規模 土木工事와 意味」 『土木考古學의 現狀과 課題』, 우리문화재연구원 개원 10주년 기념 공동학술발표회.

俞炳珠, 2014,「韓半島 南部 早·前期~中期 聚落의 變遷과 農耕」『청동기시대 한·
　　　일 농경문화의 교류』, 제8회 한국청동기학회 학술대회발표요지, 한국청동
　　　기학회.

俞炳隣, 2001,「중서부해안지역 무문토기시대에 대한 연구」, 한양대학교 석사학위
　　　논문.

윤무병, 1988,『한국 청동기문화 연구』, 예경산업사.

윤호필, 2013,『축조와 의례로 본 지석묘사회 연구』, 목포대학교 박사학위논문.

_____, 2013,「경작유적을 통해 본 청동기시대의 생산과 소비」『청동기시대 생산과
　　　소비적 관점에서 바라 본 경제활동』, 제7회 한국청동기학회 학술대회, 한국
　　　청동기학회.

_____, 2014,「한국 청동기시대 농경의 개시 및 전개」『청동기시대 한·일 농경문
　　　화의 교류』, 제8회 한국청동기학회 학술대회, 한국청동기학회.

李建茂, 2003,『韓國式銅劍文化의 硏究』, 高麗大學校大學院 博士學位論文.

_____, 2006,「한국 청동기시대 조기설정에 대한 소고」『경기고고』6, 기전문화재
　　　연구원.

이기성, 2000,「無文土器時代 住居樣式의 變化」, 서울대학교 석사학위논문.

_____, 2012,「문화사적 시기구분으로서의 무문토기시대 조기 설정 재검토」『韓國
　　　上古史學報』第76號, 韓國上古史學會.

이동주·장호진, 2012,「어망추로 본 청동기시대 어로 양상 -포항지역 출토품을 중
　　　심으로-」『야외고고학』제14호, 한국문화재조사연구기관협회.

李白圭, 1974,「京畿道 出土 無文土器·磨製石劍 -土器編年을 中心으로」『考古學』
　　　第三輯, 韓國考古學會.

_____, 1986,「漢江流域 前半期 민무늬토기 編年에 대하여」『嶺南考古學』2, 嶺南
　　　考古學會.

李相吉, 2000,「靑銅器時代 儀禮에 관한 考古學的 硏究」, 大邱曉星가톨릭大學校大
　　　學院 博士學位論文.

_____, 2006,「제사와 권력의 발생」『계층사회와 지배자의 출현』, 한국고고학회.

李盛周, 2007,『靑銅器·鐵器時代 社會變動論』, 학연문화사.

_____, 2007,「청동기시대의 취락」『한국고대사연구의 새동향』, 한국고대사학회.
　　　서경문화사.

_____, 2012,「마을(촌락)과 도시에 관한 고고학의 논의」『고고학 11-2호』, 중부고
　　　고학회.

이성주 · 박영구, 2009, 「강원지역의 청동기시대 묘제」『거제 대금리 유적 고찰편』, 경남고고학연구소.

이수정, 2013, 「韓半島 南部 突帶文土器文化의 成立過程」, 慶北大學校大學院 碩士學位論文.

李秀鴻, 2005, 「檢丹里式土器에 대한 일고찰」, 釜山大學校大學院 碩士學位論文.

_____, 2008, 「蔚山地域 靑銅器時代 聚落構造의 變化」『韓國靑銅器學報』第二號, 韓國靑銅器學會.

_____, 2010, 「蔚山 靑銅器時代 文化의 性格」『靑銅器時代의 蔚山 太和江文化』, 울산문화재연구원 개원10주년 기념논문집, 蔚山文化財硏究院.

_____, 2012, 『靑銅器時代 檢丹里類型의 考古學的 硏究』, 釜山大學校大學院 博士學位論文.

_____, 2014, 「청동기시대 주거생활 변화와 지역성의 사회적 의미 -영남지역의 자료를 중심으로-」『韓國考古學報』90, 韓國考古學會.

_____, 2014, 「취락의 입지와 구성 -취락의 입지-」『청동기시대의 고고학 3 -취락-』, 한국고고환경연구소 학술총서 12, 서경문화사.

李姃任, 2007, 「강원지역의 점토대토기문화 고찰」『古文化』69, 韓國大學博物館協會.

李榮文, 2002, 『韓國 支石墓 社會 硏究』, 學硏文化史.

_____, 2002, 『韓國 靑銅器時代 硏究』, 주류성.

_____, 2013, 「청동기시대 편년연구의 현황과 과제」『한국 청동기시대 편년(Ⅰ)』, 한국청동기학회 학술총서 2, 서경문화사.

李眞旼, 2008, 「서울 · 경기지역 전기 무문토기문화의 시공간적 전개」『전통과 변화 -서울 · 경기 무문토기문화의 흐름』2008년도 서울 · 경기고고학회 추계학술대회 발표요지, 서울 · 경기고고학회.

李宗哲, 2015, 『松菊里型文化의 聚落體制와 發展』, 全北大學校大學院 博士學位論文.

이정은, 2011, 「嶺南 東海岸地域 粘土帶土器文化의 變遷」, 慶北大學校大學院 碩士學位論文.

李淸圭, 1988, 「南韓地方 無文土器文化의 展開와 孔列土器文化의 位置」『韓國上古史學報』1, 韓國上古史學會.

_____, 1988, 「광복후 남북한 청동기시대의 연구성과」『韓國考古學報』21, 韓國考古學會.

_____, 1994, 「청동기 · 철기시대의 사회와 문화」『한국사』1, 한길사.

李清圭, 2000, 「遼寧 本溪縣 上保村 출토 銅劍과 土器에 대하여」 『考古歷史學志』 16.

_____, 2002, 「기원전후 경주와 주변과의 교류 -토기와 청동기를 중심으로-」 『국가형성기 경주와 주변지역』, 학연문화사.

_____, 2005, 「사로국의 형성에 대한 고고학적 검토」 『신라문화재학술논문집』 제26집, 경주시·신라문화선양회·경주문화원·동국대 국사학과.

_____, 2007, 「비파형동검문화」 『한국고대사연구의 새동향』, 한국고대사학회.

_____, 2007, 「청동기를 통해 본 고조선과 주변사회」 『고조선의 역사를 찾아서 -국가·문화·교역-』, 고조선사연구회·동북아역사재단.

_____, 2007, 「계층사회와 지배자의 출현 : 남한에서의 고고학적 접근」 『계층사회와 지배자의 출현』, 사회평론.

_____, 2010, 「청동기시대 사회 성격에 대한 논의-남한에서의 고고학적 접근」 『考古學志』 第16輯, 國立中央博物館.

李和種, 2004, 「中部地方 粘土帶土器文化 硏究」, 漢陽大學校大學院 碩士學位論文.

_____, 2007, 「江原地域 圓形粘土帶土器文化의 特徵과 編年」 『江原考古學報』 7, 江原考古學會.

李賢淑, 1997, 「한국 중서부지방 전기무문토기 연구 -천안 백석동 출토품을 중심으로-」, 공주대학교 석사학위논문.

이현석, 2002, 「울산지역 청동기시대 주거지에 관한 연구」 『울산문화재연구』 1, 울산발전연구원 문화재센터.

李亨源, 2002, 「韓國 靑銅器時代 前期 中部地域 無文土器 編年硏究」, 忠南大學校大學院 碩士學位論文.

_____, 2003, 「청동기시대 전기 취락의 편년 및 구조 시론 -중부지역을 중심으로-」 『국립공주박물관기요』 제3집, 국립공주박물관.

_____, 2007, 「湖西地域 可樂洞類型의 聚落構造와 性格」 『湖西考古學』 17, 湖西考古學會.

_____, 2007, 「南韓地域 靑銅器時代 前期의 上限과 下限」 『韓國靑銅器學報』 創刊號, 韓國靑銅器學會.

_____, 2009, 『韓國 靑銅器時代의 聚落構造와 社會組織』, 忠南大學校大學院 博士學位論文.

_____, 2010, 「청동기시대 조기 설정과 송국리유형 형성 논쟁에 대한 비판적 검토」 『고고학』 9-2, 중부고고학회.

李亨源, 2010,「中部地域 粘土帶土器文化의 時間性과 空間性」『湖西考古學』24, 湖西考古學會.

_____, 2010,「青銅器時代 聚落研究의 爭點」『한반도 청동기시대의 쟁점』, 청동기시대 마을풍경 특별전 학술심포지엄, 국립중앙박물관.

_____, 2011,「청동기시대 분묘공간 조성의 다양성 검토」『무덤을 통해 본 청동기시대 사회와 문화』, 제5회 한국청동기학회 학술대회, 韓國青銅器學會.

이형원, 2012,「중부지역 신석기-청동기시대 취락의 공간 구조와 그 의미」『고고학』제11권 제2호, 중부고고학회.

_____, 2014,「취락과 사회구조」『청동기시대의 고고학 3 -취락-』, 한국고고환경연구소 학술총서 12, 서경문화사.

李弘鍾, 1996,『청동기사회의 토기와 주거』, 서경문화사.

_____, 2005,「송국리문화의 문화접변과 문화변동」『韓國上古史學報』第48號, 韓國上古史學會.

_____, 2005,「寬倉里聚落의 景觀」『송국리문화를 통해 본 농경사회의 문화체계』, 서경문화사.

_____, 2007,「송국리형취락의 공간배치」『湖西考古學』17, 湖西考古學會.

울산고고학연구회, 2008,『울산지역 청동기시대 취락연구』, 용디자인.

林炳泰, 1969,「漢江流域 無文土器의 年代」『李弘稙博士 回甲記念 韓國史學論叢』.

임상택, 2008,「신석기시대 대한해협 해안지역 교류에 대한 재검토」『한·일 교류의 고고학』, 영남고고학회·구주고고학회 제8회 합동고고학대회 발표요지, 영남고고학회·구주고고학회.

정대봉, 2013,「東南海岸地域 轉換期 無文土器의 系統과 特性 -蔚山地域을 中心으로-」『한국상고사학보』第80號, 韓國上古史學會.

鄭智善, 2010,「南江流域 突帶文土器의 編年」, 慶尙大學校大學院 碩士學位論文.

_____, 2013,「청동기시대 남강유역 조·전기 주거지 연구 -돌대문토기와 이중구연토기 출토 주거지를 중심으로」『韓國青銅器學報』第十二號, 韓國青銅器學會.

鄭元喆, 2010,「강원지역 전기무문토기의 전개양상」, 한국청동기학회 토기분과 워크숍 발표자료집, 한국청동기학회.

_____, 2012,「中部地域 突帶文土器 編年」『韓國青銅器學報』第十一號, 韓國青銅器學會.

지현병, 2004, 「강원지방의 선사시대 주거주조에 대한 고찰」『강원지역의 역사와 문화』한국대학박물관협회 제50회 춘계학술발표회, 한국대학박물관협회.

趙鎭先, 2005, 『細形銅劍文化의 研究』, 學研文化社.

趙賢庭, 2001, 「蔚山式住居址에 대한 一考察」, 慶南大學校大學院 碩士學位論文.

曺華龍, 1979, 「韓國東海岸におる 後氷期 花粉分析學的 研究」『東北地理』第12卷 1號, 東北地理學會.

추연식, 1997, 『고고학 이론과 방법론』, 학연문화사.

千羨幸, 2003, 「無文土器時代 前期文化의 地域性研究 -中西部地方을 中心으로-」, 釜山大學校大學院 碩士學位論文.

_____, 2005, 「한반도 돌대문토기의 형성과 전개」『韓國考古學報』57, 韓國考古學會.

_____, 2006, 「영남지방 무문토기시대 중기로의 문양구성 변화」『石軒 鄭澄元敎授 停年退任記念論叢』, 釜山考古學研究會 · 論叢發刊委員會.

_____, 2007, 「無文土器時代의 早期 設定과 時間的 範圍」『韓國青銅器學報』創刊號, 韓國青銅器學會.

崔夢龍 · 朴洋震, 1986, 「麗州 欣岩里 先史聚落址」『麗州 欣岩里 先史聚落址』, 三和社.

崔鐘圭, 1999, 「廣場에 대한 認識」『歷史敎育論叢』.

崔種模, 1998, 「江原地域의 無文土器文化研究 -孔列土器文化를 中心으로-」, 翰林大學校大學院 碩士學位論文.

_____, 2010, 「강원도 청동기문화의 전개에 있어서 조기문제의 제기」『고고학 제9권』제1호, 중부고고학회.

_____, 2013, 「강원지역의 신석기시대, 청동기시대의 마을과 도시」『강원지역의 마을과 도시』, 2013년 중부고고학회 정기학술대회, 중부고고학회.

崔熙珪, 1992, 「영동지역 출토 민무늬토기 연구」, 관동대학교 석사학위논문.

韓國考古學會, 1994, 『마을의 고고학』, 제18회 한국고고학전국대회 발표요지.

_____, 2007, 『한국 고고학 강의』, 사회평론.

한국고고환경연구소, 2014, 『청동기시대의 고고학 1 -인간과 환경-』, 한국고고환경연구소 학술총서 12, 서경문화사.

_____, 2014, 『청동기시대의 고고학 3 -취락-』, 한국고고환경연구소 학술총서 12, 서경문화사.

_____, 2014, 『청동기시대의 고고학 5 -도구론-』, 한국고고환경연구소 학술총서 12, 서경문화사.

한국청동기학회, 2009,「북한지역의 무문토기 편년」, 한국청동기학회 토기분과 제1
회 워크숍 자료집.

_____, 2013,『한국 청동기시대 편년(Ⅰ)』, 한국청동기학회 학술총서 2, 서
경문화사.

河認秀, 1989,「嶺南地方 丹塗磨硏土器에 대한 新考察」, 釜山大學校大學院 碩士學
位論文.

河眞鎬, 2008,「大邱地域 靑銅器時代 聚落硏究」, 慶北大學校大學院 碩士學位論文.

하진호, 2013,「대구지역 조기~전기편년」『한국 청동기시대 편년(Ⅰ)』, 한국청동기
학회 학술총서 2, 서경문화사.

_____, 2014,「영남지역의 취락」『청동기시대의 고고학 3 -취락-』, 한국고고환경연
구소 학술총서 12, 서경문화사.

한상인, 1981,「圓形粘土帶土器 文化性格의 一考察」, 서울대학교 석사학위논문.

황기덕, 1970,「두만강류역의 청동기시대문화」『고고민속론문집』2.

황상일 · 윤순옥, 2000,「蔚山 太和江 中 · 下流部의 Holocene 自然環境과 先史人의
生活 變化」『韓國考古學報』43, 韓國考古學會.

_____, 2001,「한국 남동부 경주 및 주변지역의 자연환경과 선사 및 고대
의 인간생활」『國家形成期 慶州와 周邊地域』, 학술문화사.

黃炫眞, 2004,「嶺南地方 無文土器時代 地域性 硏究 -東南海岸 無文土器文化를 中
心으로-」, 釜山大學校大學院 碩士學位論文.

홍경희, 1985,『촌락지리학』, 법문사.

홍주희, 2012,「청동기시대 조기의 석기 편년」『청동기시대 석기 편년』, 한국청동기
학회 석기분과 2012년도 워크숍 발표자료집, 한국청동기학회.

황재훈, 2014,『무문토기시대 전기 사회의 상호작용과 문화변동 -한반도 중서부지
역을 중심으로-』, 경희대학교 박사학위논문.

黃昌漢, 2008,「靑銅器時代 裝飾石劍의 檢討」『科技考古硏究』, 亞州大學校 博物館.

_____, 2010,「蔚山地域 靑銅器時代 墓制의 特徵」『靑銅器時代의 蔚山太和江 文
化』, 蔚山文化財硏究員 開院 10周年 記念論文集』, 蔚山文化財硏究院.

황창한, 2010,「울산지역 청동기시대 편마암류 석기의 산지연구」『야외고고학』제9
호, 한국문화재조사기관협회.

_____, 2012,「청동기시대 마제석촉의 지역성 연구」『야외고고학지』제13호, 한국
문화재조사기관협회.

許義行, 2006,「무문토기시대 취락입지와 생활경제 연구 -천안 및 아산지역 자료를 중심으로」, 고려대학교 석사학위논문.

_____, 2013,『호서지역 청동기시대 전기 취락 연구』, 高麗大學校大學院 文化財學協同課程 博士學位論文.

_____, 2014,「湖西地域 靑銅器時代 前期 聚落의 中心과 境界」『湖西考古學』31, 湖西考古學會.

_____, 2014,「취락의 입지와 구성 -생산과 저장-」『청동기시대의 고고학 3-취락-』, 한국고고환경연구소 학술총서 12, 서경문화사.

현대환, 2012,「금강 중류역 청동기시대 전기토기의 이해」『남한지역 초기 무문토기의 지역 양상』, 한국청동기학회 2012년 토기분과 워크샵, 한국청동기학회.

현창호, 2007,「韓半島 嶺南東部海岸地域의 靑銅器時代 編年 硏究」『慶文論叢』創刊號, 慶南文化財硏究院.

近藤義郎, 1959,「共同體と團單位集」『考古學硏究』6-1.

後藤直, 2002,「무문토기시대의 농경과 취락」『한국농경문화의 형성』, 한국고고학회, 학연문화사.

藤口健二, 1986,「朝鮮無文土器と弥生土器」『弥生文化의 硏究』, 雄山閣.

大貫靜夫, 1996,「欣岩里類型土器 의 系譜論おめぐて」『東北アシアの考古學 第二』, 東北亞細亞考古學硏究會 編, 깊은샘.

武末純一, 2002,『弥生の村』, 山川出版社.

田崎博之, 2002,「朝鮮半島の初期水田稻作」『韓半島考古學論叢』, すずさわ書房.

中村大介, 2005,「無文土器時代前期における石鏃の變遷」『待兼山考古學論集』都出比呂志先生退任記念, 大阪大學考古學硏究室.

_____, 2007,「遼寧式銅劍の系統的展開と起源」『中國考古學』7, 日本中國考古學會.

秋山浩三, 2007,『弥生隊形集落の硏究』, 靑木書店.

平郡 達哉, 2013,『무덤자료로 본 청동기시대 사회』, 서경문화사.

後藤直, 1973,「南朝鮮の無文土器 -その變遷のついて-」『考古學硏究』75.

_____, 1994,「朝鮮半島原始時代農耕聚落の立地」『第四期硏究』33-5, 第四期硏究會.

Molly Raymond Mignon(김경택 역), 2006,『考古學의 理念과 方法論』, 주류성출판사.

　　－發掘報告書－

江陵大學校 博物館, 1996,『江陵 坊內里 住居址』.
_____, 2000,『襄陽 地理 住居址』.
_____, 2000,『束草 朝陽洞 住居址』.
_____, 2002,『襄陽 浦月里 住居址』.
_____, 2002,『江陵 校洞 住居址』.
江原考古文化硏究院, 2010,『古城 猪津里聚落Ⅱ』.
_____, 2010,『江陵 鑰川洞 遺蹟』.
_____, 2014,「삼척고 이전부지 내 유적 발굴조사 학술자문회의 자료」.
江原文化財硏究所, 2006,『春川 泉田里 遺蹟』.
_____, 2007,『江陵 芳洞里 遺蹟』.
_____, 2007,『古城 松峴里 遺蹟』.
_____, 2007,『古城 草島里 遺蹟』.
_____, 2007,『江陵 笠岩洞 遺蹟』.
_____, 2007,『古城 泗川里 遺蹟』.
_____, 2008,『襄陽 臨湖亭里 遺蹟』.
_____, 2010,『古城 草島里Ⅱ · 花浦里 遺蹟』.
_____, 2010,『江陵地域 文化遺蹟 發掘調査 報告書 -강릉 방내리 가축
　　처리장 신축부지 내 발굴조사 보고서』.
慶北大學校 博物館, 2000,『慶州 隍城洞 遺蹟 Ⅲ』.
_____, 2000,『慶州 隍城洞 遺蹟 Ⅳ』.
_____, 2010,『慶州 忠孝洞 100-14番地 一圓 遺蹟 -B地區-』.
_____, 2000,『慶州 隍城洞 遺蹟 Ⅴ』.
慶尙北道文化財硏究院, 2002,『浦項 鶴川里遺蹟 發掘調査報告書』.
_____, 2005,『浦項 馬山里古墳群』.
_____, 2006,『浦項 南宋里遺蹟』.
_____, 2006,『慶州 甲山里遺蹟』.
_____, 2007,『浦項 三政1里遺蹟』.
_____, 2007,『浦項 三政2里 · 石屛里遺蹟』.
_____, 2008,『浦項 虎洞 遺蹟』.

慶尙北道文化財研究院, 2009,『浦項 江沙里 遺蹟 Ⅱ』.

_____, 2009,『浦項 大甫里 遺蹟』.

_____, 2009,『浦項 九萬里 遺蹟』.

_____, 2010,『浦項 成谷里 遺蹟 Ⅰ·Ⅱ』.

_____, 2011,『浦項 南宋里Ⅰ遺蹟』.

_____, 2011,『浦項 南宋里Ⅱ·Ⅲ遺蹟』.

慶州文化財研究所, 2003,『慶州 月山里遺跡』.

東亞細亞文化財研究院, 2011,『蔚山 虎溪·梅谷洞遺蹟』.

東西文物研究院, 2011,『蔚山 泉谷洞 山173-1番地 遺蹟』.

大東文化財研究院, 2012,『蔚山 孝門洞 山68-1番地 遺蹟Ⅰ』.

삼한문화재연구원, 2012,『영덕 우곡리 유적』.

世宗文化財研究院, 2013,『慶州 魚日里 山 35-1番地 遺蹟』.

신라문화유산조사단, 2009,『경주 충효동 도시개발사업지구 유적』.

_____, 2010,『慶州 東山里遺蹟』.

_____, 2010,『慶州 忠孝洞 100-14番地 遺蹟』.

_____, 2010,『慶州 汶山里 靑銅器時代 遺蹟(Ⅰ)』.

_____, 2013,『慶州 魚日里遺蹟Ⅰ(A-1구역)』

盛林文化財研究院, 2006,『慶州 金丈里遺蹟』.

_____, 2009,『慶州 龍江洞 靑銅器時代 聚落遺蹟』.

_____, 2010,『慶州 千軍洞 靑銅器時代 聚落遺蹟』.

_____, 2010,『慶州 汶山里 靑銅器時代 遺蹟 -Ⅱ구역-』.

_____, 2011,『慶州 石溪里 靑銅器時代 生活遺蹟』.

_____, 2012,『慶州 汶山里 靑銅器時代 遺蹟 -Ⅲ·Ⅳ구역-』.

_____, 2012,『慶州 牟梁里 遺蹟』.

_____, 2013,『慶州 奉吉里 靑銅器時代 聚落 遺蹟』.

_____, 2013,『慶州 有琴里 靑銅器時代 聚落 遺蹟』.

안동대학교박물관, 2008,『울진 사동·정명·월송리유적』.

우리문화재연구원, 2011,『蔚山 山下洞 37番地 遺蹟』.

_____, 2012,『蔚山 倉坪洞 810番地 遺蹟』.

_____, 2013,『蔚山 山下洞·亭子洞遺蹟』.

蔚山文化財研究院, 2004,『蔚山 蓮岩洞 山城遺蹟』.

蔚山文化財研究院, 2004,『蔚山 孝門洞 竹田谷遺蹟·蔚山 孝門洞遺蹟』.

_____, 2005,『蔚山 梅谷洞遺蹟Ⅰ·Ⅱ·Ⅲ·Ⅳ地區』.

_____, 2006,『蔚山 梅谷洞 신기유적Ⅰ·Ⅱ』.

_____, 2007,『蔚山 梅谷洞遺蹟 Ⅲ-2地區, Ⅳ-2地區, Ⅴ-2地區』.

_____, 2007·2008·2009·2010,『蔚山 泉谷洞 가재골유적Ⅰ·Ⅱ·Ⅲ·Ⅳ』.

_____, 2009,『蔚山 中山洞 藥水遺蹟Ⅱ』.

_____, 2009,『蔚山 望陽里·德新里吾山遺蹟』.

_____, 2010,『蔚山 達川遺蹟 3次 發掘調査』.

_____, 2010,『蔚山 上蓮岩遺蹟』.

_____, 2013,『蔚山 校洞里遺蹟』.

_____, 2014,『蔚山 山下洞遺蹟Ⅰ~Ⅴ』.

蔚山發展研究院 文化財센터, 2005,『蔚山 泉谷洞 가·나지구』.

_____, 2006,『蔚山 泉谷洞遺蹟Ⅱ』.

_____, 2007,『蔚山 九英里 유적-Ⅳ·Ⅴ地區』.

_____, 2008,『蔚山 新泉洞 冷泉』.

_____, 2009,『울산 정자동 유적』.

_____, 2009,『蔚山 新泉洞 冷泉Ⅱ』.

_____, 2010,『울산 산하동 화암유적』

_____, 2013,『울산 신화리유적Ⅱ』.

嶺南文化財研究院, 2003,『蔚山 倉坪洞 遺蹟』.

_____, 2005,『慶州 松仙里 遺蹟』.

_____, 2007,『慶州 花川里 遺蹟』.

_____, 2008,『慶州 德泉里 遺蹟Ⅰ-靑銅器時代-』.

_____, 2009,『慶州 月山里 遺蹟』.

_____, 2012,『慶州 花川里 山 25-1番地 遺蹟Ⅰ』.

_____, 2013,『浦項 月浦里 遺蹟』.

濊貊文化財研究院, 2008,『古城 三浦里 遺蹟』.

_____, 2009,『古城 大垈里 遺蹟』.

_____, 2009,『古城 鐵桶里 遺蹟』.

_____, 2011,『東海 智興洞 遺蹟』.

_____, 2012,『東海 孝街洞 遺蹟』.

濊貊文化財研究院, 2012,『江陵 柄山洞 遺蹟』.

_____, 2012,『襄陽 北坪里・凡阜里遺蹟』.

韓國文物研究院, 2012,『蔚山 梅谷洞 330-2番地 遺蹟』.

韓國文化財保護財團, 2001,『慶州 隍城洞 537-2番地 賃貸아파트 新築敷地 發掘調 查 報告書』.

_____, 2003,『浦項 院洞 第3地區 文化遺蹟 發掘調査 報告書』.

_____, 2005,『慶州 忠孝洞 44-3番地 共同住宅 新築敷地 發掘調査 報 告書』.

_____, 2005,『慶州 隍城洞 950-1・7番地 共同住宅 新築敷地 發掘調 查 報告書』.

_____, 2006,『浦項 仁德洞遺蹟』.

_____, 2007,『浦項 仁德山 遺蹟』.

_____, 2008,『浦項 院洞 2地區 遺蹟』.

_____, 2009,『慶州 忠孝洞 遺蹟 -경주 충효동 도시개발사업지구 유적-』.

_____, 2010,『蔚山 新泉洞 遺蹟』.

_____, 2011,『蔚山 蓮岩洞 遺蹟』.

한빛문화재연구원, 2012,『포항 성곡리 유적』.

_____, 2013,『慶州 魚日里遺蹟(B區域)』.